A invenção da política cultural

Sesc

SERVIÇO SOCIAL DO COMÉRCIO
Administração Regional no Estado de São Paulo

Presidente do Conselho Regional
Abram Szajman
Diretor Regional
Danilo Santos de Miranda

Conselho Editorial
Ivan Giannini
Joel Naimayer Padula
Luiz Deoclécio Massaro Galina
Sérgio José Battistelli

Edições Sesc São Paulo
Gerente Marcos Lepiscopo
Gerente adjunta Isabel M. M. Alexandre
Coordenação editorial Clívia Ramiro, Cristianne Lameirinha, Francis Manzoni
Produção editorial José Ignacio Mendes, Bruno Salerno Rodrigues
Coordenação gráfica Katia Verissimo
Produção gráfica Fabio Pinotti
Coordenação de comunicação Bruna Zarnoviec Daniel

Coleção Sesc Culturas
Coordenação Marta Colabone
Organização Iã Paulo Ribeiro

Cet ouvrage, publié dans le cadre du Programme d'Aide à la Publication 2015 Carlos Drummond de Andrade, a bénéficié du soutien de l'Ambassade de France au Brésil.

Este livro, publicado no âmbito do Programa de Apoio à Publicação 2015 Carlos Drummond de Andrade, contou com o apoio da Embaixada da França no Brasil.

A invenção da política cultural

Philippe Urfalino

Tradução
Fernando Kolleritz

edições
sesc

Título original: *L'invention de la politique culturelle*

© Edições Sesc São Paulo, 2015
© Hachette Littératures, 2004
© Librairie Arthème Fayard, 2010
Todos os direitos reservados
1ª edição: 2004

Preparação Rosane Albert
Revisão Silvia Helena Balderama, Luciana Moreira
Projeto gráfico e diagramação Omnis Design
Capa a partir de imagem de Ricardo Barreto

Ur2i   Urfalino, Philippe

    A invenção da política cultural / Philippe Urfalino; Tradução de Fernando Kolleritz. – São Paulo: Edições Sesc São Paulo, 2015. –
    272 p.

    ISBN 978-85-69298-61-8

    1. Sociologia da cultura 2. Política cultural.
    3. França. 4. Cultura. I. Título.
II. Kolleritz, Fernando.

                                CDD 301.2

Edições Sesc São Paulo
Rua Cantagalo, 74 – 13º/14º andar
03319-000 – São Paulo SP Brasil
Tel. 55 11 2227-6500
edicoes@edicoes.sescsp.org.br
sescsp.org.br/edicoes
/edicoessescsp

Nota à edição brasileira

As questões abordadas na formação da política cultural francesa, desde o final dos anos 1950, continuam referenciais para as reflexões e práticas em grande parte das instituições dedicadas ao desenvolvimento da cultura. As escolhas curatoriais, o financiamento de projetos artísticos e a gestão do patrimônio histórico e artístico são alguns dos temas frequentemente analisados à luz da experiência francesa.

Neste livro, Philippe Urfalino nos aproxima do Ministério da Cultura da França por meio de agentes decisivos como André Malraux, Jacques Duhamel, Jack Lang, Gaëtan Picon, Émile Biasini, entre outros que participaram da constituição desse órgão concebendo doutrinas e repertórios para a sua administração.

Ao examinar a trajetória do Ministério, o autor nos oferece outros subsídios sobre a cultura francesa, investigando a elaboração de políticas culturais no âmbito do Estado, na qual colaboraram intelectuais, políticos, artistas e profissionais que se especializaram na formulação de ideias e padrões de gestão dos bens simbólicos.

No Brasil também foram desenvolvidas experiências de gestão cultural notáveis, como as iniciativas de Mário de Andrade nos anos 1930, à frente do Departamento Municipal de Cultura de São Paulo. Porém é inegável o aporte dos franceses na valorização do campo artístico e na reafirmação da necessidade de investimentos para o fomento cultural, especialmente na segunda metade do século XX. O Sesc São Paulo traz a público esta obra com o intuito de fortalecer a produção de novos estudos sobre o tema da cultura no país, dirigindo-se a todos aqueles que podem contribuir para a sua compreensão.

Para Ewa.

SUMÁRIO

Introdução 11

1. Pesquisa sobre uma invenção   15
    O Estado estético ou a fundação rompida   16
    História da política das casas da cultura   22

I – A CULTURA CONTRA A EDUCAÇÃO 29

2. A filosofia do Estado estético   35
    Os lazeres entre a cultura e o precipício   36
    Uma oposição categórica ao conhecimento e à educação   38
    As virtudes da sensibilidade estética   41
    A partilha necessária da cultura   44
    Dirigismo estatal, democracia cultural e liberdade artística   46

3. As três origens da doutrina   51
    O gabinete Malraux e o Alto-Comissariado
    para a Juventude e os Esportes   52
    Pierre Moinot e o Quarto Plano   63
    Émile Biasini e a formação de uma doutrina   75

II – O UNIVERSAL CONTRA A REPRESENTAÇÃO 85

4. A mistura infeliz e as duas democratizações   91
    O abandono das associações de educação popular   92
    Escalas, alfinetes e misturas infelizes   95
    A confrontação dos dois modelos   100

5. O fracasso de uma contrapolítica cultural   111
    Perda da batalha pelo reconhecimento   113
    Boa vontade cultural e má-fé   121

III – A CATEDRAL E OS DEMIURGOS 135

6. A casa: uma máquina virtuosa   141
    A catedral, símbolo e obra de arte   141
    A casa na cidade e no território nacional   143
    Uma máquina virtuosa   147

7. Os privilégios do teatro   155
    O sentido de um privilégio   155
    As afinidades eletivas   157
    O casamento   163

IV – O TEMPO DOS BALANÇOS 173

   8. Maio de 68 ou a falsa desilusão   179
      A democratização denunciada   181
      A história de uma falsa desilusão   185
      A emergência de uma tensão: o público ou a criação   196

   9. O fim da exemplaridade   203
      Uma nova filosofia de ação   204
      A última desestabilização da doutrina Biasini   211
      O fim da exemplaridade   221

V – A POSTERIDADE 227

   10. A bonança da política cultural   231
      A construção política da questão cultural   234
      México: o vitalismo cultural como matriz de transformação   242

   11. De Malraux a Lang, da invenção à dissolução   249
      Da ação cultural ao desenvolvimento cultural   250
      A descentralização cultural: do ultrapassado ao realizado   254
      Da desresponsabilização à dissolução   258

Conclusão 263

Agradecimentos 269

Sobre o autor 271

Introdução

Em que consiste a singularidade do que chamamos, na França, de "política cultural"? Quando começa, como é formada, o que se tornou? Tais são as interrogações a que esta obra tenta responder.

Explica-se muitas vezes a especificidade da política cultural francesa pelo peso de uma tradição monárquica com acentuada implicação na vida das artes, pela tripla centralização administrativa, política e cultural da sociedade francesa e pelo lugar eminente e recorrente das artes na identidade nacional e no orgulho francês. As grandes obras de Georges Pompidou[1] e François Mitterrand[2] contribuíram para dar crédito a essa interpretação. Desprezam-se erroneamente os lugares-comuns, indispensáveis à difusão e à discussão das ideias; mas há entre eles alguns de má qualidade, e estes constituem barreiras à compreensão da política cultural francesa. Por certo, essas características não deixam de ter alguma influência; não explicam, porém, a singularidade francesa e não a qualificam corretamente. A repetição de uma atitude por longo tempo não explica muita coisa; é antes a sobrevida, sempre seletiva, de uma tradição que é preciso tentar entender. A inscrição da política cultural numa continuidade mais do que secular dissolve sua verdadeira natureza.

A tese deste livro é dupla:

– o que se pode com boas razões chamar de "política cultural" foi inventado em 1959, com a criação do Ministério dos Assuntos Culturais, e se dissipa a partir do início dos anos 1990;

– a singularidade dessa invenção reside na oposição, que a maior parte das iniciativas do Ministério evidenciou, entre a ideia de projeto e a de instituição.

Esta singularidade é de difícil percepção, porque não se resume a ideias, nem a encargos, nem a modalidades de ação – que é possível, aliás, encontrar em outros países –, nem à importância de um orçamento, tampouco a características da vida política e administrativa francesa, tais como a centralização e o peso da intervenção do Estado, que colorem o conjunto da ação

---

1 Georges Pompidou (1911-74), político francês pertencente à UDR (União pela Defesa da República, considerada de centro), primeiro-ministro de Charles de Gaulle (1962-68) e presidente da República de 1969 até seu falecimento. [N.T.]
2 François Mitterrand (1916-86), filiado ao Partido Socialista, presidente da República de 1981 a 1995. [N.T.]

pública. Corresponde antes a uma postura e a uma tensão. As circunstâncias de sua invenção e as escolhas de Malraux definiram a política cultural como um projeto ao mesmo tempo social, estético e reformador, sustentado por uma oposição à ideia de instituição. É a fórmula do projeto contra a instituição que se encontra hoje esgotada.

Nosso modo de restituir a história da invenção da política cultural leva em conta duas observações. A história da ação do Ministério dos Assuntos Culturais é própria de uma sedimentação. Houve, seguramente, fortes inflexões, orçamentárias e ideológicas. Mas, no essencial, a política cultural evoluiu por agregações: soma de competências, de segmentos administrativos, de iniciativas, de organismos, de meios artísticos interessados. Houve um processo idêntico com as ideias e as crenças. A "filosofia de ação" do Ministério mudou acentuadamente, de Malraux a Duhamel e de Duhamel a Lang[3], ao integrar novos elementos e também ao rearranjar ideias e crenças anteriores. A compreensão da política cultural deve ser, portanto, histórica; o entendimento da paisagem exige a discriminação das camadas sucessivamente depositadas. Outra consequência dessa observação: a gênese e a identificação do alicerce inicial reveste-se da máxima importância. Eis por que a análise histórica concentrou-se no período 1959-73, da entrada de André Malraux à saída de Jacques Duhamel, período no curso do qual se forjaram as clivagens ideológicas e administrativas e os repertórios de ação que ilustram ainda as políticas culturais dos anos 1980.

A segunda observação que guiou nosso projeto é o rico viés que o estudo das ideias e das crenças constitui para uma compreensão global da política cultural francesa e da sua originalidade. Está claro que essa compreensão global não é uma chave que abriria todas as portas das numerosas políticas setoriais seguidas pelo Ministério da Cultura desde a sua criação, nem uma fórmula à qual todas poderiam se reduzir. Almeja antes qualificar o quadro normativo e intelectual da ação do Ministério e sua evolução. Se a expressão não se prestasse a ser mal-entendida, seria possível falar em história da ideologia cultural do Estado. Mas, por se encontrarem suficientemente entremeadas com a ação pública à qual estão associadas, as ideias e as crenças não podem ser aprendidas em separado. Não sendo possível estudar todas as políticas setoriais do Ministério, uma dentre elas foi escolhida como "cavalo de Troia": a política das casas da cultura, determinada como exemplar por Malraux e sua equipe. Foi a política designada para acionar, da maneira mais

---

[3] André Malraux (1901-76), escritor e político, ministro dos Assuntos Culturais (1959-69) do general De Gaulle. Jacques Duhamel (1924-77), ministro dos Assuntos Culturais (1971-73) sob a presidência de Pompidou. Jack Lang (1939-), político socialista, ministro da Cultura (1981-86 e 1988-93) sob Mitterrand. [N.T.]

direta, as ideias de Malraux e de sua administração sobre o que devia ser a política cultural.

Ao seguir esta opção metodológica, privilegiar a gênese e ancorar a análise das ideias sobre o estudo de uma política setorial exemplar, o livro reúne três componentes:

– a história da política das casas da cultura a partir de sua formação, paralela à do Ministério em 1959, até 1973, quando deixa de ser a política exemplar do ministério;

– a história do quadro normativo e conceitual do Ministério, referente ao mesmo período, a partir de sua construção por Malraux em 1959, até a formação de uma nova filosofia de ação sob o impulso de Jacques Duhamel, ministro dos Assuntos Culturais de 1971 a 1973;

– a aproximação da história da política cultural francesa, a partir de sua gênese, com uma análise mais focada para as evoluções introduzidas pela alternância política de 1981[4] e pela ação de Jack Lang.

O primeiro capítulo explicita as afirmações abruptas desta introdução e justifica as escolhas metodológicas. É seguido de cinco partes. A primeira apresenta a filosofia de ação da gestão Malraux, de 1959 a 1969, e as etapas que serviram à definição da política das casas da cultura. A segunda mostra que o modelo de ação inventado pelo Ministério, através das casas da cultura, constitui ao mesmo tempo um modo de cooperação com as comunas, um modelo específico de democratização fundado sobre a excelência artística e um modelo político. A terceira parte é consagrada aos dois pilares do funcionamento das casas da cultura: sua arquitetura e os homens de teatro que as dirigiram. A quarta parte tem como tema a desestabilização da filosofia de ação do Ministério pelos acontecimentos de maio de 1968 e sua reformulação pela equipe de Jacques Duhamel. A quinta parte examina "a bonança" da política cultural em 1981, sob o impulso de Jack Lang. Enfim, o décimo primeiro capítulo retoma o conjunto dessa história, da invenção à dissolução da política cultural, de Malraux a Lang.

---

4 Início do governo de Mitterrand, primeiro político socialista a ser eleito presidente na Quinta República. [N.T.]

1. Pesquisa sobre uma invenção

Acabamos de afirmar que uma política cultural foi inventada em 1959 e que a política das casas da cultura é o melhor guia para seguir a história dessa invenção. Este capítulo introdutivo deve responder a duas perguntas: em que a criação do Ministério dos Assuntos Culturais, em 1959, constitui realmente o momento de uma invenção e de uma ruptura? Em que a história da política das casas da cultura seria exemplar?

Mas, antes, devemos apontar com maior precisão o que entendemos por "política cultural". Que sentido essa expressão esconde, no singular, quando o sentido comum, tal como a emergência da análise das políticas públicas em ciência política, fala de políticas, no plural, evocando medidas ou programas de ação setoriais? Que referente dar à expressão "política cultural de André Malraux"? Tratar-se-ia do conjunto das políticas públicas da cultura lançadas sob a iniciativa do ministro e de sua administração? Não se trata de fixar a essência da política cultural, mas de distinguir um uso do termo adequado à nossa tarefa[1].

Neste livro, a noção de política cultural tem como referente um momento de convergência e de coerência entre, de um lado, representações do papel que o Estado pode atribuir à arte e à "cultura" no que diz respeito à sociedade e, do outro, a organização de uma ação pública. A existência de uma política de tal espécie exige força e coerência dessas representações, resultando num mínimo de unidade de ação do poder público. Evidentemente, a ação não possui nunca a coerência das ideias. Assim, a política cultural não é atestada apenas pela constatação de uma coerência. É igualmente o trabalho de retomada das ideias e das iniciativas a fim de preservar a coerência constantemente ameaçada tanto pelo desgaste das ideias quanto pela dinâmica própria da ação pública. Pode-se chamar de "problematização" a maneira pela qual a coerência é construída e retomada, de maneira intelectual e prática. Veremos que houve três problematizações ou filosofias de ação, de 1959 até o fim dos anos 1980: a "ação cultural" com André Malraux, o "desenvolvimento cultural" com Jacques Duhamel e o "vitalismo cultural" com Jack Lang.

---

1 Sublinhamos que só poderia haver definições prudenciais da política cultural, isto é, cada vez referidas a um uso específico, e distinguimos vários usos possíveis da expressão em nossa "História da política cultural. Inventário de objetos", contribuição a J.P. Rioux e J.F Sirinelli (*Pour une histoire culturelle*, Paris: Seuil, 1996).

Assim definida, a política cultural é um tema compósito, que remete tanto à história das ideias e das representações sociais quanto a uma história do Estado (ou de outras instâncias públicas). Exige, de fato, sua união. Não se reduz nem à justaposição das políticas setoriais nem ao rearranjo republicano do mecenato régio, porque é uma totalidade construída por ideias, por práticas políticas e administrativas situadas num contexto intelectual e político[2]. É a esse objeto que, por convenção, reservamos o singular de "política cultural" e abandonamos o plural às políticas públicas da cultura. Esse singular não significa, por certo, que só existe dela um exemplar; contudo a "política cultural" possui uma ocorrência menos frequente e menos expandida que as políticas da cultura.

O ESTADO ESTÉTICO OU A FUNDAÇÃO ROMPIDA

Escolher o período 1959-73 durante o qual se sucederam três ministros, André Malraux até 1969 e, posteriormente, Edmond Michelet e Jacques Duhamel, em vez de limitar a análise histórica unicamente aos anos sob André Malraux, foi uma opção guiada pela preocupação em esclarecer o conjunto da política cultural francesa até a saída de Lang do Ministério.

De fato, aquilo sobre o que se acumularam, como sucessivas sedimentações, os discursos e as políticas desde meados dos anos 1970 não consiste apenas em um alicerce colocado nos primeiros anos da Quinta República. Representa, antes, um alicerce deslocado pelos acontecimentos de maio. É uma fundação rompida.

Sombras e interferências

O período Malraux e os acontecimentos de maio de 1968 constituem, para a política cultural, duas zonas de sombra. A memória difusa desse período, no momento em que iniciávamos esta pesquisa, exigia que as duas zonas de sombra fossem dissipadas ao mesmo tempo e, em parte, uma pela outra. De fato, os anos Malraux foram amplamente captados através de tópicos, categorias e julgamentos forjados e estabilizados logo depois de 1968. Assim é o caso da oposição entre criação e animação, do tema do inevitável fracasso da democratização cultural. A ideia de que a política cultural de Malraux participa do mesmo espírito

---

2 Nossa maneira de definir a política cultural não deixa de ser aparentada com a que P. Rosanvallon chamou de história conceitual do político ("Pour une histoire conceptuelle du politique [note de travail]". *Revue de synthèse*. Paris: jan.-jun. 1986, v.107, n.1-2, pp. 93-105). Falaremos frequentemente de "quadro normativo e conceitual (ou intelectual)" em referência a F. Bourricaud, *L'individualisme institutionnnel. Essai sur la sociologie de Talcott Parsons*, Paris: PUF, 1977.

dos movimentos de educação popular data da mesma época. Essa ideia parecia especialmente baseada no fato de o ministro e esses movimentos almejarem o mesmo objetivo de acesso à cultura das maiorias e terem sido igualmente condenados pela sua ingenuidade ou até mesmo pela sua hipocrisia, pela sociologia crítica de um Pierre Bourdieu, rapidamente transformada em vulgata, e pela crítica esquerdista. Foi preciso livrar-se desses lugares-comuns. Foi preciso romper também com o sentimento de evidência próprio dos primeiros anos do ministério encarregado dos Assuntos Culturais que fazia, por exemplo, com que mais ninguém se interrogasse sobre o que seria a democratização segundo Malraux. A ideia que o ministro possuía dela resumir-se-ia à famosa "missão de tornar acessíveis as obras fundamentais da humanidade, e em primeiro lugar da França, ao maior número possível de franceses[3]"? Resultou prontamente que, na história da política cultural, todas as palavras constituem armadilhas, pois que seu uso e sua inscrição em pares de opostos mudaram bastante, por vezes de um ano para o outro. Assim, para o mundo do teatro e das casas da cultura, o termo "criador" só se torna pertinente em torno de 1966, "animação" variou fortemente opondo-se a "educação", antes de se tornar o homólogo de "criação". Por sua vez, "ação cultural" opunha-se a educação popular e significava o estabelecimento da relação direta entre a arte e o público, sem intermediação pedagógica, em vez de significar, pelo contrário, o trabalho de mediação entre a criação e os públicos.

O impacto de Maio de 68 situa-se no cerne da interferência das noções, permitindo descrever a política cultural e sua evolução. Verdadeira lembrança encobridora, o efeito deformador dos acontecimentos de maio sobre a legibilidade dos anos anteriores está à altura da desestabilização que engendraram. Houve um verdadeiro deslocamento. Amplamente consensuais até então, todos os fundamentos normativos e intelectuais da política associada ao nome de Malraux foram postos em dúvida. A ideia de uma democratização cultural tornou-se uma "crença" ingênua ou culpável. Os contornos do "cultural" perderam evidência. Mas, transformado em referência para a leitura da história da política cultural, Maio de 68 permanecia de difícil interpretação. Veremos que constituiu menos um choque revelador e o momento de uma desilusão, como chegaram a pensar alguns dos protagonistas, do que a cristalização de inflexões presentes entre 1965 e 1966.

Esforçamo-nos, pois, em restituir as ideias que orientaram a formação das incumbências e das iniciativas estruturais do Ministério a partir de 1959, sem assumir por nossa conta categorias, oposições conceituais e questionamentos oriundos de Maio de 68. Tratava-se de estabelecer como e em que termos, em diferentes níveis de responsabilidade e em diferentes momentos, foram

---

3   Trecho do decreto de 24 de julho de 1959 sobre a missão e a organização do Ministério.

postos e resolvidos os problemas levantados pela formação da política cultural. Agindo dessa forma, era possível, em troca, compreender melhor como os efeitos diretos do movimento de maio sobre a política ditada por Malraux puderam ser preparados por evoluções anteriores a 1968. Era igualmente mais fácil perceber como esses efeitos puderam ser percebidos no momento do choque e posteriormente interpretados e parcialmente "digeridos" de 1970 a 1973 pela equipe de Jacques Duhamel, então na chefia do Ministério.

A preocupação em dissipar as sombras e o caráter indefinido deixados pela memória difusa dos anos Malraux e dos anos próximos a Maio de 68 não correspondem apenas a um interesse histórico. Quisemos apreender as raízes do entusiasmo geral pela política cultural depois de 1981 e o ponto de apoio do famoso "surto cultural". Ora, as políticas culturais dos anos 1980 não podem ser assimiladas à continuidade e à amplificação pela esquerda de um movimento iniciado por André Malraux e, inversamente, não pode haver contrassenso mais grosseiro do que fazer de Jack Lang um herdeiro de Maio de 68. É somente à luz dos anos Malraux e do seu questionamento brutal que os anos Lang poderão ser mais bem apreendidos.

O Estado estético

Fazer coincidir, na França, a invenção da política cultural com o nascimento do Ministério de Assuntos Culturais pode parecer ingênuo. A criação de uma pasta ministerial e a autonomia administrativa e orçamentária têm sempre algum efeito, mas não implicam sempre a invenção de uma política. É preciso examinar em que o ministério confiado a André Malraux e as iniciativas deste constituem uma ruptura fundadora.

A criação em 1959 de um ministério retomando no essencial as atribuições do antigo Secretariado de Estado para as Belas-Artes, sua denominação encarregando-o dos "assuntos culturais", assim como a promoção de uma filosofia da "ação cultural" à categoria de doutrina oficial do novo ministério, constituem todo um elenco de fatos que não podem ser nem subestimados nem sobreinterpretados. A ideia de uma ruptura na relação do Estado francês com as artes merece ser ponderada com exatidão. Não pode ser sustentada pela ausência de precedentes nem pela associação de um grande desígnio cultural consubstancial ao nascedouro da Quinta República[4]. Os precursores não são raros. Em relação ao modelo nascido no início da Terceira República,

---

4 A assim chamada Quinta República é a atual forma do regime republicano em vigor na França. Sucede em 4 de outubro de 1958 à Quarta República, instaurada em 1946, e marca uma ruptura na tradição parlamentar da República Francesa com intenção de reforçar o papel do Poder Executivo. Foi apoiada pelo general Charles de Gaulle, que se tornou seu primeiro presidente. [N.T.]

delimitando a esfera da ação pública e a do mercado[5], os primeiros desvios surgem já durante a Frente Popular[6] e continuam durante a Quarta República. Por outro lado, o ministério Bourdan de 1947 e a política de descentralização teatral de Jeanne Laurent são precursores, o primeiro no que se refere à autonomia ministerial, a segunda no que diz respeito à descentralização artística voluntária. Enfim, o caráter contingente e não premeditado da criação do Ministério[7] e o montante reduzido dos meios financeiros e administrativos que lhe foram outorgados proíbem atribuir a essa criação um coeficiente de ruptura voluntária equivalente à da troca de regime com a qual coincide.

Todavia, mesmo se, para o Ministério dos Assuntos Culturais, a existência precedeu a essência, há, de fato, um antes e um depois do seu nascimento nas relações entre Estado e artistas. Esse é um período essencial para a compreensão das políticas culturais ulteriores, porque sua formação e perenidade introduziram uma tripla ruptura: ideológica, com a afirmação, no plano do Estado, de uma filosofia de ação cultural; artística, com a feitura de um setor artístico profissional subvencionado induzido pelo respaldo seletivo do Ministério; administrativa, com a formação de um aparelho administrativo e a invenção de modalidades de ação específicas sem esquecer a autonomia orçamentária. É a conjunção das três rupturas que confere ao período Malraux, ao menos até 1968, a coerência e o assento de uma fundação.

A primeira ruptura é ideológica. A filosofia de Malraux, seguindo a repartição ternária das lições de Schiller[8], situa o papel social da arte entre dois polos: de uma parte, a incapacidade da razão e do conhecimento em unir os homens e em suprir a religião perdida; e, de outra, a parte orgânica do homem, a atração exercida pelo sexo e pela violência que as "máquinas de sonhos", frutos do maquinismo e do capitalismo, exploram para tirar proveito. Apenas a arte, que toca o coração e os sentimentos, pode unir. Essa ideia de certo uso político da arte não é nova e, desde a sua formulação por Schiller, a história das

---

5   O trabalho legislativo da Terceira República instaurou uma repartição entre o domínio da arte viva deixada para a iniciativa privada, em que o Estado não se beneficia de nenhuma prerrogativa especial, e outro domínio, a arte do passado, em que, inversamente, o Estado exerce plenamente sua soberania em nome do gênio nacional. Cf. M.-C. Genet-Delacroix, "Esthétique officielle et art national sous la IIIème République", *Le Mouvement Social*, Paris: abr.-jun. 1985, nº 131.
6   Coalizão dos partidos de esquerda que governou a França de 1936 a 1938. [N.T.]
7   Parece que o Ministério foi criado para conservar um papel e um cargo para André Malraux no seio do governo após sua substituição no Ministério da Informação por Jacques Soustelle. O que não impediu Malraux de conferir ao seu ministério, *ex post*, um desígnio congruente com o do gaullismo.
8   Que por sua vez traduzia, no plano político, a estética kantiana; cf. Schiller, *Cartas sobre a educação estética do homem*, Paris: Aubier-Montaigne, 1976.

iniciativas que inspirou, em 1959, já é longa[9]. Mas a presença e a difusão dessa ideia no topo do Estado e seu entrosamento com os desígnios gaullistas, na pessoa de um intelectual prestigioso, responsável pela política cultural francesa durante uma década, conferiram-lhe um público e uma influência inéditos.

A segunda ruptura concerne à formação de um setor artístico profissional subvencionado. Ao nascer, o Ministério, mesmo que não tenha sido criado *ex nihilo*, teve a possibilidade de selecionar os parceiros e os suportes de sua política. Em menos de três anos, uma opção é firmada: o Ministério dos Assuntos Culturais será o dos artistas profissionais. Por etapas sucessivas, os amadores e mais frequentemente as associações de educação popular são afastados e confiados aos cuidados do Alto-Comissariado para a Juventude e os Esportes. Essa escolha fixa a base sobre a qual repousa o funcionamento do atual Ministério da Cultura.

Essas escolhas foram praticadas por uma administração no nascedouro, cuja formação constitui a terceira ruptura. De 1960 a 1962, com a formação de uma Diretoria do Teatro, da Música e da Ação Cultural no seio de uma Diretoria-Geral das Artes e das Letras, um aparelho administrativo é forjado a serviço de uma política clara. A administração do Ministério só se desenvolverá verdadeiramente a partir de Jacques Duhamel. Porém, desde 1961, a admissão de altos funcionários oriundos da França de além-mar dá corpo a um núcleo administrativo emancipado do campo de atração tanto da esfera política quanto das instituições acadêmicas. Homens novos, a unidade em torno de um diretor, Gaëtan Picon, próximo ao ministro, uma doutrina: tais são os componentes de uma administração tão restrita quanto empreendedora. Eles autorizam a harmonia entre a filosofia geral do Ministério, a invenção de novas modalidades de colaboração entre Estado, coletividades locais e agrupamentos artísticos (ou seja, as casas da cultura), a definição de uma missão e a escolha de interlocutores que diferenciam nitidamente a tarefa dessa diretoria e limitam os problemas de coordenação, tanto dentro do ministério quanto com os outros departamentos ministeriais.

É este núcleo administrativo que pôde "operacionalizar" a filosofia da "ação cultural" formulada em primeira mão por André Malraux e também, de maneira mais discreta mas não menos influente no seio da administração, por Gaëtan Picon. Com tal filosofia da ação cultural e com a doutrina que a administração tirou dela, o nascimento do Ministério enriqueceu uma das figuras do Estado francês com uma nova nomenclatura que se poderia chamar de "Estado

---

9 Ver coletivo "Révoltes logiques", *Esthétique du peuple*, La Découverte/PUV, notadamente a apresentação e a contribuição de J. Rancière, "Le théâtre du peuple: une histoire interminable", pp. 17-55.

estético"[10]. De fato, a política cultural de Malraux manifesta um bom número de componentes dentre as figuras do Estado distinguidas por Pierre Rosanvallon, o Estado instituinte do social: a intenção de criar novos laços sociais; a centralização, motor da equalização; o anseio de substituir a "mentalidade provincial[11]" por uma cultura universal. A criação desse ministério e sua política de ação cultural não podem ser simplesmente reduzidas a um rearranjo do Estado-mecenas, distribuidor de subvenções aos artistas, mas devem ser recolocadas na tendência recorrente do Estado francês em pretender instituir a nação.

A criação e a perenidade de um ministério encarregado dos Assuntos Culturais, o entrosamento de uma filosofia da arte e do desígnio gaullista, via André Malraux, permitiram a expressão duradora dessa tendência num novo setor da ação pública, aquele chamado da "política cultural", setor cujas fronteiras não coincidem exatamente com as das experiências anteriores de políticas artísticas. Assim, a história da política cultural sob Malraux não pode ser entendida sob o viés do reforço e da formalização da intervenção pública num domínio já preexistente, o das artes e da "cultura". Constitui a formação de um "domínio" e de missões para um conjunto de concepções e iniciativas inspiradas por determinada ideia das relações entre o Estado e a sociedade.

Algumas considerações sobre a expressão "Estado estético". Não passam de palavras que têm a vantagem de nomear, de maneira figurada, uma postura do Estado relativa à arte e à sociedade, construída por um conjunto de ideias parcialmente aplicadas em programas de ação pública. Tampouco deve essa expressão induzir, tal como a de "Estado cultural", a ideia de um domínio da filosofia da ação cultural sobre a sociedade, ou mesmo sobre uma parte significativa do conjunto do aparelho administrativo francês, fora do ministério diretamente concernido. Pois que, se o discurso sobre a cultura tem forte dimensão utópica, tal como o discurso sobre e do Estado francês em geral, a ação do ministério não se reduz a isso. Ela também se encontra constituída e "trabalhada" pelo descompasso continuado entre o voluntarismo utópico do seu discurso e a realidade, entre as intenções dos ministérios e dos altos funcionários e a realidade de suas aplicações ou, mais ainda, de seu impacto sobre a sociedade.

---

10 Esta expressão é mais fiel ao período Malraux, mesmo se foi o termo "cultural" o escolhido para distanciar o novo ministério daquele da Educação Nacional e da ex-Secretaria de Estado para as Belas-Artes. A de "Estado cultural" forjada por Fumaroli evoca não somente a vontade de intervenção do Estado como também uma inflação semântica do "cultural" associada ao relativismo de mesmo nome, posterior a 1968. Inversamente, como examinaremos em detalhe, é a um alto patamar de exigência de qualidade e universalidade, nada "relativizada", que Malraux indica os usos da palavra "cultura".
11 Pierre Rosanvallon, *L'État em France. De 1789 à nos jours*, Paris: Seuil, 1990, pp. 95-138.

HISTÓRIA DA POLÍTICA DAS CASAS DA CULTURA

Tanto na instauração do Estado estético quanto no seu abalo em maio de 1968, a política das casas da cultura desempenhou um papel essencial, a tal ponto que é possível fazer de sua história um fio de Ariadne. Vejamos como e por quê.

A DUPLA EXEMPLARIDADE DAS CASAS DA CULTURA

Por que a história da política das casas da cultura constitui uma chave de leitura da história do Ministério e da política cultural francesa? Porque, de 1959 a 1973, as casas da cultura servem de exemplo da ação do Ministério de duas maneiras.

As declarações públicas de Malraux e notadamente seus discursos na Assembleia Nacional (AN) e no Senado, assim como o testemunho dos que o ladearam, não deixam dúvida. As "modernas catedrais" deveriam constituir, se não "o", pelo menos "um" dos dois ou três grandes acontecimentos de sua passagem pela Rue de Valois[12].

Na origem, a iniciativa deve ser atribuída a André Malraux, mesmo se a ideia e a expressão casa da cultura remontem pelo menos à Frente Popular e se, na província, associações e equipamentos possuíam esse nome antes que o ministério houvesse tentado controlar seu rótulo. Associadas à luta antifascista dos anos 1930, às "casas do povo" e à experiência soviética, as casas da cultura eram assunto, já no pré-guerra, de discussões apaixonadas entre André Malraux e seu amigo Gaëtan Picon. Quando de sua primeira experiência ministerial na época da libertação, já reflete sobre as casas da cultura e, apenas alguns meses após a sua nomeação para a chefia de um novo ministério encarregado dos assuntos culturais, lança a promessa, durante o Festival de Cannes, sem ter nenhuma ideia precisa do que essas casas seriam, de que antes de "três anos, em todos os nossos departamentos[13], cada casa da cultura possuiria um cineclube". Iniciativa pessoal de Malraux, portanto. Mas desde 1961, quando um programa de construção de casas da cultura, nem bem formulado, é apresentado à comissão cultural do Quarto Plano, já ficou claro, aos olhos do ministro e de sua nova administração, que esses "equipamentos culturais" seriam os primeiros instrumentos da democratização e da descentralização cultural. E logo mais, para todos, as casas da cultura tornam-se a encarnação exemplar da filosofia da ação cultural ostentada pelo Ministério. Além do mais, o estatuto de modelo não é apenas um dado exterior à política das casas da cultura: o anseio de exemplaridade orienta fortemente sua definição e sua aplicação.

---

12 Localização do Ministério da Cultura em Paris. [N.T.]
13 Divisão administrativo-geográfica da França. [N.T.]

Postas em evidência para ilustrar uma política, terão as casas da cultura, por conta disso, esclarecido de maneira fiel a história do Ministério? A abundância dos comentários, comparada ao pequeno número de equipamentos implantados, de 1961 a 1973, dá margem à desconfiança. Esta última se justificaria caso pretendêssemos fazer a história exaustiva da administração e das políticas do Ministério, desde o seu nascimento, apenas através de uma única dessas políticas. Porém, a política das casas da cultura teve de fato algo de exemplar. Inicialmente referem-se a ela as escolhas estratégicas do Ministério que foram adotadas, concernentes ao amadorismo, à educação artística ou à natureza das relações do Estado com as coletividades locais e os artistas, e também a invenção pela administração de escolhas estratégicas e modos de ação específicos que ainda marcam o funcionamento atual do Ministério. Em segundo lugar, a polivalência artística que a programação das casas da cultura devia respeitar deu-lhes oportunidade para servir várias políticas artísticas: assim, até o instante da arbitragem do gabinete em favor de Marcel Landowski em detrimento de Émile Biasini, em 1966, estava previsto que as casas da cultura fossem o principal instrumento a favor da democratização e da criação musicais. Enfim, encarnações da filosofia de ação do Ministério constituíram-se também em locais da resistência da sociedade a essa filosofia ou às suas implicações. A política das casas da cultura foi o principal sustentáculo dos debates e das controvérsias a respeito da política cultural, até 1972, no que concerne ao Estado e mais além no que diz respeito às municipalidades. Permaneceu ao longo dos anos Malraux e imediatamente depois de 1968 como o primeiro tema da "problematização" da política cultural.

Essa dupla exemplaridade, desejada e no fim das contas efetiva, da política das casas da cultura em face do conjunto da política cultural de Malraux justifica e delimita seu estudo. Trata-se de analisar, a partir dessa política, como se forjaram um segmento do novo departamento ministerial, um discurso sobre a ação cultural, modos de ação administrativos e um setor de artistas profissionais dependendo financeiramente desse ministério. Esta orientação determina de modo bastante rigoroso o período considerado: 1959, ano da criação do Ministério dos Assuntos Culturais e do anúncio da implantação das casas da cultura; 1972-3, anos em que Jacques Duhamel desvia-se fortemente das orientações de André Malraux e faz das casas da cultura, bastante abaladas desde Maio de 68, instrumentos, entre outros, de sua política. Após 1973, as casas da cultura não representam mais os "equipamentos" exemplares da política cultural do Estado. A história do Ministério não pode mais, nem mesmo de modo metafórico, identificar-se com a evolução da política das casas da cultura.

A SAGA DAS CASAS DA CULTURA

A política das casas da cultura constituiu o tema de uma proliferação de comentários, de posicionamentos e de estudos. O que se poderia denominar de saga das casas da cultura resultou, para nosso projeto, num incentivo à vigilância. Um mínimo de distância era necessário para definir os limites temporais da pesquisa e determinar as categorias de análise ou as questões postas. Os discursos que compõem a saga das casas da cultura concordam, parece-nos, a respeito de três temas. O *primeiro tema* consiste na ideia de uma continuidade em sua filiação: elas seguiriam, reforçadas e estendidas, a dramática descentralização empreendida por Jeanne Laurent durante a Quarta República. O *segundo tema* é a ideia de uma continuidade em sua descendência: a política das casas da cultura teria conhecido, após o seu prolongamento na criação dos centros de ação cultural (CAC), um esgotamento progressivo, num primeiro tempo em meados dos anos 1970, por desinteresse ou temor político, posteriormente, a partir dos anos 1980, por adaptação: as condições que as tornavam necessárias tinham sido eliminadas pelas aquisições das políticas culturais. É uma interpretação que situa as causas do abandono dessa política depois de 1972 e no exterior da ação cultural do Estado, seja por uma desistência de origem e motivação políticas, seja por uma modificação do ambiente impondo uma modificação dos instrumentos da ação cultural. O *terceiro tema* concerne à avaliação de seu impacto. Ela é severa quando a experiência paga tributo ao tema do fracasso inelutável da democratização cultural, ou bem mitigada e respeitosa quando as casas da cultura são valorizadas como etapa útil do equipamento cultural das cidades e da tomada de consciência pelos representantes políticos locais da necessária dimensão cultural de sua ação.

Nenhuma dessas afirmações é falsa, mas todas diluem a política das casas da cultura numa continuidade que esbate a sua especificidade ou a aquilata à luz de categorias forjadas no próprio momento em que essa política se encontra em declínio. A hipótese da continuidade na filiação, notadamente com a descentralização teatral, sem ser falsa, induz uma visão demasiadamente linear, que assume como dado o que precisa ser analisado com precisão: a saber, a articulação entre as duas políticas e a maneira pela qual a política das casas da cultura foi levada a retomar, ao seu modo, a herança da política de Jeanne Laurent. A hipótese da continuidade na descendência transforma os centros de ação cultural (CAC), criados a partir de 1968, em casas da cultura de dimensão reduzida, correspondendo ao segundo círculo de estabelecimentos previstos já no Quarto Plano. Os CAC marcam, de fato, uma verdadeira ruptura com a orientação fixada em 1962. Diferem das casas da cultura não somente pelo tamanho como também, e antes de tudo, por uma nova concepção das relações entre o Estado, o estabelecimento e o seu diretor animador, os representantes municipais e as associações culturais locais. De modo geral, a inscrição das casas da cultura numa história progressiva e linear da democratização cultural que teria tido como etapas anteriores as horas gloriosas da educação popular, as universidades populares e, depois, a descentralização teatral, e como etapas posteriores os centros de ação cultural e as outras políticas de descentralização e de democratização culturais, é enganosa e confere à história das casas da cultura sob André Malraux até Jacques Duhamel uma homogeneidade que não teve. Pois, como veremos, de 1961 a 1972, a política das casas da cultura conheceu mutações significativas desviando sua concepção e, por vezes, sua missão. Enfim, o atestado de fracasso das casas da cultura ou sua valorização mitigada como etapa útil do desenvolvimento ulterior das políticas culturais merece uma atenção toda especial. Mais vale livrar-se de duas tentações. A primeira consistiria em retomar por nossa conta as avaliações ou a fazer delas o ponto de partida da investigação, perguntando, por exemplo, por que fracassaram, ou como foi possível acreditar que as casas da cultura poderiam democratizar a cultura. A segunda tentação seria afastar essas avaliações para tentar uma nova. As duas opções mascaram o essencial: as avaliações severas ou indulgentes e notadamente a temática do fracasso da democratização cultural não são exteriores à história da política das casas da cultura. Pelo contrário, elas constituem, desde meados dos anos 1960, uma das suas componentes centrais. A formulação e o impacto dessas avaliações fazem parte da história das casas da cultura e devem ser estudados como tais.

Três fios condutores

Nossa maneira de conceber a história da política das casas da cultura está estreitamente relacionada ao papel de "cavalo de Troia" que lhe confiamos para facilitar uma compreensão global dos anos Malraux e Duhamel. Resultam daí várias opções: o tema escolhido é a política das casas da cultura, e não a história das casas da cultura; a ênfase é posta sobre a construção da exemplaridade dessa política. De modo geral, foi preciso manter o equilíbrio entre o estudo o mais preciso possível dessa história, necessário à sua compreensão, e a limitação da investigação ao que, nela, ultrapassava a evolução de uma política setorial. Três fios condutores conduziram esse exercício de equilíbrio.

A ação da administração é o primeiro fio condutor. Trata-se da ação da Diretoria do Teatro, da Música e da Ação Cultural, criada em 1961 para conceber e ativar a implantação das casas da cultura sobre o conjunto do território. Os níveis nos quais se manifestam mais diretamente as dimensões política e artística dessa história, isto é, o gabinete do ministro e as municipalidades, o pessoal das casas da cultura e seus diretores, passam por um exame menos sistemático. Está fora de questão, é claro, ignorar as considerações ideológicas, as táticas políticas e as ambições artísticas de alguns protagonistas. Mas o trabalho da administração – marcado pela recorrência das interações com seus interlocutores, a ancoragem de suas iniciativas em projetos de equipamentos e procedimentos de subvenção, a estabilidade organizacional e a produção de rastros indiscutíveis (arquivos) – forma um molhe a partir do qual é mais cômodo situar a importância das inflexões ideológicas, da flutuação dos jogos políticos ou das estratégias profissionais dos meios artísticos.

O privilégio concedido à ação da administração tem por corolário a concentração da pesquisa no centro parisiense. Cabe espantar-se com razão que uma política que visa atenuar o desequilíbrio a favor da capital seja estudada preferencialmente a partir das iniciativas da administração central. A sanção da história, isto é, a perenidade do Ministério dos Assuntos Culturais e a marca preponderante de sua ação na vida cultural francesa, o caráter centralizado e parisiense da imprensa nacional, os arquivos mais facilmente acessíveis (os Arquivos Nacionais, alimentados pelas verbas da administração central), enfim, os dados mais abundantes e mais imediatamente disponíveis tendem a privilegiar o ponto de vista do Estado e de seus agentes. Uma tal situação deixa duas atitudes possíveis. A primeira estratégia de pesquisa consiste em compensar essa assimetria com uma pesquisa longa e custosa de fontes de informação, entrevistas e arquivos, oriundos de atores não estatais[14]. Adotamos a segunda atitude: apontar os traços da situação que nos é imposta e mostrar, como tal, o ponto de vista dos agentes do Ministério dos Assuntos Culturais e, em primeiro lugar, o daqueles que estavam encarregados dessa política, observando como ele se forma em relação com – e às vezes contra – os outros protagonistas. Essa escolha corresponde, obviamente, a uma restrição voluntária de nossas fontes e da amplitude da pesquisa, conforme ao objetivo desta última.

O segundo fio condutor é a escolha de um eixo de pesquisa almejando expor as articulações essenciais dessa história sem com isso explorar, em detalhes, todas as suas inflexões. A perspectiva adotada reside na *confrontação da política das casas da cultura com a herança da educação popular e a esperança de seu ressurgimento.* Esta escolha foi rapidamente assumida e sua validade não cessou de se confirmar à medida que a pesquisa progredia. De fato, é numa relação de proximidade, de cumplicidade aguardada e, finalmente, de confrontação com a educação popular que a ação cultural do novo ministério foi definida e experimentada.

Seguindo essa orientação, a pesquisa conduziu a uma constatação cuja explicitação constitui *um terceiro fio condutor. A história da política das casas da cultura pode ser subsumida pela conformação de um modelo de ação, sua aplicação e, em seguida, pela sua desestabilização.* De 1959 a 1963, do anúncio da implantação futura de casas da cultura até o início da realização do projeto, desenhou-se pouco a pouco um modelo de ação. De início operando sem forte turbulência, desestabilizou-se, de modo discreto e progressivo a partir de 1966, e depois de modo manifesto e rápido a partir dos acontecimentos de maio de 1968.

---
14 É o que fez J.-J. Queyranne em sua tese *Les maisons de la culture*, LGDJ, 1975.

Os três fios condutores – a ação da administração, a confrontação com a educação popular, a formação e em seguida a desestabilização de um modelo de ação – possuem uma dupla vantagem. Autorizam uma visão sintética e global sem impor um esquema de interpretação redutor e sem prejudicar demais o anseio de uma relação rigorosa com os dados.

* * *

Uma última observação a propósito dos dados. Além das obras e artigos impressos, consultamos os arquivos do Ministério dos Assuntos Culturais, essencialmente os da Diretoria do Teatro, da Música e da Ação Cultural, conservados no Centro dos Arquivos Contemporâneos de Fontainebleau, assim como os documentos disponíveis no Departamento de Estudos e da Prospectiva do Ministério da Cultura.

A esses trabalhos acrescentam-se as entrevistas dos principais protagonistas desta história. Afora algumas exceções, a sequência de entrevistas foi limitada aos atores do patamar central, antigos membros dos gabinetes de André Malraux, de Edmond Michelet ou de Jacques Duhamel, e da diretoria administrativa central, que, sob diversos nomes, foi encarregada do teatro e das casas da cultura. Tivemos assim uma, muitas vezes duas e, algumas vezes, três entrevistas com Émile Biasini, Guy Brajot, Roger Dumaine, Augustin Girard, Jean-Claude Marrey, Pierre Moinot, Dominique Ponnau, Francis Raison, Jacques Ralite, Guy Rétoré, Jacques Rigaud, André Rollier, Michel Roux, Catherine Tasca, Alain Trapenard. Fazemos questão de agradecer sua acolhida, sua paciência e o interesse que gentilmente manifestaram por este trabalho, cedendo-nos uma parte do seu tempo e, por vezes, de seus arquivos pessoais. Entretanto o leitor não encontrará nenhuma citação das entrevistas no corpo do livro. A ausência é deliberada. As entrevistas foram muito úteis para a pesquisa, para o recolhimento das informações, assim como para a construção das interpretações. Mas pareceu útil aplicar uma precaução de método: qualquer que seja a importância de uma entrevista para descobrir fatos, acontecimentos ou sentimentos, que não serão localizados ou só dificilmente encontrados em arquivos, seu uso deve ser controlado pelo rastro escrito (ao qual deveriam acrescentar-se os rastros audiovisuais). Para simplificar, digamos que uma entrevista é um ponto de passagem entre um documento e outro, entre documentos e a interpretação respectiva, mas não pode permanecer a única garantia de um fato ou de uma análise. Isso não somente por causa da eventual imprecisão das lembranças, com trinta ou vinte anos de distância, mas antes de tudo porque a memória é sempre uma construção cuja lógica dificilmente poderá ser restituída por um estudo diacrônico.

I
A CULTURA CONTRA A EDUCAÇÃO

A cultura contra a educação! Será essa a melhor maneira de caracterizar as primeiras grandes orientações do Ministério? Não seria melhor, mais simplesmente, lembrar o objetivo de democratização cultural e citar os termos do decreto fundador de julho de 1959? Este dava à nova administração a "missão de tornar acessíveis as obras capitais da humanidade e, em primeiro lugar, da França, ao mais vasto número possível de franceses: assegurar o mais vasto público ao nosso patrimônio cultural e favorecer a criação das obras da arte e do espírito que o enriquecem"[1].

Por certo, a afirmação da missão é básica e essencial. Mas é preciso tomar alguma distância a respeito. De fato, a evidência do tema da democratização acaba por obscurecer os princípios da ação do Ministério, reduzindo-os a um único. Tende igualmente a diluir sua originalidade, pois o anseio igualitário de André Malraux assemelha-se ao da Frente Popular e a maioria dos países faz também dessa meta o objetivo principal de sua política cultural[2]. Por fim, a expressão "democratização cultural" é por demais imprecisa: o que se entende por acesso à cultura?

É preciso, pois, deslocar ligeiramente o prisma e focar, em primeiro lugar, o contexto político e institucional da afirmação no que se refere à missão igualitarista do Ministério e, na sequência, as modalidades de acesso à cultura pautadas por Malraux e sua administração. Esse deslocamento deixa visível a função diretiva da oposição à educação. A rejeição da educação tem uma dimensão conceitual e prática: a cultura é considerada distinta do conhecimento e a pedagogia é uma via de acesso excluída. Essa oposição possui também uma dimensão política e administrativa: o novo ministério define sua missão, por uma parte, contra a educação popular e o seu representante administrativo, o Alto-Comissariado para a Juventude e os Esportes e, por outra, contra o Ministério da Educação Nacional e o antigo Secretariado de Estado para as Belas-Artes.

UMA OPA[3] DE CUNHO IDEOLÓGICO

Uma remissão mínima ao contexto político da criação do Ministério poderá evitar algumas ingenuidades. A missão atribuída ao novo ministério em 1959 não marca apenas uma ruptura em relação às belas-artes, associadas ao conformismo e ao refinamento elitista do "burguês". Não é necessário questionar a

---
1 Extraído do decreto de 24 de julho de 1959 sobre a missão e a organização do Ministério.
2 Nesta base, é sempre a "lenga-lenga" da tradição monárquica francesa e do mecenato régio que deveria explicar a famosa "exceção cultural" francesa.
3 *Offre publique d'achat* (oferta pública de aquisição). [N.T.]

sinceridade de Malraux para afirmar que havia, também, no destaque dado à democratização, uma habilidade política. A criação do Ministério dos Assuntos Culturais foi acompanhada de uma verdadeira OPA ideológica. Ao fazer da democratização cultural o principal objetivo de sua ação, André Malraux não fazia menos que assumir por sua conta, em nome do governo então associado pela quase totalidade da esquerda a uma ditadura, o progressismo cultural de que a mesma esquerda pensava ter o monopólio[4]. O Partido Comunista Francês não se deixou enganar e despachou Roger Garaudy, já no inverno de 1959, ao Senado, para identificar com o despotismo esclarecido e o paternalismo cultural seu antigo simpatizante transformado no mais célebre panegirista do gaullismo. O que quer que pensasse o PCF[5], André Malraux retomava, efetivamente, animado por uma convicção que por acaso se assimilava à tática política, o ideal da educação popular. Fez todavia um uso seletivo da herança desta última.

O que é a educação popular em 1959? Não é fácil circunscrever o que poderia evocar o termo naquela época. Mencionemos apenas três traços para esboçar um retrato rápido, mas suficiente para o nosso caso: um conjunto de ressonâncias ideológicas, uma nebulosa de movimentos, associações e instituições vagamente relacionadas pelo mesmo "espírito"; o sentimento de uma esperança frustrada e a necessidade de uma pronta reação. As múltiplas ressonâncias ideológicas associadas à educação popular compreendiam um ideal de igualdade cultural, a narrativa das etapas de sua progressiva realização, incluindo o teatro e as universidades populares, a política de lazeres da Frente Popular, a grande esperança surgida na Libertação com a nomeação de Jean Guéhenno na chefia de uma secretaria da educação popular em 1945. Constituía também uma nebulosa de associações culturais (notadamente de teatro amador), de associações de enquadramento da juventude, afiliadas, ou meramente aparentadas pelas ideias, a movimentos de obediências ideológicas ou confessionais diversas. Emergiam daí, no plano nacional e como laboratórios de ideias, organismos como Povo e Cultura[6], Trabalho e Cultura ou o Centro de Cultura Operária. Por seu espírito, pertenciam também a essa nebulosa o TNP[7] e os grupos da descentralização

---

4 André Malraux foi primeiramente autor de esquerda, como ilustram seus romances mais conhecidos (*A condição humana* e *A esperança*); posteriormente, tornou-se um esteio intelectual e político do gaullismo e da Quinta República, de centro ou centro-direita. [N.T.]
5 Partido Comunista Francês. [N.T.]
6 Peuple et Culture (Povo e Cultura) é uma rede de educação popular existente há 70 anos que pretende lutar contra as desigualdades culturais e pelo direito ao saber ao longo da vida; seu nascimento está ligado à Resistência francesa. [N.T.]
7 Teatro Nacional Popular. [N.T.]

teatral. Finalmente, em 1960, as duas últimas décadas foram alvo de um balanço crítico. A esperança associada à nomeação de Guéhenno na época da libertação fora frustrada, a educação popular sofrera de sua vizinhança, no mesmo departamento ministerial, com os esportes, que haviam absorvido a maior parte dos créditos e das competências.

Junto com o ideal da democratização cultural, o novo ministério retomou um conjunto de ideias e crenças comuns à caracterização mais geral da educação popular, que se pode resumir em três pontos: o anseio por lutar contra a desigualdade de acesso à cultura; a confiança depositada na universalidade e na validez intrínseca da cultura (que se queria expandir com a maior urgência atribuindo-se à sociedade de consumo e à cultura de massa a dissolução dos laços sociais); a crença na possibilidade de progredir em direção a uma democratização cultural independentemente da luta política. Esta última crença supõe uma autonomia relativa do setor cultural, em face da política, contestada em 1968.

Se Malraux deu como missão ao seu ministério o que era o ideal da educação popular, conservou apenas uma das vias que ela, em sua grande diversidade, concebia para atingi-lo. O ministro e seus colaboradores próximos rejeitaram o didatismo e o amadorismo que as associações de Educação Popular praticavam. A democratização cultural passava, conforme o novo ministério, não por uma educação especificamente cultural ou pela aprendizagem das práticas artísticas, mas por um encontro da arte, tanto das obras quanto dos artistas, com os públicos que não possuíam o hábito de tal convívio. A noção de acesso à cultura rejeitava, pois, qualquer ideia de mediação ou de pedagogia. Por agir dessa maneira, a concepção da democratização do Ministério dos Assuntos Culturais o distinguia tanto da educação popular quanto da educação nacional. Porém, a oposição a uma ou a outra não possuía o mesmo papel e não dizia respeito aos mesmos níveis da ação do novo ministério. São estes os níveis que é preciso agora discriminar.

FILOSOFIA DE AÇÃO, DOUTRINA E CASUÍSTICA

Que grade de leitura pode manter unidos, ao mesmo tempo que os distingue, elementos tão disparatados quanto os inspirados discursos de André Malraux sobre as catedrais do século XX, a confecção de um programa de arquitetura e o tratamento dos conflitos entre os representantes eleitos locais e os diretores das casas da cultura? As peculiaridades da política das casas da cultura diminuem a pertinência das tipologias elaboradas para a análise das políticas públicas. De fato, fundada sobre a implantação de equipamentos e o financiamento conjunto do Estado e dos municípios, essa política encontra-se submetida, tanto pelas decisões de implantação, pela concepção e pela construção dos equipamentos quanto por seu funcionamento e pela nomeação de seus responsáveis, a múltiplos fatores locais, contingentes no que diz respeito aos objetivos locais da política. Essa peculiaridade, adicionada à divisão do trabalho no seio da administração francesa, respeitada com bastante rigor naquela época, leva a considerar três componentes correspondendo a tarefas e a níveis administrativos diferentes: a filosofia de ação, a doutrina e a casuística.

A filosofia de ação define a identidade do propósito e da missão do novo ministério e permanecerá o apanágio do ministro e de Gaëtan Picon, amigo de Malraux, nomeado diretor-geral das Artes e das Letras já em 1959. Por precisa que seja, essa filosofia é insuficientemente concreta para dirigir a ação da administração. Esta necessita determinar as operações e as modalidades de ação adequadas; não pode agir sem critérios de escolha que lhe permitam saber quando se pode outorgar uma subvenção a tal associação ou a tal instituição ou recusar tal outro pedido de crédito; deve saber quais os interlocutores de que fará os suportes de sua ação. Em resumo, a administração precisa de uma doutrina. Será reivindicada e forjada pelos homens no comando da direção administrativa central que, no seio da Diretoria-Geral das Artes e das Letras, têm o encargo dos teatros, da política das casas da cultura e de outras atribuições que irão variar com o tempo. Enfim, cada casa da cultura representando, pela sua implantação como também pelo seu funcionamento, um caso particular, chamemos de casuística o saber prático e a habilidade que deverão desenvolver os funcionários da administração central para conciliar a doutrina e as condições contingentes de sua aplicação.

É preciso sublinhar aquilo que a pertinência da distinção entre filosofia de ação e doutrina deve à atribuição de uma divisão no trabalho administrativo. Até 1968, o ministro e seu gabinete não intervêm no detalhe da ação da administração central. Gaëtan Picon, na chefia da Diretoria-Geral das Artes e das Letras – diretoria pletórica herdada do Secretariado de Estado das Belas-Artes –, também não se ocupará da concepção prática das casas da cultura.

O quadro seguinte apresenta a distribuição das três componentes no seio da estrutura administrativa:

Filosofia de ação	Doutrina	Casuística
O ministro e seu gabinete O diretor-geral das Artes e das Letras	A Diretoria do Teatro, da Música e da Ação Cultural	Relações com os representantes eleitos locais Relações com os diretores das casas da cultura

O papel atribuído à educação popular é mutável e, no fim das contas, secundário para a filosofia de ação, mas é determinante para a formação e as inflexões da doutrina. Inversamente, a oposição entre a ideia de educação em geral e a educação nacional em especial é essencial à compreensão da filosofia do Estado estético.

2. A filosofia do Estado estético

> O Estado dinâmico somente pode tornar a sociedade possível ao dominar a natureza por forças naturais, o Estado ético somente pode torná-la necessária (moralmente) ao submeter a vontade individual à vontade geral; só o Estado estético pode torná-la real porque cumpre a vontade de todos por meio da natureza dos indivíduos. [...] Somente as relações fundadas sobre a beleza unem a sociedade, porque se relacionam com o que é comum a todos.
> Schiller, *Cartas sobre a educação estética do homem* (1795)

> A cultura é a herança das obras do passado que concorrem para a qualidade do homem, quando esta qualidade não se funda mais sobre a lei. (E a cultura do presente, o conjunto das obras que a mantêm dando-lhe novas formas.)
> André Malraux, conferência de imprensa sobre os teatros nacionais (9 de abril de 1959)

> O que chamamos de cultura está para o ensino um pouco como a vida política para o conhecimento histórico.
> Gaëtan Picon, "A cultura e o Estado", discurso na inauguração da casa da cultura de Béthune (1960)

Assim que chegam à Rue de Valois, André Malraux e seus mais próximos colaboradores têm uma primeira tarefa que a maioria dos outros ministérios não precisa cumprir. O ministério encarregado dos Assuntos Culturais acaba de ser criado. Seu nome e sua composição, por somatória de administrações, impõem um trabalho de definição, de identificação e, finalmente, de distinção. O novo ministério deve notadamente distinguir-se de três outras administrações: a Educação Nacional de que é oriundo; o Secretariado de Estado para as Belas-Artes a que substitui; o Alto-Comissariado para a Juventude e os Esportes com o qual deve partilhar competências em matéria de educação popular. De 1959 a 1969, André Malraux lembrará em seus discursos, de modo variável, mas sempre coerente, a especificidade da missão do seu ministério em face de uma ou de outra daquelas administrações. A formulação dessa missão é sempre inseparável de um exercício delimitador do sentido dos termos "cultura", "assuntos culturais", "ação cultural" que, embora já integrados na língua francesa, não tinham, em 1959, o caráter familiar que adquiriram desde então.

As definições da cultura ou da ação cultural retomadas numerosas vezes por André Malraux e Gaëtan Picon correspondem, assim, sempre a táticas de demarcação em relação a outras administrações. Dizem tanto o que não é a ação cultural quanto o que ela é. Porém, não se trata de definições meramente táticas, pois que o núcleo da argumentação pouco se dissocia das ideias de Malraux ou de Picon sobre as relações entre a arte e a sociedade, presentes nos seus escritos anteriores às suas responsabilidades políticas. Não tentaremos dar vazão à reflexão filosófica e à definição, mais para contingente e pragmática, de uma política. Só nos importa a sua articulação, isto é, aquilo que, nesses jogos de definições, engendra um quadro cognitivo e normativo, ao mesmo tempo produto do cruzamento entre convicções e constrangimentos impelindo ações e produtor de orientações normativas guiando as escolhas e as avaliações. Entretanto, a ênfase é dada aqui à articulação do pensamento e da ação num nível que permanece geral. Assim, a pesquisa se limita aos discursos e textos de André Malraux e de Gaëtan Picon que não são diretamente orientados pela definição e pela justificação de medidas práticas. Por outro lado, qualquer que seja seu grau de generalidade, essa "filosofia" está relacionada à ação pública. Em consequência, não fazemos referência a quase nenhuma outra obra, artigos ou declarações de Malraux ou Picon anteriores ou posteriores à sua função. Foram utilizados apenas os discursos, conferências e exposições ligados à ação do Ministério.

De todos esses textos, sobressai-se que a filosofia do Estado estético é concebida, de um ponto de vista institucional, contra a Educação Nacional e o antigo Secretariado de Estado para as Belas-Artes. Inversamente, o distanciamento em relação ao Alto-Comissariado para a Juventude e os Esportes é progressivo e menos preponderante nas definições recorrentes dos encargos do Ministério. A diferença de tratamento entre os departamentos ministeriais não deixa de ter relação com a definição conceitual da ação cultural. Esta é definida por uma oposição à pedagogia e mais vetorial que a mera rejeição ao divertimento; por uma concepção da relação com o público; por um anseio de acesso igualitário, consubstancial à noção de cultura. Enfim, todas essas características negativas ou positivas estabelecem a legitimidade de uma intervenção do Estado.

OS LAZERES ENTRE A CULTURA E O PRECIPÍCIO

Sem dúvida, Gaëtan Picon foi o primeiro a situar de modo mais explícito a originalidade do propósito do Ministério, a cultura, perante o conjunto dos três departamentos ministeriais considerados simultaneamente:

Na verdade, a noção de cultura é mais fugidia, mais recoberta de confusões de que as noções conexas às quais, há tempo, correspondem outros departamentos ministeriais.

Na sociedade contemporânea, três domínios aparecem nitidamente, três domínios aos quais se é tentado identificar esta noção de cultura: o do ensino escolar e universitário; o do entretenimento, no qual vemos o Estado apoiar certos espetáculos ou dirigir o que chamamos de lazeres; o da criação artística, que é da alçada do indivíduo, mas no qual o Estado não pode deixar de intervir, seja que se contente (como nos regimes liberais) em honrar a criação livre, seja (como nos sistemas totalitários) que tente controlar e dirigir seu jogo.

Se, como creio, a criação de um Ministério da Cultura é plenamente justificada, é porque existe um domínio essencial que não é ensino, nem entretenimento, tampouco criação artística[1].

A repartição dos papéis definida por Malraux e Picon reserva, pois, o ensino para a Educação Nacional, o entretenimento burguês para o antigo Secretariado de Estado para as Belas-Artes e os lazeres de uma determinada faixa etária para o Alto-Comissariado de Estado para a Juventude e os Esportes. Nessa divisão do trabalho, a educação popular ocupa uma posição singular. Em primeiro lugar, não se integra espontaneamente na repartição de Gaëtan Picon e André Malraux. Isso suporia sua assimilação ao setor dos lazeres e da juventude apenas, o que não é evidente; e mais, enquanto a distinção em face da Educação Nacional e do antigo Secretariado para as Belas-Artes é imediata e permanecerá constante, a demarcação pública da educação popular é mais tardia e progressiva. A análise dos discursos de André Malraux mostra de fato que, de 1959 a 1963, o papel atribuído publicamente à educação popular se inverte. De eventual suporte num primeiro momento, é posteriormente reduzida ao exercício dos lazeres e, finalmente, posta de lado.

Em sua primeira conferência como ministro dos Assuntos Culturais, consagrada em 9 de abril de 1959 aos teatros nacionais, André Malraux critica a Quarta República por não ter tido uma doutrina[2]. Opõe já a cultura ao conhecimento e ao refinamento, mas os lazeres e a educação popular não servem ainda de contraposição. Longe de ser rejeitada, a educação popular, pelo menos uma parte do que se assimila então a ela, serve de modelo de referência e suporte para sua política teatral:

---
1 G. Picon, discurso "A cultura e o Estado".
2 Ele só teve esse título a partir de 3 de fevereiro de 1959. Antes ele fora ministro delegado na presidência do Conselho, a partir de 24 de junho de 1958, e depois ministro de Estado, a partir de 8 de janeiro de 1959. Ressaltemos que seu uso da palavra "doutrina" não coincide com aquele que definimos na introdução desta parte.

No domínio do teatro, a Quarta República deixa uma obra importante: o Teatro Nacional Popular.

Sua ação devia exercer-se antes de tudo sobre os sindicatos, e nós o parabenizamos por isso. Na verdade, basta assistir a uma representação do Palácio de Chaillot para ver que esta ação exerceu-se pelo menos sobre a juventude.

O público que os teatros nacionais devem juntar prioritariamente é a juventude.

Graças às organizações de cultura popular que o Estado subvenciona por outros meios, penso que antes de dois anos poderemos assegurar a todos os teatros nacionais, sob a única condição de que as representações sejam boas, as salas cheias do TNP.

E, antes de cinco anos, a televisão trará a essas salas, sem dúvida, todos os jovens da França; pelo menos aqueles para quem o teatro conta, e as crianças – entre as quais estive – que não davam importância ao teatro e que lhe deveram, porém, a vocação.

UMA OPOSIÇÃO CATEGÓRICA AO CONHECIMENTO E À EDUCAÇÃO

Aos senadores que lhe pedem para esclarecer os princípios de ação do novo ministério e que o repreendem por ter apagado a continuidade entre o antigo Secretariado de Estado para as Belas-Artes e o seu novo ministério, André Malraux, que se encontra apresentando seu primeiro orçamento, replica com a afirmação de uma ruptura ideológica. A separação em relação ao Ministério da Educação Nacional tem vantagens técnicas ao permitir a autonomia orçamentária que o antigo Secretariado de Estado para as Belas--Artes não possuía, mas também tem razões ideológicas:

> Onde está a fronteira? A Educação Nacional ensina: o que temos de fazer é tornar presente. Para simplificar, retomo o que disse na Assembleia Nacional: é próprio da universidade levar a conhecer Racine, mas é próprio somente daqueles que apresentam suas peças fazer com que sejam amadas. Nosso trabalho é fazer com que sejam amados os gênios da humanidade e notadamente os da França, não levar a que sejam estudados. O conhecimento é próprio da universidade; o amor, quiçá, nos pertence[3].

---

3   Senado, 8 de dezembro de 1959.

Possivelmente é o tema mais recorrente em todos os discursos do ministro. Já o afirmara em agosto de 1959 em Brasília, tornará a afirmá-lo após os acontecimentos de maio de 1968 diante de um jornalista do *Spiegel*, alguns meses antes de sua saída, como também, entre essas duas datas, quando das inaugurações das casas da cultura ou diante das duas assembleias durante as discussões orçamentárias. A função da universidade é levar ao conhecimento; a do seu ministério é levar a amar. A cultura não é conhecer, mas amar e, através desse amor, a cultura manifesta e permite uma comunhão.

Gaëtan Picon, por sua vez, distingue mais sutil e longamente, no mínimo em três oportunidades, quando das conferências ou discursos proferidos em 1960 em Béthune, em 1961 no Havre e em 1966 em Amiens, a especificidade da cultura e da ação cultural em face de noções conexas. Mas em cada uma das três conferências, tal como Malraux em seus discursos, é à diferença entre cultura e conhecimento que se atém mais longamente e, por vezes, quase exclusivamente. Vimos que Malraux funda a diferença sobre o amor. Para Picon, a distância é antes de tudo temporal. O conhecimento é sempre herança, memória de uma cultura passada que pode ser ensinada e tornar "culto". Sob esse aspecto, é radicalmente diferente da cultura viva. Esta se distingue do saber e do conhecimento como o passado do presente e da "presença", o acabado do inacabado. Por esse viés ela participa do estilo da época e identifica-se ao movimento da criação das obras.

Se a universidade ensina, as casas da cultura deverão tornar a arte presente. "Casas de jovens, educação popular, universidades, trata-se sempre", esclarece Gaëtan Picon, em 1966, "de um ensinamento." Nas casas da cultura, trata-se de uma manifestação, de uma "cerimônia". Essa presença é indissoluvelmente copresença, participação em uma coletividade contemporânea. Numa visão da história concebida como sucessão de camadas, emprestada de Spengler e do marxismo, ambos citados, a cultura viva é a camada em vias de realização e da qual todos os contemporâneos participam. Decorre daí outra diferença cujas consequências serão vistas um pouco adiante. A cultura é inacabada, enquanto que o saber, assimilado ao "ensinável", é acabado. Reside aí um corte fundamental, segundo Picon, que torna inconciliável as tarefas respectivas da universidade e das casas da cultura. Conforme o diretor-geral das Artes e das Letras, só se pode ensinar o que está acabado e, em última instância, morto. Inversamente, o que está inacabado não pode ser ensinado porque o seu sentido ainda não foi fixado pelo término da sua realização. O modo do inacabado é um traço essencial da cultura a ponto de autorizar uma imagem e uma nova definição das casas da cultura:

> O que chamamos de cultura está para o ensino um pouco como a vida política está para o conhecimento histórico. Há o historiador, há os que fazem a história e há uma vida pública consciente que nos associa ao movimento que a história produz. [...] Tal como as universidades são os locais onde se transmite a imagem acabada das culturas passadas, as casas da cultura serão os locais onde a imagem inacabada da cultura presente será mostrada aos que participam dela, sem que aqueles mesmos que a estão moldando estejam sempre conscientes do fato[4].

Este paralelismo entre a história política e a história da arte, que, notemos de passagem, é um dos traços das teorias da vanguarda, associa claramente a participação, a dimensão inacabada e a ruptura temporal entre o conhecimento e a cultura. Porém a ruptura não implica a ausência de relação: relação que toma aqui a forma ambivalente de uma herança seletiva. A cultura exige tanto a memória quanto a traição das culturas anteriores. Picon recusa tanto a tábula rasa quanto a tradição[5]. E se retoma, como Nietzsche, a fórmula de Goethe: "Detesto tudo o que só faz me instruir sem me animar diretamente", recusa-se a negar, em oposição ao autor das *Considerações intempestivas*, o que denomina "lei do conhecimento". Ambos componentes do espírito, o conhecimento e a cultura obedecem a leis diferentes. Somente a cultura viva pode e deve ser seleção reconstrutora do passado. Seleção operada exemplarmente na obra. Picon termina associando cultura, obras e criação a ponto de identificá-las. "A cultura é a própria difusão da criação", afirma em 1960, tanto que, em 1966, as casas da cultura são batizadas "casas das obras".

Qualquer que seja a orientação, emocional para Malraux, ou historicista para Picon, de oposição ao conhecimento, a definição da cultura faz da casa da cultura o local de encontro, físico, da obra e do público. Esta apresentação de uma ao outro tem como condição de possibilidade uma faculdade humana, a sensibilidade.

---

4 G. Picon, *op. cit.*, p. 9.
5 "Não somos apenas herdeiros, historiadores. Se for verdade, como observou Malraux, que nossa civilização reúne pela primeira vez a herança planetária e secular, este museu, esta biblioteca sem limites assim reunida é a imensa pira na qual se acende o fogo da criação contemporânea. Em todas as direções, o espírito de nossa civilização ocidental testemunha uma aptidão criadora, inventiva, de uma audácia sem precedente. Inversamente, cultura alguma pode nascer sobre a tábula rasa" (*ibid.*, 1960, p. 6). Essa dupla recusa da tradição e da tábula rasa explica, ao que nos parece, sua reação ambígua, um misto de interesse e distância, a Maio de 68. Ver seu artigo "Contestation et culture", *Le Monde*, 6 ago. 1968.

AS VIRTUDES DA SENSIBILIDADE ESTÉTICA

A progressão pedagógica fragmenta em etapas sucessivas adequadas ao nível do aluno o que a ação cultural deve, ao contrário, revelar de uma só vez. Essa revelação tem por alvo a sensibilidade do público, e mais geralmente a dos franceses que se quer atingir de maneira igualitária. A sensibilidade, evocada em todos os textos, assume, entretanto, um significado diferente para Picon e para Malraux.

No caso de Malraux, a sensibilidade é a faculdade invocada porque a comunicação entre as obras e os homens tem por suporte sentimentos e a partilha de experiências humanas universais, como o amor e a morte, que a obra expressa e que os homens encontram em si por meio de sua revelação. O homem é sensível à arte pelo coração. Assim como em Schiller, por sua vez seguindo e adotando Kant, a sensibilidade ou o imaginário têm, para Malraux, uma posição intermediária, isto é, central, entre a razão ou a lei e os instintos, a parte orgânica e animal do homem. Assim, a cultura concorre para a qualidade do homem "quando esta qualidade do homem não é mais fundada sobre a lei[6]" e, dessa forma, pode salvar o homem das fábricas de sonho que triunfam por meio do sexo e da violência[7]. Malraux não nega, portanto, o valor da lei ou do conhecimento. Mas, como afirma igualmente Picon, a cultura está para o conhecimento o que a verdade é para a afirmação do valor da verdade. Principalmente, a razão ou o saber não podem ser as bases de uma comunhão. Em sua visão da história, o racionalismo sucede à religião a partir do Renascimento e acredita, erradamente, poder bastar a si mesmo. Ora, para Malraux, a razão não pode ser um "equivalente funcional" da religião[8]. Porque ela não pode nem afirmar valores nem fundar

---

6   Ver a citação em epígrafe.
7   "Essas usinas tão poderosas comportam os piores instrumentos do sonho que existem, porque as fábricas de sonho não existem para engrandecer os homens, existem muito simplesmente para ganhar dinheiro. Ora, o sonho o mais eficaz para as bilheterias de teatro e de cinema é obviamente o que apela para os elementos mais profundos, mais orgânicos e, falando claramente, os mais terríveis no ser humano, e acima de tudo, está claro, para o sexo, o sangue e a morte" (discurso de inauguração da casa da cultura de Amiens, 19 de março de 1966). Neste discurso, em que o "coração dos homens" opõe sua invencibilidade às potências conjugadas do maquinismo e dos instintos primordiais, o imaginário, a faculdade de coração, é a essência da humanidade esticada entre a animalidade e o divino: "O que é o imaginário? Desde que o mundo é mundo, e provavelmente o que o homem criou diante dos deuses. O destino existe com o nascimento, a velhice e a morte, e algo existe aí também que é esta comunhão estranha do homem com algo mais forte do que aquilo que o esmaga. Haverá sempre este momento prodigioso em que uma espécie de semigorila levantando os olhos sentiu-se misteriosamente irmão do céu estrelado." *Ibidem*.
8   "A civilização científica não é uma civilização religiosa. É preciso portanto que encontre seus próprios meios de defesa." Entrevista ao *Spiegel*, outubro de 1968.

uma participação dos indivíduos em uma comunidade espiritual. O saber divide onde a emoção e o imaginário reúnem. No século XX, como na Idade Média, o conhecimento não é partilhável senão de maneira limitada:

> A Idade Média havia conhecido uma transmissão dos conhecimentos – nem que fossem apenas os da teologia –, mas os fiéis não viviam desses conhecimentos, viviam da Revelação e da Legenda Áurea. Em nossa civilização, a busca desinteressada do conhecimento é certamente um alto valor, mas só para o pesquisador, não para os fiéis[9].

Inversamente, os versos de Victor Hugo podem tocar os mais humildes porque têm como fundo a experiência universal do amor ou da morte. É em 1959, diante dos deputados, e logo depois diante dos senadores, que André Malraux oferece ao público duas "vinhetas", reapresentadas várias vezes posteriormente, que ilustram sua concepção da cultura como comunhão através de experiências universais que, depois da religião, apenas o gênio artístico é capaz de imortalizar e evocar para todos. Embora esses trechos sejam conhecidos, sua importância autoriza longas citações. A primeira é uma historieta que tem como quadro o amor nascendo[10]. A segunda, mais longa e mais complexa, agrupa duas historietas em que, graças à poesia, a experiência do amor e a da morte se chamam mutuamente.

> Tive a sorte e quem sabe a honra de conhecer um dos últimos homens que ouviu Victor Hugo dizer os seus versos, e ele me contava o seguinte: Victor Hugo havia acabado de recitar alguns dos seus poemas ilustres. Esse homem, moço ainda – era um grande escritor –, encontrava-se na casa de Victor Hugo perto de muitas mulheres belas e jovens. Ao lado da lareira, o octogenário hesitante observa Juliette, então moribunda, que o havia amado a vida toda. E para todos esses jovens que olhavam ocasionalmente, ao seu lado, mulheres belas, que por vezes amavam, era esta velha mulher devastada, coberta de rugas, à morte, que levava sobre o rosto a máscara imortal do amor. Definitivamente, existe algo com o poder de extraordinária permanência que se encontra entre os homens os mais humildes. Num hospital, certo dia de 1940, enquanto alguém recitava versos, um ferido, um iletrado, perguntou: "O que Victor Hugo escreveu sobre o amor?" E alguém recitou vários poemas, primeiro *Olympio*,

---

9   Discurso de inauguração da casa da cultura de Grenoble, 13 de fevereiro de 1968.
10 Assembleia Nacional, 17 de novembro de 1959. A experiência do primeiro amor permite a um rapaz de 16 anos uma nova compreensão, emotiva, dos versos de Victor Hugo, aprendidos na escola.

por certo, e o famoso trecho de *Booz*, no momento mesmo em que Victor Hugo novamente pensa em Juliette Drouet:
"Eis a hora onde aquela com quem dormi,
Ó Senhor, deixou o meu leito pelo vosso"[11].
Então, em todos esses homens, muitos deles pouco familiarizados com a poesia, estes dois versos, por si só, fizeram cessar o grande murmúrio da dor.
Nossa função consiste em fazer que aquilo de que vos falo agora cesse de ser um privilégio e que não seja preciso o acaso de um hospital para que os homens ouçam as palavras imortais que lhes deveriam pertencer. Para qualquer momento capital da vida, seja o nascimento, o amor ou a morte, todas as grandes Igrejas criaram grandes liturgias. Há algo à margem das Igrejas: é o misterioso sacramento que o gênio confere. As palavras do gênio pertencem a todos, e nossa função é fazer que todas as conheçam para que todos as possam possuir[12].

A primeira historieta representa, pode-se dizer, uma espécie de preparação doméstica para o segundo. Na presença do poeta, os versos que recita fazem, do rosto da mulher agonizante que os inspirou, a imagem do amor. O segundo ilustra a capacidade dos mesmos versos em emocionar e reunir os homens de todas as condições já agrupados pelo companheirismo doloroso de um hospital de guerra. A força do trecho consiste em evocar juntas a potência da arte e a experiência da guerra de que eram oriundos os ideais da Libertação[13].

A sensibilidade tem um estatuto semelhante para Picon. É igualmente necessária ao encontro com a obra. Mas a cultura como criação está, na sua opinião, em oposição ao saber mais em razão do tempo do que em razão do amor; a sensibilidade à criação ou a simpatia pela arte contemporânea é ao mesmo tempo uma forma privativa e uma forma mais alta da compreensão, pois que o inacabado não pode ser senão sentido e exige uma participação ao "ser" mais do que a postura distante do conhecimento.

O que se procura não pode ser apreendido como aquilo que é achado. O que se procura só pode ser sentido, tocado, mostrado... [...] Neste sentido, não se pode conhecer a existência de uma cultura contemporânea,

---
11 *Voici l'instant où celle avec qui j'ai dormi, // Ô Seigneur, a quitté ma couche pour la vôtre.*
12 Senado, 8 de dezembro de 1959.
13 A importância da sensibilidade e do choque revelador em oposição ao ensino é evidentemente algo a justapor ao interesse pela potência das imagens. É ademais notável que as anedotas com as quais ele ilustra esses argumentos tenham a forma de pinturas de gênero. J. Mossuz-Lavau notou como a oposição do choque revelador à educação comanda tanto a sua concepção da propaganda política e o papel atribuído aos encontros nas biografias quanto a sua visão da arte. J. Mossuz-Lavau, *André Malraux et le gaullisme*, Paris: Presses de la FNSP, 1970, pp. 150-1.

uma criação criadora atual. Só se pode comunicar com ela numa simpatia vivenciada. Neste nosso caso, não temos que conhecer, mas ser[14].

Encontra-se, pois, também em Picon, com o matiz da prevalência do contemporâneo, a afirmação da sensibilidade como condição de apreensão do que escapa à aprendizagem. Falta considerar o que autoriza a extensão do seu uso ao conjunto dos franceses.

A PARTILHA NECESSÁRIA DA CULTURA

O decreto de 24 de julho de 1959 é bastante explícito: a missão do novo ministério é "tornar acessível as obras capitais da humanidade, e em primeiro lugar da França, ao maior número possível de franceses, assegurar o mais vasto público ao patrimônio cultural". O anseio igualitário é claramente afirmado. Tomará duas formas através das casas da cultura. Uma luta contra a desigualdade geográfica e uma luta contra as desigualdades sociais. Descentralização e democratização caminham juntas. A tecedura do território por uma rede de casas da cultura permitirá que nada do que se passa de essencial em Paris possa escapar à província. A proximidade geográfica, associada ao baixo preço dos ingressos, deve igualar um acesso até então filtrado pelas barreiras sociais. É dessa maneira que se define, em oposição a uma cultura totalitária e a uma cultura burguesa, uma cultura democrática.

> Isso significa dizer que é preciso que, graças a essas casas da cultura onde, em cada "departamento" francês[15], será difundido o que tentamos fazer em Paris, qualquer criança de 16 anos, por pobre que seja, poderá ter um verdadeiro contato com seu patrimônio nacional e com a glória do espírito da humanidade[16].

Quais são as molas que impulsionam esse anseio igualitário? Não haverá mais do que a paixão democrática e o todo poderoso ideal de um Estado-Providência em ascensão desde a Libertação ao qual seria preciso associar a preocupação "social" de um gaullismo, confundindo as fronteiras entre a direita e a esquerda? No mínimo outras duas molas mais específicas podem ser invocadas. A primeira é o desprezo pelos privilégios e os gostos do "burguês". A segunda, mais importante

---

14 G. Picon, *op. cit.*
15 Divisão administrativa do território francês.
16 AN, 17 de novembro de 1959.

e, antes de tudo, mais imediatamente perceptível nos textos, é o ideal de uma arte partilhada, a cultura sendo de certa maneira uma arte socializada.

De fato, para além de um anseio distributivo e de uma repulsa, a partilha da cultura parece essencial à própria cultura. E, quando em 1960 Gaëtan Picon exclama: "O que é uma beleza que não existe para todos? O que é uma verdade que não existe para todos? Que a cultura só exista para alguns é um escândalo que deve cessar – mas que a democracia se esforça em fazer cessar desde que existe", há mais do que um impulso de generosidade. Picon desenvolve mais amplamente o tema em 1966. A cultura precisa de um justo equilíbrio entre criação e comunicação. No século XIX, a separação entre os dois era máxima. As obras-primas de Manet e Courbet viam-se preteridas, o Estado e a imprensa encontravam-se a serviço de Cabanel e Baudry[17]. A falta de reconhecimento da criação condenava seus autores ao estatuto de artista maldito. Ora, a arte não é livre, continua Picon, quando está condenada à revolta para ser livre, pois a oposição à ordem estabelecida é ainda uma forma de dependência a esta ordem. O século XX apresenta o desequilíbrio inverso. A arte pública sucede à arte maldita. Os meios de comunicação arriscam desfigurar a obra pela sua transformação em um bem imediatamente consumível e indiferenciado para espectadores passivos. Frente a esse perigo, os criadores podem ficar tentados a se retrair. Picon lembra-se, durante uma estadia num colégio americano, de ter experimentado, não sem algum deleite que julga provavelmente perigoso, o sentimento de ter sido encarcerado num claustro protegido por uma cultura "básica" mais avançada nos Estados-Unidos do que na França. Inversamente, uma liberdade nascitura não tem outro refúgio na União Soviética senão em alguns claustros, desde que não tenha nenhum efeito sobre o século. Os dois contramodelos induzem a missão das casas da cultura.

> Se a cultura básica não for repelida, suscitará em compensação uma cultura esotérica. Impedir que uma cultura esotérica corresponda a uma cultura caricatural, quem o fará, a não ser as casas da cultura[18].

Juntamente com as sociedades soviéticas e norte-americanas, o monastério e seu equivalente acadêmico, o colégio, são destituídos em favor da catedral, modelo da casa da cultura que conjuga criação e comunicação, instala entre os criadores e seus contemporâneos a distância e a proximidade necessárias tanto à liberdade da cultura quanto à sua ação no século.

---

17 Alexandre Cabanel (1823-89) é considerado o arquétipo do "pintor oficial"; Paul Baudry (1828-86), sob as tintas de uma amável mitologia ou da mais tradicional alegoria, é tido também como a mais pura expressão do conformismo acadêmico. [N.T.]
18 Discurso na casa da cultura de Amiens, em 16 de fevereiro de 1966.

Por sua vez, Malraux afirma em 1966, perante a Assembleia Nacional: "A cultura será popular ou não será"; mas é menos prolixo sobre esse tema. Todavia, seus dizeres sobre a sociedade norte-americana, nos quais associa a ausência de uma cultura, no sentido em que a entende, ao fato exemplar que Hemingway não possa ter no seu país o *status* de intelectual, vão no mesmo sentido. Avista-se de passagem o laço entre a concepção de cultura própria a Picon e Malraux e a figura francesa do "intelectual" da qual o primeiro participava e o segundo havia sido uma das ilustrações modelares. Em ressonância com essa figura, a cultura supõe que seja partilhada e que "engaje", independentemente de toda orientação política precisa. Se Malraux aborda menos esse tema nos seus discursos, talvez seja porque seu primeiro anseio resida em dissociar o imperativo de democratização do totalitarismo e em dissociar a "popularização" da cultura da "cultura popular". A "cultura para cada um", que contrasta com a "cultura para todos" da sociedade comunista, pressupõe não culturas singulares, mas uma apreensão ou relação individual com uma cultura universal. Malgrado os paralelos recorrentes entre a ação da Terceira República de Jules Ferry para a escola e a ação cultural da Quinta República, a cultura possa talvez, conforme os desejos do ministro, tornar-se gratuita; não é vista como obrigatória. A intervenção voluntarista do Estado não infringe, de acordo com essa filosofia, nem a liberdade do público, nem a dos artistas.

DIRIGISMO ESTATAL, DEMOCRACIA CULTURAL E LIBERDADE ARTÍSTICA

Pronunciada no final de sua conferência de Amiens em 1966, a palavra "liberdade" abre a conclusão de Gaëtan Picon. Segue uma definição da liberdade como capacidade de escolha emancipada de uma determinação externa. Mas essa capacidade é finalizada:

> O que é ser livre? É ter a possibilidade de escolher sem ser determinado por um condicionamento preexistente. É poder escapar a uma causa para ir ao encontro de um fim, ser capaz de se querer outro do que se é, opor um valor a um fato, uma cultura a uma natureza, uma cultura a se realizar a uma cultura toda pronta.

Picon aponta que a liberdade supõe a ausência de determinação por uma pressão externa como também a capacidade de escapar a uma tendência natural e interna. A liberdade é a capacidade de perseguir um projeto contra a própria tendência. E Picon explicita essa definição aplicando-a ao

Estado, ao público e ao artista. O Estado é livre não somente se não estiver sob o domínio de uma potência externa como também se for capaz de não seguir apenas e somente a razão de Estado, mas admitir a justiça ou a cultura entre as suas razões de ser. O público é livre se não for sujeitado por um poder. Mas essa condição não é suficiente: "Para que seja verdadeiramente livre, é preciso um pouco mais: que seja capaz de escapar à sua tendência natural, por exemplo, preferir a tragédia ao final feliz, o mais difícil ao mais fácil". Da mesma maneira, o artista é livre, como já vimos, não somente se sabe dizer não, mas também se não for orientado somente por essa recusa. Assim, a liberdade não é a autonomia de uma singularidade; ela tem, ao contrário, como fundo uma heteronomia interna e a capacidade de escolher a parte mais elevada de si. Lá, onde a autonomia poderia originar contradições, é a heteronomia que permite conciliar, pelo menos no céu das ideias, liberdade do público e dos artistas e intervenção voluntária do Estado.

Ora, precisamente, o Estado escolhe e deve escolher. Malraux e Picon o anunciam publicamente. A definição da ação cultural contém a afirmação da legitimidade de um dirigismo de Estado. A primeiríssima conferência do ministro de Estado encarregado dos Assuntos Culturais, consagrada aos teatros nacionais em 9 de abril de 1959, é categórica nesse ponto: "Quem quer que seja que subvencione escolhe seu subvencionado. E, se acredita não estar escolhendo, escolhe, sem saber, o amador de Feydeau[19]". Na mesma conferência, André Malraux pede ao novo administrador da Comédie-Française que a tragédia reapareça em detrimento das comédias que se tornaram dominantes no programa da ilustre casa. Do mesmo modo, consagra o essencial do aumento do seu primeiro orçamento ao teatro, aos grupos da descentralização e não aos teatros líricos de província, sem dar a mínima atenção aos deputados e senadores queixosos. O Estado, logo, escolhe a alta cultura contra o entretenimento.

Picon opõe igualmente à objeção de "dirigismo arbitrário" o argumento, que considera irrefutável, segundo o qual não se pode não escolher. A Terceira República escolheu sem perceber e, no fim das contas, menos acertadamente que Luís XIV ou Napoleão III, e a Quarta República dispersou demasiadamente os seus alvos. "Hoje", continua Picon, em sua conferência de 1960, "apoia-se demais aquilo que não merece; não se apoia o suficiente aquilo que merece. Para a flor mais preciosa (e mais custosa) do que as outras, é preciso mais que a gota do regador igualitário…" A exigência de escolha guia até a sua concepção da programação de uma casa da cultura:

---

19 Georges Feydeau (1862-1921), autor dramático francês, conhecido por suas inúmeras comédias (*vaudevilles*), que a crítica considera "fáceis" e "ligeiras" demais. [N.T.]

Ou bem é preciso renunciar às casas da cultura, ou bem é preciso que comuniquem uma imagem expressando certa coerência, certa unidade. Se tomarmos o domínio cultural como um fato, sem pronunciarmos nenhum juízo de valor, aparece como uma justaposição de tendências incompatíveis, e de obras que são incompatíveis. [...] Quem pode imaginar que o papel das casas da cultura seja de mostrar um caos semelhante? Seria a mesma coisa que ler ou comentar em voz alta um catálogo de livraria, ou os programas de *La Semaine à Paris*[20].

A escolha que Gaëtan Picon reivindica para o Estado parece, pois, ainda mais precisa do que aquela afirmada por Malraux. Por isso, coloca-se com maior acuidade ainda o problema seguinte: como pode o Estado reconhecer "a flor mais preciosa"? A resposta de Picon fica em consonância com sua concepção historicista da evolução histórica. Ele reconhece que a ação do Estado no domínio da cultura contemporânea levanta uma dificuldade específica e incorre no risco de dirigismo artístico. O Estado não corre nenhum risco quando sustenta o conhecimento histórico e o ensino. As escolhas e os juízos de valor já foram feitos por "uma sabedoria anônima, o consentimento dos séculos, da história". Com a cultura contemporânea, o Estado não deve mais meramente "transmitir valores, mas [...] escolhê-los". Em vista disso, malgrado a ausência de sanção da história, o Estado pode se fiar, em matéria de cultura contemporânea, em dois critérios. Os sinais de mutações e de inovações, pois a propriedade da cultura contemporânea reside em realizar "gestos irreversíveis" que situam inclusive os artistas que não participam dessa ruptura[21], e a reputação internacional, pois a "expansão no espaço [...] desempenha, no contemporâneo, o papel da consagração pelos séculos".

***

Duas observações para concluir: no término desta análise, é possível ajuizar dois anacronismos costumeiros que emprestam aos anos Malraux os traços de períodos ulteriores. Assim, nem para Malraux nem para Picon a "cultura" introduz o relativismo da antropologia. Sua substituição às belas--artes não significa a contestação da sacralização da obra, e nem tampouco a recepção ampliada de artes ou expressões até então ilegítimas. E sua oposição

---

20 G. Picon, *op. cit.*
21 "Os contrarrevolucionários, inclusive se forem geniais, homenageiam a Revolução. [...] Livros muito profundos foram escritos contra a arte contemporânea: porém testemunham sua existência. [...] A arte que se apresenta tem razão no fim das contas contra a arte que não se apresenta." *Ibidem*, pp. 13-4.

à educação não diz respeito ainda a uma ideologia da criatividade e da expressão. É só após 1968 que, no setor que nos interessa, o discurso sobre a cultura se enriquece com esses novos significados. Para André Malraux e Gaëtan Picon, a "cultura" circunscreve menos uma área, que permanece sendo justamente aquela das belas-artes, do que indica uma missão política e social. Ao afirmar que a cultura estava para o ensino como a vida para o conhecimento histórico, Picon não podia traçar mais claramente um paralelo entre a política cultural do Estado e o papel do intelectual. O Estado deve solicitar a participação de todos no movimento da criação, como o intelectual convoca o engajamento de todos nos assuntos públicos.

Enfim, nenhum dos quatro componentes que distinguimos, cuja estreita solidariedade é preciso sublinhar, implica um respaldo privilegiado às vanguardas artísticas da parte do Estado. Não obstante, algumas das ideias da teoria das vanguardas encontram-se de fato presentes nos textos analisados, mas somente nos de Gaëtan Picon. A questão das vanguardas parece ter posto em oposição nossos dois filósofos do Estado estético. De fato, por maior que seja a sua proximidade, as ideias de Malraux e Picon não se assimilam jamais completamente. Para cada um dos componentes da "filosofia" da ação cultural, foi preciso dar lugar à comunhão através das experiências universais conforme Malraux, e ao historicismo de acordo com Picon. Quanto às distinções operadas por Antoine Compagnon para o estudo dos paradoxos da modernidade e da sua sucessão[22], Malraux tem uma concepção da modernidade mais próxima daquela de Baudelaire, que se atém ao presente pelo que encobre de eterno. Inversamente, Gaëtan Picon, mesmo que se afaste das teorias da vanguarda pela sua recusa da tábula rasa, termina por dar preferência aos artistas que dela reclamam, porque sua concepção da modernidade privilegia o presente em nome do futuro que ele antecipa e anuncia[23]. Se ambos opunham-se às belas-artes e ao academismo, Gaëtan Picon pode ter sido a primeira cabeça de ponte da difusão, no meio da administração do Ministério, das teorias da vanguarda. Sua presença no júri do concurso de arquitetura do Centro Beaubourg, que o homenageou em 1979 com uma exposição, significaria, nesse sentido, uma piscadela cúmplice.

---

22 A. Compagnon, *Les cinq paradoxes de la modernité*, Paris: Seuil, 1990.
23 G. Picon, "Le jugement esthétique et le temps", *Revue d'Esthétique*, 1955, VIII, pp. 135-56.

3. As três origens da doutrina

A doutrina que a administração dos Assuntos Culturais criou ao conceber a política das casas da cultura não pode ser entendida fora das relações que esta administração manteve com a educação popular em geral e com o Alto-Comissariado para a Juventude e para os Esportes em particular. Desde seu nascimento, as relações entre o Ministério e a educação popular remetem a questões práticas para além das distâncias manifestadas por Malraux e Picon em relação à Educação Nacional e ao extinto Secretariado de Estado para as Belas-Artes. De fato, para a administração dos Assuntos Culturais, a educação popular evoca em primeiro lugar uma administração complementar e rival, o Alto-Comissariado para a Juventude e os Esportes. Corresponde, ademais, a um conjunto de associações e organismos, sobre cujo uso ou abandono deve decidir para a elaboração de sua própria política.

A doutrina da administração e a política das casas da cultura foram forjadas de 1959 a 1962 em três etapas, no curso das quais homens diferentes, em situações variadas, trouxeram respostas distintas a dois problemas:

– o da relação complementaridade-concorrência entre as futuras casas da cultura e as casas de jovens e da cultura (MJC, Maisons de la Jeunesse et de la Culture) criadas e multiplicadas sob a iniciativa de André Philip;

– o da utilização das associações e das federações de associações culturais (notadamente dos grupos de teatro amador) sob o encargo conjunto ou separado do novo ministério e do Alto-Comissariado.

Cada etapa encontra apoio na precedente, mas apresenta-se como um novo começo. Durante a primeira etapa, desde a criação do Ministério (início de 1959) até maio de 1960, a política das casas da cultura é anunciada, mas ainda não elaborada. Entretanto alguns membros do gabinete de André Malraux imaginam que a democratização cultural deveria apoiar-se sobre a rede associativa da educação popular que atinge uma população muito ampla. Essa vontade de integrar a herança da educação popular faz do Alto-Comissariado um verdadeiro concorrente, cuja autoridade sobre federações de associações culturais concebidas como suportes ideais para o propósito de democratização do novo ministério é contestada. A segunda etapa, que corre de maio de 1960 até o verão de 1961, corresponde à da formulação detalhada da política das casas da cultura sob a responsabilidade de Pierre Moinot. Essa formulação atribui um lugar subordinado às associações de amadores, cuja mediocridade, assim como sua tendência ao açambarcamento dos equipamentos em proveito dos artistas profissionais, pode ser temida. Com isso a imagem, em vias de elaboração, das casas da cultura distingue-se mais nitidamente das MJC, e o anseio de controlar as redes das associações amadoras vai desaparecendo. A partir de então, o Alto-Comissariado para a Juventude e os Esportes aparece menos como concorrente do que como departamento complementar com o qual é preciso estabelecer pontes e compromissos. A terceira etapa, a da execução da política das casas da cultura, começa com a chegada de Émile Biasini, em setembro de 1961, à chefia da recentíssima Diretoria do Teatro, da Música e da Ação Cultural. É também a da formação final da doutrina da administração estabelecida e fixada por vários anos, a partir de outubro de 1962. A diferenciação com a herança da educação popular como também com as ações do Alto-Comissariado, e especialmente com as MJC, já iniciada por Pierre Moinot, é fortemente acentuada. Ambas se tornam sinônimo de um didatismo e amadorismo de que as casas da cultura devem ser isentas. Devendo comprovar sua necessidade pela exemplaridade das manifestações artísticas que acolhem, as casas da cultura definem-se então contra a educação popular. Assim, esta última passou do estatuto de suporte eventual para um tipo de contraposição.

O GABINETE MALRAUX E O ALTO-COMISSARIADO PARA A JUVENTUDE E OS ESPORTES

É nos documentos oriundos do gabinete Malraux que se encontram, desde 1959, os primeiros rastros de uma reflexão do Ministério sobre as futuras casas da cultura. Nada leva a pensar que algum membro do gabinete fosse especialmente encarregado da questão. Será preciso esperar o segundo semestre de 1960 para que no seio da Subdiretoria dos Espetáculos e da Música em via de reorganização comece um trabalho específico de formulação da política das casas da cultura. Até então, as ocorrências do projeto dessa política estão estreitamente associadas a uma das numerosas dificuldades que o gabinete encontra: a partilha com o Alto-Comissariado para a Juventude e os Esportes das competências relativas à educação popular.

Após o exame do problema de repartição das competências, examinar-se-á a concepção da casa da cultura que se encontra apenas esboçada naquele período e, em seguida, o primeiro aparecimento de um debate recorrente sobre a diferença entre as casas dos jovens e da cultura e as casas da cultura.

O caso do protocolo de entendimento

Ministro de Estado desde 8 de janeiro de 1959, André Malraux só vê suas atribuições oficialmente definidas em 3 de fevereiro. Um decreto lhe confia o Centro Nacional do Cinema, sob a dependência até então do Ministério da Indústria e do Comércio, e principalmente transfere em seu benefício três antigas diretorias do Ministério da Educação Nacional, a Diretoria da Arquitetura, a Diretoria dos Arquivos da França, a Diretoria-Geral das Artes e das Letras e, aponta o artigo primeiro desse decreto, "os elementos dos Serviços do Alto-Comissariado para a Juventude e os Esportes encarregados das atividades culturais".

Desconhecem-se todos os meandros e pormenores implicados nessa transferência dos Serviços da Juventude e dos Esportes. Todavia os arquivos consultados conservam o rastro de uma reunião consagrada à partilha das competências entre as duas administrações, reunindo seus representantes no gabinete de André Malraux, em 21 de janeiro, ou seja, duas semanas antes da promulgação do decreto de atribuição. As atas da reunião são pouco esclarecedoras quanto às preferências do gabinete Malraux. Ficamos apenas sabendo que cobra competências "sobre associações e organismos com fim artístico (cinema, teatro, música, artes plásticas, museus, folclore)". Em contrapartida, as aspirações do Alto-Comissariado encontram-se claramente afirmadas. Considerando o documento, o Alto-Comissariado sabe exatamente o que deseja, ao contrário do gabinete Malraux. Assim, a administração da Juventude e dos Esportes aceita transferir as competências e os créditos relativos à organização e ao financiamento de manifestações e concursos artísticos (concursos de teatro para os amadores e festivais, notadamente), sejam eles assegurados pela administração ou pelas associações regionais. Porém, o Alto-Comissariado mostra-se menos acomodatício no tocante às "organizações nacionais" que, tais como a Federação Francesa das MJC, os Francs et Franches Camarades, a Liga Francesa do Ensino, os lares Léo-Lagrange, recebem importantes subvenções de funcionamento. O comissariado opõe-se à transferência de suas subvenções de funcionamento, mas aceita a de 10 milhões de francos de subvenções dadas segundo uma "periodicidade irregular" a esses mesmos organismos para a organização, excepcional e pontual, de manifestações artísticas. No tangente à repartição dos serviços e do pessoal, o Alto-Comissariado aceita a transferência do escritório da Educação Popular desde que o Ministério dos Assuntos Culturais tenha o direito de ser consultado para a designação dos instrutores de educação popular especializados em matéria artística e a possibilidade de obter a sua ajuda para a organização de manifestações. Enfim, o Ministério dos Assuntos Culturais, ficamos sabendo, será consultado para o calendário e a organização dos estágios do Instituto de Educação Popular de Marly. Poderá até solicitar a organização de alguns desses estágios e enviar conferencistas.

O decreto de 3 de fevereiro previa que uma comissão presidida pelo primeiro-ministro estudaria as medidas necessárias para a transferência dos serviços. Quanto aos que foram atribuídos à educação popular, um protocolo é assinado três meses mais tarde, em maio de 1959, por André Malraux, André Boulloche, ministro da Educação Nacional, e o primeiro-ministro, Michel Debré. Reparte as associações, antes subvencionadas pelo Alto-Comissariado para a Juventude e os Esportes sob o capítulo da educação popular em três categorias: uma primeira reúne as associações que permanecerão sob a autoridade única do Alto-Comissariado; uma segunda categoria reúne as associações que responderão à competência do novo Ministério que, em consequência, terá à sua disposição os créditos e o pessoal correspondente; enfim, aponta o protocolo, uma terceira categoria agrupa as associações cujo "aspecto cultural faz parte integrante da intenção pedagógica" e que caberão à dupla competência das duas administrações.

Aqui também não se sabe bem em que condições o protocolo foi negociado. É, todavia, certo que aparece rapidamente no seio do gabinete Malraux como especialmente desvantajoso para o novo ministério. Pois, menos de três meses após a sua assinatura, como o atesta uma carta mandada em 2 de julho ao Alto-Comissário para a Juventude e os Esportes, Maurice Herzog, André Malraux tenta obter uma nova repartição das associações. Essa carta, que tem como fim a repartição dos créditos de subvenção às associações para 1960, considera que o protocolo referia-se apenas ao exercício orçamentário de 1959 e evoca uma nova proposta de dotações dos créditos, e, portanto, das associações que o secretário-geral do Ministério, Jacques Jaujard, teria entregue a Maurice Herzog. Essa carta mostra, por parte do novo ministério, ao mesmo tempo a confusão na qual foi assinado o protocolo de entendimento, a tomada de consciência tardia do que estava em jogo e a tentativa de correção que resultou de tudo isso.

> Ela [a nova proposta de repartição das dotações] é bastante diferente daquela que fora o tema da convenção entre o senhor Boullouche e eu próprio para o exercício de 1959, mas devo dizer que naquela época não me encontrava informado exatamente das modalidades e dos critérios que presidiram à elaboração desse texto.
>
> Estimo que o projeto de repartição que lhe foi entregue pelo senhor J. Jaujard resulta, por sua vez, de um exame bastante aprofundado e bastante objetivo, e eu não saberia agora considerar uma partilha dos créditos na qual a parte do Ministério dos Assuntos Culturais se

encontrasse diminuída, colocando-o, dessa maneira, na incapacidade de enfrentar as obrigações de que foi encarregado. [...]

Ficaria muito grato se pudesse me fazer a gentileza de confirmar seu acordo a este respeito, e chamo a sua atenção para a extrema urgência de uma decisão comum, em razão da iminência dos trabalhos orçamentários[1].

A avaliação desse protocolo pelo gabinete Malraux, assim como a nova repartição proposta pelo ministro de Estado, tem um extremo interesse, porque indicam o papel e o significado que o novo ministério atribuía às associações de educação popular. Dois documentos oriundos dos Assuntos Culturais são, a esse respeito, particularmente valiosos. O primeiro é intitulado "Observações relativas ao protocolo de entendimento quanto à repartição das associações de educação popular" e o segundo "Observações relativas aos créditos pedidos para 1960". Nenhum dos dois é datado ou assinado; entretanto, o respectivo conteúdo e o da carta de 2 de julho de 1959 permitem que sejam situados no tempo e que se deduzam suas funções. O segundo documento é uma cópia, se não daquele que Jaujard teria entregue a Maurice Herzog, conforme a carta de 2 de julho, em todo caso uma das suas versões, pois se trata de fato de uma proposta longamente argumentada de repartição dos créditos e das associações para 1960. Ademais, a repartição proposta e suas justificativas ecoam amplamente os argumentos desenvolvidos no primeiro documento avaliando severamente o protocolo de maio. Pode-se assim, sem arriscar demais, considerar que o primeiro documento nutriu a reflexão do ministro e do seu gabinete quanto ao protocolo de maio, levando à tentativa de modificar os seus termos em julho de 1959. Abordemos agora o essencial do conteúdo dos dois documentos.

As "Observações relativas ao protocolo de entendimento quanto à repartição das associações de educação popular" comportam duas partes principais. A primeira é consagrada à repartição das associações em três categorias. Menciona em primeiro lugar associações esquecidas. Mas o essencial da primeira parte é uma crítica da partilha, julgada incoerente, das quatro grandes federações nacionais do teatro amador que somavam, por si só, cerca de 15 mil companhias. Duas dentre elas, a Federação Francesa das Sociedades Teatrais de Amadores e a Federação Católica do Teatro Amador Francês, encontravam-se sob a autoridade única do Ministério dos Assuntos Culturais; uma terceira, a União Francesa das Obras Leigas de Educação Artística, encontrava-se, em razão de sua afiliação à Liga Francesa do Ensino, na categoria mista;

---

1 Carta de Malraux, em 2 de julho de 1959, endereçada ao Alto-Comissário para a Juventude e os Esportes sob a égide do ministro da Educação Nacional.

enquanto a quarta, a União Artística e Intelectual dos Ferroviários Franceses, permanecia sob a autoridade única do Alto-Comissariado. O autor anônimo condena essa repartição e suspeita de uma separação voluntária entre federações católicas confiadas à cultura e federações leigas reservadas à educação nacional. Importa para nosso estudo que, em nome do papel reformador do teatro amador e do interesse mútuo dos amadores e dos profissionais, essas federações deveriam, na opinião do Ministério, reverter unicamente para ele.

Da mesma maneira, a inclusão das federações de cineclubes e da federação dos teleclubes na categoria mista é julgada incompreensível. Todas essas associações deveriam ser da alçada única dos Assuntos Culturais. Assim como a Sociedade Astronômica de França, criada por Camille Flammarion, reservada pelo protocolo à Educação Nacional. "Será então mais educativa do que cultural?", insurge-se o autor das "Observações". "Mas onde começa o 'cultural'? Onde termina o 'educativo'?" Por fim, a segunda parte das "Observações" preconiza a alocação ao ministério de André Malraux das associações locais e regionais da educação popular não incluídas pelo protocolo, que levava em conta apenas as associações nacionais financiadas diretamente pela administração central, bem como as dos instrutores nacionais de educação popular especializados nas disciplinas artísticas.

É essa mesma integração dos suportes associativos locais e nacionais da educação popular na ação do novo ministério que preconiza, de modo ainda mais explícito, o segundo documento intitulado "Observações relativas aos créditos pedidos para 1960". Lembremos que esse documento, se não é uma cópia daquele que Jacques Jaujard entregou a Maurice Herzog, trata-se no mínimo de uma versão do pedido de rateio dos créditos relativos à educação popular[2]. É ao mesmo tempo um questionamento argumentado da repartição determinada pelo protocolo de maio. Limitemos por agora o exame desse memorando à repartição dos créditos do artigo 1 dos capítulos 43-52 reservados às associações de educação popular com caráter cultural. Já na abertura, esse documento lembra a missão de promoção do conhecimento e da prática das diversas disciplinas artísticas entre as massas populares exercida pelas grandes federações ou associações de educação popular e a contribuição das sociedades científicas locais ao desenvolvimento da cultura e ao conhecimento do passado das províncias. Anuncia, na sequência, que cabe de fato ao novo ministério respaldar essas associações que "concorrem eficazmente à difusão da cultura nos meios sociais que só tiveram acesso

---

2   O pedido era necessário porque, em 1959, no momento da elaboração do orçamento de 1960, os créditos cuja responsabilidade cabia, de acordo com o protocolo de maio de 1959, ora unicamente aos Assuntos Culturais, ora conjuntamente às duas administrações, ainda estavam inscritos nas linhas orçamentárias do Ministério da Educação Nacional.

precário a ela". A multidão das associações locais e o grande número de manifestações de qualidade organizadas põem à disposição do Ministério uma "reserva", uma imensa rede aproximando por capilaridade os meios sociais que se pretende precisamente atingir.

> Os números bastam para indicar que "reserva" considerável constituem esses milhares de associações, e como é permitido esperar, por meio de uma ação adequada, uma renovação do teatro, da música, dos museus etc., desde que um laço mais estreito [com os profissionais] lhes permita um acesso mais direto às próprias fontes da arte.
> Assim cessará ao mesmo tempo, nesse domínio, a oposição fictícia entre amadores e profissionais. Sem pretender alienar a liberdade dos primeiros, sem causar danos à generosidade natural que se define essencialmente no termo "amadores", pode se afirmar que há interesse em favorecer seus contatos com os profissionais. Qualquer que seja sua boa vontade, as companhias de amadores de toda sorte só podem ganhar com encontros que as aproximem de personalidades do teatro, da música, das artes plásticas etc., suscetíveis de instruir e guiá-las. Então as obras-primas de nosso patrimônio artístico estarão de algum modo ao alcance de todos, para o maior benefício de cada um. Não seria assim demais enfatizar esse aspecto capital da inclusão das atividades culturais da educação popular no Ministério dos Assuntos Culturais.

Esse mesmo documento pede enfim, tal como o precedente, que os instrutores nacionais e regionais especializados nas disciplinas artísticas integrem o novo ministério.

Os dois documentos que acabamos de examinar, como também a carta de 2 de julho 1959 endereçada por Malraux a Herzog, mostram assim claramente qual a primeira preocupação do gabinete Malraux relativa aos organismos de educação popular em geral e das associações para amadores em particular: assegurar-se de sua tutela para que sirvam de ponte à política de democratização cultural. Era preciso, porém, para cumprir o intento, voltar atrás dos considerandos do protocolo assinado em maio. Ora, a tentativa de ignorá-los para a repartição dos créditos de 1960 é imediatamente obstada pelo gabinete do primeiro-ministro. Em 12 de agosto, antes mesmo que A. Boulloche responda em nome de Herzog à carta de 2 de julho, Debré [primeiro-ministro] opõe-se ao abandono imediato da repartição das competências acertada em maio, mesmo que reconhecendo o seu caráter provisório: "Quanto ao fundo, é certo que esse protocolo não teria um valor eterno, mas não deve tampouco ser efêmero. Penso que poderíamos esperar um período suficiente, dois anos, por exemplo, antes de antecipar seu questionamento".

A resposta do ministro da Educação Nacional vem datada de 19 de agosto, com sete dias de atraso em relação à do primeiro-ministro. Conciliadora, mas firme, afirma que "as informações que haviam sido apresentadas no momento da assinatura do protocolo respondiam à situação". Mesmo aceitando alguns retoques marginais quanto aos montantes dos créditos, as transferências e os repasses orçamentários entre as duas administrações deverão permanecer no quadro do protocolo.

Com isso, o Ministério dos Assuntos Culturais perde, a partir do verão 1959, dois anos para integrar as bases associativas da educação popular à sua política de democratização em andamento. Deve esperar maio de 1961 para tentar reverter os termos do protocolo. Enquanto espera, tentemos examinar mais de perto que concepção o gabinete poderia ter, em 1959, das futuras casas da cultura.

O SONHO DE PIERRE-AIMÉ TOUCHARD

O documento intitulado "Observações relativas aos créditos pedidos para 1960", que acabamos de comentar, contém a primeira menção às casas da cultura de que os arquivos consultados deixam algum rastro. Dois longos parágrafos são consagrados a elas a fim de justificar o crédito pedido para o seu lançamento. Só o primeiro dá uma ideia da concepção, ainda pouco precisa, que o gabinete tem, na época, desses equipamentos.

> A fim de assegurar esse laço necessário, salutar, entre os recursos incomparáveis de cultura de que dispõem, em todos os domínios, o Ministério dos Assuntos Culturais e as associações de educação popular, está por outro lado prevista a criação das casas da cultura, para o funcionamento das quais é pedido um crédito de 1,250 milhão de francos novos. As casas serão verdadeiros lares culturais implantados na proximidade dos centros culturais e artísticos, com os quais serão propiciados, sempre com o mesmo propósito de acesso às obras-primas da arte, contatos permanentes. Uma representação da Comédie-Française ou do TNP, uma exposição de pintura, a realização de espetáculos organizados a propósito de um centenário tal qual o de "Mireille"[3], devem se tornar o grande assunto de toda uma região. Será o papel das casas da cultura, onde se reunirão os animadores dos grupos de amadores, onde estes poderão

---

3 "Mireille", célebre poema provençal de Frédéric Mistral (1830-1914), fez cem anos em 1959; Gounod transformou-o numa ópera-cômica em 1863. [N.T.]

apresentar suas realizações (espetáculos, exposições) e onde personagens do mundo das artes e das letras poderão participar dos seus trabalhos e discuti-los em conjunto.

Alguns traços das missões ou características atribuídas às casas da cultura destacam-se nesse trecho. Todos diferem fortemente de sua definição ulterior:

1. as casas são apresentadas como o utensílio de entrosamento dos recursos específicos do Ministério, dos artistas profissionais e daqueles próprios das associações de educação popular;
2. ademais, definidas como "lares culturais", são de fato distinguidas dos "centros culturais e artísticos" pela afirmação da necessidade de "contatos permanentes" entre os dois;
3. aparecem mais como locais de acolhimento de instituições prestigiosas, Comédie-Française e TNP – é notável que o único exemplo referido de uma produção própria para o novo equipamento seja o de uma manifestação comemorativa de inspiração regional;
4. enfim, são, antes de tudo, os locais de encontro e de discussão entre amadores e "personalidades" das artes e das letras.

Esse esboço muito sucinto das casas da cultura, esquematizado em apoio a um pedido de crédito, situa-se bem próximo ao retrato, imaginário mas bastante mais preciso, que traça Pierre-Aimé Touchard num artigo publicado em 9 de setembro 1959, num número da revista *Signes des Temps* consagrado à cultura popular[4]. Pierre-Aimé Touchard, jornalista e principalmente inspetor dos teatros ao lado de Jeanne Laurent durante a Quarta República, seguiu a política de descentralização teatral dessa última. Foi igualmente diretor da Comédie-Française de 1947 a 1953. Quando o texto em pauta é publicado, alguns meses após a criação do Ministério, ele é inspetor-geral dos teatros na Diretoria-Geral das Artes e das Letras.

O artigo evoca a sina dos programas noturnos reservados à juventude na subprefeitura de 10 mil habitantes onde começara, 35 anos antes, sua carreira de funcionário. Ele dera lá seus primeiros passos de ator no grupo de teatro amador montado por um professor de colégio. Sua profissão de conferencista lhe trouxe inúmeras oportunidades de reencontrar essa subprefeitura e outras cidadezinhas equivalentes. À noite, como antigamente, as ruas são sinistras e as bibliotecas fechadas. A inovação introduzida pelos cafés

---

4   P. A. Touchard, "Le théâtre, ferment de culture populaire", *Signes des Temps*, 9 set. 1959, nº 8-9, pp. 17-8.

é a presença de um aparelho de tevê ofertando um prazer passivo. A única mudança positiva, o surgimento de cineclubes, efetuou-se em detrimento do teatro, pois que o grupo local raramente sobreviveu. E, se conseguiu manter sua atividade, esta se realiza sem ligação com o cineclube. Não obstante, continua Pierre-Aimé Touchard, o Estado respalda a cultura popular, por meio de subvenções e com os conselhos dos instrutores regionais, "escolhidos demasiadas vezes mais pela sua ardorosa boa vontade do que pela sua competência técnica". Mas todas essas iniciativas permanecem dispersas e anárquicas e sofrem a ausência de um plano global. De onde o interesse, suscitado pela decisão anunciada por André Malraux, de criar numerosas casas da cultura, de que traça, sonhando, o retrato ideal, como sublinha no fim do artigo:

> O que é uma casa da cultura? É antes de tudo um lar onde devem se reunir todas as atividades criadoras de uma cidade pequena ou de um bairro de uma grande cidade, no domínio da cultura. Não se pode conceber uma verdadeira casa da cultura sem um abalo radical das tradições arquiteturais que dispersam nos quatro cantos da cidade o teatro, a biblioteca, o cineclube, as salas de jogo ou de conferência etc. Longe de ser concebido como um edifício isolado, o teatro há de se tornar o próprio centro da casa da cultura, e como recorre à maioria das outras artes, o animador da vida artística da cidade.

Segue a descrição de uma apresentação preparatória de teatro amador recorrendo à participação entusiasta de todos os habitantes da cidade.

> E, quando a data da apresentação chegasse, toda a cidadezinha, ou o bairro, de cujos trabalhos quase todos os habitantes teriam sido participantes, sentiria o orgulho de assistir a uma verdadeira festa em que cada elemento evocaria para ele o nome conhecido de um vizinho ou de um amigo. E, quando depois viesse a grande companhia parisiense, que público maravilhoso descobriria, um público iniciado nas dificuldades de sua tarefa, um público compreensivo e exigente, em suma, um público ativo.

É preciso guardar essa imagem sonhada da casa da cultura, pois encontraremos alguns dos seus ecos, em filigrana, em outros textos originários da administração durante outros períodos, notadamente em 1968. Mas esse retrato da casa da cultura é prioritariamente notável pela articulação que propõe entre casa da cultura e teatro, teatro amador e teatro profissional. A sala de teatro está no centro físico da casa da cultura que, além disso, une numa só arquitetura os polos habitualmente dispersos da vida cultural. Permite um duplo encontro: o dos habitantes reunidos numa comunidade viva pela participação coletiva numa manifestação artística; o dos mesmos habitantes transformados em público de amadores familiarizado com o grupo profissional. Liga assim, ao mesmo tempo que as distribui em dois momentos diferentes, mas complementares, as duas funções atribuídas à cultura: a participação da comunidade e o choque estético da confrontação com a obra.

Notemos igualmente que a casa da cultura é concebida para uma cidade pequena de 10 mil habitantes, uma subprefeitura, e que seu alvo privilegiado é a juventude. Enfim, a política do Ministério dos Assuntos Culturais aparece nesse artigo como a retomada, num plano de conjunto, de esforços dispersos da educação popular e se aproxima assim das orientações mencionadas no capítulo precedente a propósito da primeira conferência do ministro de Estado sobre os teatros nacionais: a elite dos grupos profissionais, em conexão com as associações de educação popular, na conquista da juventude.

As origens de uma confusão: casa dos jovens e casa da cultura

O esboço oriundo do gabinete Malraux e mais ainda o retrato de Pierre-Aimé Touchard outorgam às casas da cultura um papel que não deixa de ter analogia com o das casas dos jovens e da cultura, salvo o privilégio dado a uma faixa etária. Compreende-se a partir daí o anseio, manifesto no fim de 1959 pelo novo ministério, de evitar a confusão entre os dois organismos. O ministro de Estado pede, em dezembro de 1959, ao seu colega da Educação Nacional, de que depende o alto-comissário, uma clarificação das nomenclaturas e propõe que, em previsão da criação das casas da cultura, as casas dos jovens e da cultura, que "não possuem sempre as características que sua denominação daria a entender, sejam intituladas 'casas dos jovens'". A mesma carta prevê a criação de "casas da cultura e da juventude", casas da cultura particularmente adaptadas para receber os jovens, mas sem excluir as outras faixas etárias[5]. É a primeira ocorrência de uma preocupação com a distinção e de uma concorrência que pode, retrospectivamente, surpreender. Trinta e cinco anos passados, temos uma imagem muito diferente das MJC e das casas da cultura. Não obstante, durante todo o período considerado neste estudo, o Ministério insistirá sempre em lembrar a diferença, notadamente

---

5   Carta de 22 de dezembro de 1959 do ministro dos Assuntos Culturais ao ministro da Educação Nacional, assinada por G. Loubet, chefe de gabinete do ministro e por delegação, art. 47, caixa 97.

diante dos representantes políticos locais tendendo a confundir os dois equipamentos. Porém, em 1959, as MJC e a federação que as une têm apenas uns 15 anos, a lembrança que se pode ter de sua missão inicial e do contexto da Libertação está ainda suficientemente próxima para que se possam perceber semelhanças familiares entre as MJC e as casas da cultura na concepção que o gabinete Malraux tem a seu respeito durante o ano de 1959. A permuta das denominações e o desejo de apelidar as MJC de "casas de jovens" soam como uma volta às origens, já que este foi um dos seus primeiros nomes.

Não está em pauta de forma alguma retraçar aqui, nem mesmo sob a forma de esboço, uma história das MJCs. Uma rápida inserção nos permitirá apenas indicar em que espírito foram criadas. Constituem a resultante de um movimento intitulado "a República dos Jovens", fundado em outubro de 1944 por um agrupamento de associações de juventude e de sindicatos que assume o nome de Federação Francesa dos Jovens e da Cultura, e da qual André Philip é o primeiro presidente. Esse movimento, logo mais transformado em federação, é encorajado por Jean Guéhenno, inspetor-geral, e posteriormente diretor dos Movimentos de Juventude e Educação Popular no seio da Educação Nacional, como o indicam as circulares de 13 de novembro de 1944 e 8 de maio de 1945. Trata-se em primeiro lugar de expurgar de qualquer propaganda política o legado do ex-Comissariado Geral para a Juventude do governo de Vichy[6], encorajando ao mesmo tempo o desenvolvimento dos movimentos leigos da juventude. Em nome da diversidade das experiências e com o anseio de evitar o dirigismo de uma política de Estado semelhante à de Vichy, o Estado escolheu só intervir indiretamente pela aceitação e pelo subsídio financeiro parcial de associações federadas, tendo por encargo dar vida às "casas de jovens", oficialmente chamadas de "casas de jovens e da cultura" por um decreto de 24 de abril de 1948. O texto da primeira circular de Guéhenno, em 1944, indica tanto a multiplicidade dos nomes que foram dados às futuras MJC quanto o espírito que presidiu seu desenvolvimento e com o qual o Ministério dos Assuntos Culturais irá romper, como veremos mais adiante. Jean Guéhenno invoca "uma reforma do estado de espírito de todos aqueles que têm o encargo e a oportunidade de produzir cultura: artistas, educadores, cientistas". É preciso lutar contra o confinamento de cada um em sua função e criar "uma corrente de sabedoria e prazer", do ensino superior ao ensino primário, dos "institutos aos professores de primeiro grau". Preconiza em primeiro lugar, para estabelecer

---

6 Regime instalado na cidade de Vichy, que governou (1940-4), sob a autoridade do marechal Pétain, a parte sul da França durante a ocupação alemã, em colaboração com o nazismo. [N.T.]

essa corrente, a multiplicação dos "lares de cultura" nas grandes cidades onde irão colaborar "todos os membros do ensino, todos os artistas, todos os cientistas". Preconiza em seguida a revalorização da função de professor primário para que este possa sair do seu isolamento e se torne, em cada lugarejo, o "mestre que deve ser da cultura popular" e "o representante do espírito". Escola e casa dos jovens são então estreitamente associadas:

> A escola animada pelos novos mestres será ela própria toda nova. Gostaríamos que, após alguns anos, um prédio escolar em cada cidade ou lugarejo no mínimo fosse transformado em "casa da cultura", uma "casa da jovem França", um "lar da nação", com qualquer nome que fosse, aonde as pessoas não deixariam mais de ir, seguras de encontrar um cinema, espetáculos, uma biblioteca, jornais, revistas, livros, alegria e luz.
>
> Esta casa seria ao mesmo tempo uma casa dos jovens: seria a sustentação das grandes organizações de juventude, de que, por outro lado, temos o encargo. E assim, inscrita nos próprios fatos, reconhecer-se-ia a unidade de nosso empreendimento.

É com essa longa corrente de solidariedade – à qual Guéhenno associava a casa dos jovens e da cultura, tal um elo que ligasse a Escola Normal Superior aos professores primários nos seus rincões, a República das Letras ao militante da educação popular – que a casa da cultura esboçada pela administração em 1959 e sonhada por Pierre-Aimé Touchard tem ainda algum parentesco. É com essa longa corrente que a nova administração, seguramente mais próxima das ideias de André Malraux, irá romper já a partir do segundo semestre de 1960. As casas da cultura não serão elos de corrente alguma, porque os artistas, e não os cientistas ou os educadores, serão seus hóspedes preferenciais.

PIERRE MOINOT E O QUARTO PLANO

Em meados de 1960, Pierre Moinot é encarregado por André Malraux de reorganizar a Subdiretoria dos Espetáculos e da Música. Um ano e pouco depois, ele recusa o cargo de diretor do Teatro, da Música e da Ação Cultural da diretoria que acaba de ser criada por sua iniciativa. É durante esses poucos meses que se vê formulada de maneira exaustiva e detalhada a política das casas da cultura. Pierre Moinot e a equipe que formou em torno de si a concebem e a apresentam durante o primeiro semestre de 1961 diante dos grupos de trabalho de uma comissão do Quarto Plano da qual o novo ministério espera obter os meios necessários à sua ação.

Após a apresentação dos autores e dos componentes principais dessa formulação, sublinharemos o que a afasta das concepções do gabinete durante o período imediatamente anterior, e em seguida aquilo que, facilitando uma aproximação com as opções da comissão do Plano, foi de maneira mais evidente questionado por Émile Biasini, sucessor de Pierre Moinot a partir do outono de 1961.

A PRIMEIRA FORMULAÇÃO DA POLÍTICA DAS CASAS DA CULTURA

Pierre Moinot entra no gabinete de André Malraux em janeiro de 1959. Ocupa-se principalmente com cinema até maio de 1960, época na qual o ministro lhe pede para assegurar a reorganização da Subdiretoria dos Espetáculos e da Música[7]. É encarregado na verdade de criar, no seio da Diretoria-Geral das Artes e das Letras (DGAL) de que Gaëtan Picon assumiu o comando[8], uma diretoria que teria a responsabilidade do teatro, da música e das futuras casas da cultura, de que Malraux mencionou o projeto já em maio de 1959. Quando entra no gabinete por intermédio de um amigo, Pierre Moinot é magistrado no Tribunal de Contas. Mas, a esse início clássico de carreira de alto funcionário, une a carreira de escritor já bastante conhecido. Suas três obras, editadas pelas edições Gallimard, de 1951 a 1956, lhe valeram as honras de vários prêmios literários, entre os quais, só em 1954, o prêmio Sainte-Beuve e o grande prêmio do romance da Academia Francesa.

Os homens de que rapidamente se circunda estão estreitamente ligados à nebulosa do teatro e da educação popular. O primeiro é Michel de Saint-Denis, personagem do teatro pouco conhecido e todavia muito importante, tanto na França quanto na Inglaterra. Sobrinho de Jacques Copeau, participa da aventura do Vieux-Colombier e da criação dos Copiaux na Borgonha[9]. Após ter fundado a Companhia dos Quinze, troca a França pela Grã-Bretanha, onde trabalha a partir de meados dos anos 1930. Cria lá uma escola de atores que ficou célebre e, depois da guerra, restaura o Old Vic Theatre, que dirige com Laurence Olivier. Enfim, de volta à França, dirige de 1952 a 1957 o Centro Dramático do Leste e cria uma escola de arte dramática: a Escola de Strasbourg. Malraux nomeara primeiramente Michel de Saint-Denis

---

7 Entrevistas com Pierre Moinot. Ver igualmente, P. Moinot, *Tous comptes faits*, entrevistas com F. Badré e A. Guillon, ed. Quai Voltaire, 1993.
8 A DGAL compreende então a Subdiretoria dos Espetáculos e da Música, o Serviço do Ensino e da Produção Artística, o Serviço das Letras e a Diretoria dos Museus da França.
9 Teatro fundado em 1913 por Jacques Copeau no número 21 da Rue Vieux-Colombier, nas margens mais boêmias do Sena, onde o jovem literato pretendia enfrentar todas as "covardias do teatro mercantil" e o rebaixamento das exigências estéticas. Em 1924, Copeau abandona o Vieux-Colombier para ir fundar, longe de Paris, na Borgonha, a trupe dos Copiaux. [N.T.]

conselheiro artístico junto ao novo administrador da Comédie-Française, encarregado principalmente da tragédia que o ministro desejava repor no seu lugar de honra. É em seguida nomeado inspetor-geral dos Espetáculos, e é com esta atribuição que trabalha em 1960-61 ao lado de Pierre Moinot. O segundo personagem é Jean Rouvet. Professor primário que descobre seus dons de animador cultural no cativeiro durante a Segunda Guerra Mundial, torna-se na Libertação um dos instrutores nacionais de arte dramática que abandonarão a administração da juventude e dos esportes para se juntar ao teatro profissional. É, de 1951 a 1959, o administrador-geral do TNP, onde instala engenhosos sistemas de assinatura e de prospecção que contribuem para o sucesso de Jean Vilar[10]. É um dos fundadores, em novembro de 1959, da Discoteca da França. Sob a recomendação de Pierre Moinot, é nomeado inspetor-geral da Ação Cultural no início de 1961. Pierre-Aimé Touchard, de quem mencionamos, acima, o percurso profissional e os devaneios, já lotado na Diretoria-Geral das Artes e das Letras, junta-se rapidamente ao pequeno grupo.

As anotações, projetos e explanações que esses homens preparam desde o final de 1960 revestem-se, então, de um papel e de um risco essenciais, pois o ministro apostou no Quarto Plano para obter os meios financeiros necessários à sua ação. A quarta edição do Plano compreende, pela primeira vez, uma comissão encarregada especificamente do setor cultural e artístico: a comissão "dos equipamentos culturais e do patrimônio artístico". As sessões plenárias e as reuniões dos grupos de trabalho – ou subcomissões – escalonam-se de fevereiro a junho de 1961. É preponderantemente diante de dois desses grupos de trabalho, um consagrado à ação cultural presidido por Eugène Claudius-Petit – o relator é Augustin Girard – e outro consagrado ao teatro e à música, presidido por François Bloch-Lainé, que Pierre Moinot, Michel de Saint-Denis, Jean Rouvet e Pierre-Aimé Touchard vão apresentar os princípios gerais da ação ministerial, os meios organizacionais e financeiros de que precisam e os primeiros estudos versando sobre o que deverão ser as futuras casas da cultura. Essas explanações e anotações contêm, assim, a primeira formulação da política das casas da cultura. Antes de listar seus componentes, é preciso apontar a amplitude e o caráter fundador dessa formulação. O *corpus* de textos escritos e apresentados durante o primeiro semestre, que ultrapassa a centena de páginas, estabelece, com cuidado exaustivo e um luxo de detalhes que não serão mais superados, a definição, no papel, da política das casas da cultura. Qualquer que seja o caráter

---

10 Ator de teatro e cinema, diretor de teatro, criador do Festival de Avignon em 1947 e diretor do Teatro Nacional Popular de 1951 a 1963. [N.T.]

decisivo da inflexão trazida um ano mais tarde por Émile Biasini, a quase totalidade dos traços característicos dessa política já se encontra presente.

Um bom número desses conteúdos será analisado em detalhe nos capítulos seguintes. Por isso, a fim de evitar repetições fastidiosas, contentar-nos-emos em listá-los seguindo de perto a ordem adotada pela exposição de maio de 1961, diante do grupo de trabalho Ação Cultural, intitulada "As casas da cultura", que apresenta de modo sintético os componentes que as outras exposições ou notas preparatórias tratam de maneira mais aprofundada. Podem ser reunidos em oito pontos.

1. Os princípios: estabelecem as missões das casas da cultura, inscrevem-nas na história e apontam algumas das modalidades diretoras de seu funcionamento;

– em sua exposição de princípios, Pierre Moinot inscreve a missão das casas da cultura no encalço dos objetivos da educação popular de que esboçara a evolução e o declínio numa exposição anterior, "A ação cultural". Mas trata-se de uma retomada desses ideais em novas bases. Tem por único vetor o domínio específico do novo ministério, ou seja, "todas as formas da arte" voltadas para uma "curiosidade sensível". Ademais, a partilha da cultura deve evitar o contorno da pedagogia, da vulgarização ou de toda outra forma de mediação. A missão da casa da cultura é tornar possível para cada um o encontro, a confrontação direta e física com as obras e os artistas;

– a escolha das atividades artísticas apresentadas é guiada por quatro exigências julgadas estreitamente solidárias: a vocação universal, a polivalência (todas as formas de arte), o pluralismo artístico (nenhuma corrente ou modo de expressão deve ser privilegiado), a exigência de qualidade;

– essa exigência de qualidade tem dois corolários. A casa abrigará um "centro de arte de caráter profissional" em torno do qual a multiplicidade de suas atividades será organizada. E as associações de amadores só serão acolhidas tendo em vista a qualidade de suas atividades, não por conta do seu enraizamento local ou representatividade.

2. Os programas: cobrem uma grande diversidade de manifestações artísticas, propostas por amadores locais ou profissionais, teatro, música, dança, cinema, artes plásticas; testemunhos, conferências de caráter literário, narrativas de viagens, explanações de especialistas; atividades de iniciação e de informação; manifestações externas tais como a organização de viagens coletivas; iniciativas visando "realçar as manifestações populares locais do tipo celebração, festas folclóricas"; enfim, iniciativas favorecendo a coordenação e trocas entre as diferentes instituições culturais regionais, até mesmo nacionais.

3. *A arquitetura:* uma casa da cultura típica é objeto de um programa apenas esboçado na explanação sobre as casas da cultura, mas muito detalhado e muito completo na explanação sobre as "Características fundamentais de uma arquitetura teatral do nosso tempo" e no documento intitulado "Programa de construção e de equipamento das casas da cultura".

4. *A afirmativa quanto a vários tipos de casas da cultura:* à casa típica correspondendo ao modelo arquitetônico mais completo e a uma atividade completamente polivalente, juntam-se dois outros tipos de casa mais modestos.

5. *Regulamentos estabelecendo as modalidades de cooperação entre Estado, municipalidades e responsáveis das futuras casas:* definem o estatuto jurídico das casas, a repartição dos financiamentos e das competências entre o Estado e as municipalidades, bem como um esquema de procedimentos devendo reger sua criação e seu funcionamento (o uso dos locais e o poder de decisão em matéria de programação). Retenhamos desses textos os dois pontos mais importantes: a adoção da "associação regulamentada pela lei de 1901" como forma jurídica da organização gerenciando a casa da cultura; porém, não estão ainda definidas as partes respectivas da municipalidade e do Estado na subvenção de funcionamento liberada para a associação[11].

6. Como o exige a integração no Plano, a equipe de Pierre Moinot submete à comissão uma *avaliação numérica dos financiamentos necessários* à construção das casas da cultura. A parte do Estado sendo avaliada em 50%, o custo aproximado, para a administração, da construção de 25 casas da cultura novas e a reforma de cinco edifícios preexistentes, assim como o respectivo equipamento, atinge 63,4 milhões de francos novos distribuídos em quatro anos, de 1962 a 1965. A esse montante, somam-se 8 milhões de francos novos para a construção e o equipamento de um "Estabelecimento nacional de formação, informação e difusão", reagrupando na realidade dois organismos concebidos como instituições complementares e indispensáveis à futura rede de casas da cultura.

7. *O projeto de um "Centro Nacional de Formação de Animadores Culturais":* mencionado também por Pierre Moinot, esse projeto é objeto de uma exposição de Michel de Saint-Denis em abril diante do grupo "Teatro e Música". Esse centro deverá ser o viveiro das casas da cultura e dos centros

---

11 Como veremos, Émile Biasini fará posteriormente da repartição em partes iguais – 50% cada um – uma regra absoluta.

dramáticos ao formar quadros administrativos, jovens autores, diretores, decoradores e técnicos, e até mesmo atores dramáticos, e finalmente animadores de casas da cultura, devendo se beneficiar de um programa de ensino específico.

8. *O projeto de um "Centro Nacional de Informação e de Difusão Cultural"*: igualmente citado por Pierre Moinot em sua exposição sobre as casas da cultura, esse projeto foi apresentado em detalhe por Jean Rouvet diante da mesma subcomissão "Teatro e Música". Três funções lhe foram atribuídas. A principal é a difusão: espécie de agência artística não comercial, o CNIDC, cuja sigla será logo abreviada para CNDC, elabora e põe em dia um catálogo de manifestações artísticas de grande qualidade e de toda espécie. Em segundo lugar, o Centro é um lugar de encontro para os animadores. E, finalmente, ele próprio deve se tornar um organismo de apresentações e de exposições permanentes, com vistas a permanecer em contato com as manifestações que recomenda: tornando-se ele mesmo uma casa da cultura, o Centro devia assim possuir todas as suas características arquiteturais.

A maior parte dessas componentes será retomada por Émile Biasini, com algumas diferenças sutis. Dois aspectos dessa primeira formulação da política das casas da cultura sublinham o caráter retrospectivamente intermediário do trabalho da equipe Moinot. O primeiro aspecto concerne à ruptura operada por esta última diante da concepção da casa da cultura esboçada durante o primeiro período, ruptura cujas dimensões remetem às diferentes facetas relacionadas à educação popular. O segundo está ligado ao número de tipos de casas da cultura previstos e merece um interesse particular, pois é um dos pontos sobre os quais a inflexão desejada por Émile Biasini é a mais nítida.

A AFIRMAÇÃO DE UMA DIFERENÇA

A primeira diferença entre a formulação da equipe Moinot e aquela esboçada nas anotações do gabinete do período anterior reside evidentemente no detalhe e na completude do programa apresentado diante dos grupos de trabalho da comissão do Plano. Apesar da diferenciação que diminui o sentido de uma comparação, é possível localizar uma inflexão significativa de um período para o outro. Às veleidades de integração dos ganhos da educação popular manifestas pelo gabinete de 1959 a 1960, somam-se a afirmação de uma diferença e a demarcação de um território. Essa inflexão se traduz em primeiro lugar na explicitação da missão do

Ministério e das casas da cultura em relação à herança da educação popular e, em seguida, numa visão renovada do encontro entre amadores e profissionais na casa da cultura e, enfim, na maneira de pôr em perspectiva a colaboração com o Alto-Comissariado para a Juventude e os Esportes.

Já na sua primeira explanação, "A ação cultural", Pierre Moinot esboça um rápido balanço da educação popular, que situa as iniciativas do novo ministério, e em primeiro lugar as casas da cultura, no encalço dos mesmos ideais, mas sobre bases mais originais e mais bem fundamentadas. Após ter mencionado as expectativas suscitadas na época da Libertação pela criação de uma Diretoria dos Movimentos de Juventude e de educação popular com Jean Guéhenno à frente, Pierre Moinot evoca os anos que seguiram como os de um tempo de "isolamento progressivo das grandes correntes culturais". Após a saída de Guéhenno, a administração da educação popular sofreu por sua junção à da Juventude e Esportes. A comunidade dos créditos, uma modificação do clima, o controle de atividades educativas confiado a inspetores departamentais dos Esportes sem preparo para essas tarefas, toda uma série de vicissitudes administrativas redundaram em reduzir a educação popular a "uma atividade periférica à escola e pós-escolar de extrema boa vontade, cheia de intenções generosas, mas terrivelmente isolada dos grandes valores literários e artísticos de nosso país". Enquanto a ampla visão dos responsáveis da Libertação fora atestada pela nomeação de jovens profissionais de valor como Hubert Gignoux, Jean-Pierre Grenier, Olivier Hussenot para cargos de instrutores nacionais de teatro, uma degradação dos meios administrativos e uma mobilização insuficiente contribuíram posteriormente para manter o público cada vez mais afastado do contato com as obras[12]. Na ausência de artistas para respaldá-la, a educação popular seguiu a tendência mais forte, a da instrução obrigatória que ela duplicava e completava, isto é, uma orientação essencialmente pedagógica.

> Era geralmente o conhecimento que os mestres procuravam, segundo o velho princípio que se aprende a solfejar antes de tocar, e que é preciso tocar para ouvir, ou bem que se desenha antes de olhar, e que, quando

---

12 "Porém a educação popular, num primeiro tempo resolutamente resolvida a promover obras de qualidade, não teve sempre os meios de encontrar os indiscutíveis intérpretes à altura. Poucos artistas, de fato, e principalmente entre aqueles que povoam a mitologia jornalística das celebridades, consentiram em mostrar em relação à educação popular outra coisa além de uma caridosa condescendência: e o povo, por sua vez, tocado por essa caridade, a recebia com uma humildade agradecida e por vezes constrangida. Poucos homens, poucas empresas, tentaram suprimir essa distância, cada vez mais marcada, entre o povo e as representações mais prestigiosas de sua cultura." P. Moinot, "A ação cultural", pp. 10-1.

não se tem dom para o desenho, não se ama a pintura. Assim, cavou-se pouco a pouco o fosso que separa atualmente o público e o artista, e no qual floresce uma erva temível: o amadorismo satisfeito, que se compraz no seu nível[13].

A via proposta para sair deste "plano mediano", que encoraja um amadorismo sem exigência, é definida sub-repticiamente por este severo diagnóstico: confrontação direta do "povo" com a mais alta cultura e recusa da mediação pedagógica que subordina a apreensão de uma arte à iniciação da sua prática. O exemplo de Vilar contra a vulgarização do amador. O terreno foi bem preparado pela educação popular, mas o Ministério pretende escapar ao "plano mediano" rompendo com a função educativa. A qualidade do ensino dispensado pela universidade ou, ao seu lado, da educação dada pelos animadores não está em causa, completa com prudência Pierre Moinot. É o ato pedagógico que, pela sua natureza, erra o alvo:

> Trata-se de outras palavras, de outros atos, de uma intenção de natureza diversa postulando que não se educa um homem desejoso de cultivar-se, mas que se deve confrontá-lo bruscamente, incorrendo riscos, com as formas mais altas da cultura[14].

E as casas da cultura constituirão o local dessa confrontação. Apresentando três meses depois os princípios das casas da cultura, Pierre Moinot lembra o balanço anterior, e aponta com maior nitidez o fundamento, novo e exclusivo, da retomada das missões da educação popular: o domínio específico do ministério, definido pela repartição administrativa que o constituiu, isto é, o domínio das artes; e do lado do público, que deve beneficiar-se qualquer que seja sua condição, uma faculdade que possa apreendê-las independentemente de mediação pedagógica, isto é, uma "curiosidade sensível" diferente da "curiosidade intelectual" que mobiliza a aprendizagem.

Pierre Moinot e seus amigos afastam-se assim do espírito das anotações do gabinete do verão de 1959. Por certo, subentendiam cá e lá o insuficiente rigor artístico das associações de amadores, mas a afirmação do papel do Ministério não exigia a oposição da cultura e da educação. Pelo contrário, o anseio de açambarcar na nova administração o maior número possível de associações mediadoras fazia do caráter vago da fronteira entre uma e outra um argumento em favor de uma anexação máxima. É assim, lembremos, que em nome de

---
13 *Ibidem*.
14 *Ibidem*.

uma passagem imperceptível do cultural para o educativo, a anexação da Sociedade Astronômica da França à Educação Nacional era contestada. Uma formulação mais ampla das relações do novo ministério com a herança da educação popular segue ao lado de um distanciamento mais assumido.

Todavia, é no que tange à casa da cultura como lugar de encontro das associações locais de amadores e de profissionais que Pierre Moinot se opõe de maneira mais nítida ao retrato esboçado nos primeiros meses do gabinete Malraux. Se esse encontro permanece sendo uma das missões da casa, ele perde a posição central que parecia ocupar na concepção anterior e, além do mais, encontra-se agora submetido a uma vigilância e a salvaguardas. No sonho de Pierre-Aimé Touchard, assim como no esboço da casa da cultura que acompanhava um pedido de crédito, o edifício da casa da cultura bastava para juntar as iniciativas e tornar possíveis esses encontros. Encontros que pareciam, pelo menos implicitamente, virtuosos em razão da própria existência. Os amadores seriam puxados para cima meramente pelo contato com os profissionais e a qualidade de suas manifestações. Inversamente, com a formulação detalhada e exaustiva da política, aparece o cuidado de proteger a casa da cultura da predominância eventual e da mediocridade do "amadorismo satisfeito que se compraz no seu nível", que o exemplo dos profissionais, expostos à admiração, não garantirá necessariamente. O essencial das quatro páginas reservadas ao enunciado dos princípios no texto da exposição de Pierre Moinot sobre a casa da cultura segue uma argumentação em três tempos: a afirmação da abertura do edifício aos amadores locais; seguido do enunciado das condições restritivas do acolhimento; e finalmente o enunciado, à guisa de escudo, do que a casa da cultura não é.

> A casa da cultura é naturalmente o local dos intercâmbios e da aproximação dos elementos locais entre si, das manifestações artísticas de caráter profissional entre elas, bem como desses mesmos elementos locais e dessas mesmas manifestações profissionais. [...]
>
> Mas convém observar de imediato que, se a casa da cultura deve amar e acolher os que tentam com êxito rivalizar com os profissionais, deve temer da mesma maneira tornar-se domínio único e exclusivo do amadorismo: na medida em que é uma espécie de casa de exercícios práticos da arte, deve evitar servir de asilo aos contrafatores. Eis por que, toda vez que for possível, procurará organizar múltiplas atividades em volta de um centro de caráter profissional: um museu como no Havre, um centro dramático como em Bourges.
>
> Esses princípios diversos conduzem igualmente a enunciar o que a casa da cultura não pode ser: não será um abrigo indiferenciado para

servir de sede social às associações locais; não pode ser apenas um lugar de preparação, de repetição ou de confecção sistemática para os grupos de amadores, e tampouco um campo de bricolagem; não será uma mera sala de festas, uma mera reunião de oficinas. Certamente pode ser tudo isso, conforme a circunstância ou a necessidade social, e com a prudência que tais atividades, invasivas por essência, implicam da parte daqueles que as controlam. Mas não pode ser apenas isso[15].

Essa longa citação tem a vantagem de tornar explícita certa ambivalência do texto, sobre a qual voltaremos, que, de modo repetitivo, limita um acolhimento num primeiro tempo encorajado e parece autorizar, ao sabor de circunstâncias mal circunscritas, o que proscreve. Resta que os entraves já estão colocados – ausentes nas concepções anteriores, irão não somente perdurar como também fornecer alguns dos pilares de sustentação dos estabelecimentos que serão efetivamente implantados. A proteção contra a mediocridade e "a essência invasiva" das associações de amadores locais repousa nessa explanação sobre três procedimentos imbricados, amplamente desenvolvidos e "operacionalizados" nos estatutos-modelo preparados com minúcia por Jean Rouvet: a relativização do papel dessas associações, a exigência de qualidade artística, a recusa de toda legitimidade representativa.

Em primeiro lugar, se os membros das associações vão encontrar nas casas novos meios de animação, é, sublinha Pierre Moinot, "da mesma forma que qualquer cidadão".

Em segundo lugar, a casa tem "a mais alta ambição de não acolher nada que não seja exemplar, e de manter tudo o que passará ou nascerá em tal casa amparado por uma dignidade viva, constante e árdua". A exigência de qualidade, além de destruir a simetria do encontro entre profissionais e amadores ao justificar a presença fixa de um "centro de arte de caráter profissional", desempenha a função de filtro seletivo no acolhimento das manifestações dos amadores.

Enfim, relativização e exigência de qualidade são indissociáveis da recusa de dar "direito de entrada" a uma representatividade local. As manifestações culturais de associações locais de amadores somente serão acolhidas em função de sua qualidade e não em razão de seu pertencimento à cidade. Da mesma maneira, para a constituição da assembleia geral de associação do tipo da lei de 1901 gerindo a casa da cultura, os estatutos modelos encorajam "as municipalidades a preferir os elementos e os homens cujo dinamismo é conhecido na cidade, aos representantes experientes dos grupos

---
15 Idem, "A casa da cultura".

culturais constituídos cuja representatividade tenha possivelmente perdido pouco a pouco a eficácia"[16].

A afirmação de uma diferença, tanto na maneira de assumir a herança da Educação Popular quanto na concepção da casa da cultura, induz uma visão mais flexível da colaboração com a administração da Juventude e dos Esportes. Acima de tudo, a inflexão dada à imagem da casa da cultura diminui os riscos de confusão com as MJC e as mudanças de denominação não estão mais no horizonte. Pierre Moinot afirma a complementaridade das duas "casas" e deseja uma estreita colaboração. Em sua "zona de influência" regional, uma casa da cultura pode se tornar centro de difusão para as MJC que, por sua vez, ampliarão o público da casa. "Bastará definir com muita exatidão os laços futuros[17]", conclui Pierre Moinot, que, tendo circunscrito um território, não teme construir passarelas. A multiplicidade de tipos de casas da cultura tende ademais no sentido da complementaridade e da colaboração.

A EXPERIMENTAÇÃO DE UM ACORDO

Se a passagem de Pierre Moinot e de seus amigos pela diretoria dos dois subgrupos Teatro e Música e Ação Cultural da comissão dos equipamentos culturais e do patrimônio artístico foi um sucesso, e se o Ministério obteve a inscrição no Quarto Plano das somas necessárias para a implantação das casas da cultura, os membros desses grupos não partilhavam em igual medida todas as opções que acabamos de apresentar. O relatório geral da comissão e sobremodo o relatório do subgrupo Ação Cultural permite perceber divergências não negligenciáveis sobre a definição da ação cultural e sobre a concepção da casa da cultura. A multiplicidade dos tipos de casas, que foi consenso, parece, pela leitura dos textos, ter sido de natureza a facilitar uma convergência para além dos desacordos.

O subgrupo Ação Cultural rejeitou explicitamente, pelo menos sob a autoria do relator, uma definição estreita da ação cultural, limitando seu propósito às obras de arte e excluindo de seu exercício toda forma de pedagogia. Num capítulo consagrado a essa definição, a diversidade de suas formas é, pelo contrário, afirmada, como também a necessidade de integrar todas elas:

> A ação cultural provoca ou permite um encontro, o de cada homem com os valores da cultura.

---
16 *Ibidem*.
17 Idem, "A Ação Cultural".

Os caminhos da cultura não são os mesmos para todos os homens: o livro, o utensílio, a música, o espetáculo, a profissão etc.

A ação cultural apresenta-se sob três formas dominantes: a) a difusão das obras de arte e do espírito e a experiência da criação artística; b) a formação econômica, social e cívica; c) as atividades manuais e as atividades estritamente recreativas.

Podemos enfatizar uma ou outra dessas três formas de ação cultural, sem poder, todavia, excluir as outras duas.

A cultura do conjunto da população corresponde, na verdade, ao conteúdo dos seus lazeres[18].

Na sequência dessa definição, o grupo lamenta que o Quarto Plano só considerara a primeira forma de ação cultural conduzida pelas "associações e as casas da cultura" e expressa o desejo de que o Plano seguinte a encare em sua globalidade. Paralelamente, o grupo aprova a concepção da casa da cultura apresentada pela administração que, aponta o relatório, teria levado em conta as observações do grupo de trabalho. Não obstante, a concepção da casa da cultura adotada pelo relatório desse grupo de trabalho sobre a ação cultural retira as prevenções e as proteções contra as associações de amadores. As manifestações de qualidade constituem aí a "oportunidade" de encontros entre profissionais e amadores. As recusas de todo dogmatismo e de "toda exclusividade, notadamente em relação às iniciativas de amadores", e o enraizamento da casa na vida local são recomendações com aparência de precauções inversas àquelas propostas por Pierre Moinot. E mais, como se fosse necessário prevenir sua exclusão ou relembrar algo esquecido, o relatório estipula que a casa deve acolher oficinas de trabalhos manuais e clubes de experimentação científica.

Só podemos nos interrogar, assim, sobre as condições do sucesso da equipe da Rue Saint-Dominique[19] diante da comissão do Plano, quando suas orientações respectivas parecem, pela leitura dos textos, divergir de maneira não desprezível. A solução dessa aparente contradição deve ser buscada naquilo que pôde atenuar essas divergências ou adiar seus efeitos: o caráter experimental da fase de implantação das casas durante a duração do Quarto Plano, a diversidade dos tipos propostos graças ao cuidado com a questão da adaptação aos diferentes locais, a perspectiva de disseminação, de colaboração e de uma complementaridade dos diversos equipamentos existentes e futuros.

---

18 Relatório do grupo de trabalho da ação cultural, 30 jun. 1961, p. 5.
19 Endereço da Diretoria-Geral dos Assuntos Culturais (Drac). [N.T.]

Em sua explanação sobre a casa da cultura, Pierre Moinot propõe sucintamente, em paralelo à casa típica descrita mais amplamente, dois outros modelos de tamanho mais reduzido. Por uma parte, casas mais modestas, instaladas nas cidades de tamanho menor, cuja atividade privilegiada seria a difusão, em setores industriais ou rurais (Firminy, Thann e Nevers[20] eram citadas). Essa difusão pressupõe uma coordenação com "organismos 'receptores'", tais como as MJC, "lares" rurais, centros sociais e culturais, comitês de empresa e a organização das comunicações por correspondentes, assim como meios de transporte adaptados à rotação das manifestações. De outra parte, casas igualmente mais modestas, "mas constituindo assim mesmo um todo", ao contrário das precedentes. Implantadas em aglomerações específicas, como os grandes conjuntos habitacionais, ao redor de uma sala de espetáculos de dimensão média de 600 a 800 lugares, possuem uma vocação menos polivalente do que os modelos típicos. "Esses três tipos de casas", aponta Pierre Moinot, antes de concluir seu discurso, "parecem por enquanto, acrescentadas às MJC, satisfazer, separadas ou agrupadas, a necessidades de coletividades muito diferentes, e podem em todo caso constituir os elementos de base de uma ação que a experiência só poderá enriquecer." Multiplicidade dos tipos, complementaridade com as MJC e outros equipamentos, caráter experimental, encontram-se assim articulados na concepção que o Quarto Plano e Pierre Moinot têm da política das casas da cultura.

ÉMILE BIASINI E A FORMAÇÃO DE UMA DOUTRINA

Émile Biasini chega à chefia da Diretoria do Teatro, da Música e da Ação Cultural no início de outubro de 1961. Em menos de um ano, adota uma doutrina de execução do programa de construção das casas da cultura aprovada pelo Quarto Plano que, mesmo que conservando a quase totalidade dos componentes da formulação da equipe Moinot, modifica substancialmente suas orientações. Depois de uma breve apresentação de Émile Biasini e de sua equipe, a recordação das condições de sua entrada na chefia da nova diretoria e a descrição da situação que lá encontra, explicitaremos a estratégia que adota muito rapidamente, ou seja, a definição de uma política de operações exemplares, diferenciando claramente a política de sua direção daquela do Alto-Comissariado para a Juventude e os Esportes.

---

20 Comunas e cidades francesas, atualmente Firminy possui uma casa da cultura idealizada por Le Corbusier; em Thann (Alsácia) funciona o Relais Culturel Pierre Schielé, com sala de espetáculos, duas salas de cinema e exposições; Nevers, cidade de porte maior, à margem do rio Loire, possui uma casa da cultura de dimensões e instalações impressionantes. [N.T.]

A ERA BIASINI, ANO I

A administração da cultura, em conformidade com o que Malraux esperara, obteve do Plano a subscrição por quatro anos dos recursos financeiros necessários à sua ação. O relatório geral da comissão do "equipamento cultural e do patrimônio artístico" previa 85,6 milhões de francos novos para o conjunto da política das casas da cultura, ou seja, principalmente a criação de "quatro casas importantes comportando duas salas de espetáculo, à disposição notadamente de um grupo permanente; oito casas dotadas de salas polivalentes para grupos de passagens e quaisquer reuniões; e, finalmente, oito casas sem salas de espetáculo".

Porém, durante as discussões orçamentárias do verão de 1961, o Ministério das Finanças mostra-se bem menos generoso do que a comissão do Plano[21]. Em vez dos 6,2 milhões de francos previstos para a construção das casas da cultura em 1962, menos de um terço desse montante, 185 milhões de francos, é posto à disposição do Ministério dos Assuntos Culturais. Essa diminuição considerável dos créditos previstos podia aniquilar as esperanças nascidas com a comissão do Plano. Seu efeito primeiro é contribuir para a saída de Pierre Moinot, no exato momento em que, como fruto de difíceis negociações administrativas, um cargo de diretor é criado para a novíssima Diretoria do Teatro, da Música e da Ação Cultural, resultante do trabalho de reorganização da antiga Subdiretoria dos Espetáculos e da Música. O nome de Émile Biasini impõe-se imediatamente para a substituição.

Funcionário da França do além-mar, ocupa de 1945 a 1959 diferentes cargos na África, notadamente o de chefe de gabinete do governador, no Daomé e posteriormente na Guiné, mas também na França, onde durante alguns meses, de 1958 a 1959, é encarregado de missão no gabinete do ministro da França de Além-Mar. É secretário-geral do governo da República do Chade quando, por intermédio de Pierre Moinot, que havia encontrado em 1959 durante uma viagem na Guiné, é contatado pelo gabinete de Malraux para promover operações culturais na África; a principal será no Chade, o Centro Cultural de Fort-Lamy. É no avião de volta de Fort-Lamy, em novembro de 1959, que André Malraux lhe faz a proposta de trabalhar ao lado de Gaëtan Picon. O escritor amigo dos artistas, nomeado diretor-geral das Artes e das

---

21 P. Moinot contou a cena do verão de 1961 quando, com Malraux, foi confrontado pelo ministro das Finanças: "Durante a discussão das propostas orçamentárias diante do ministro das Finanças, senhor Giscard d'Estaing, este tropeça sobre a linha 'casas da cultura': 'que é isso?'. André Malraux me passa a palavra com um sinal de cabeça; minha exposição não é brilhante. As Finanças não acedem aos pedidos e questionam as propostas da comissão do Plano unanimemente". (P. Moinot, "A. M. no dia a dia", *La Nouvelle Revue Française*, jul., nº 295, p. 62.)

Letras, encontra rapidamente em Émile Biasini, formado na prática eficaz e engenhosa da administração de além-mar, seu complemento perfeito, enquanto o segundo é de chofre seduzido pela inteligência e generosidade do primeiro. Os dois homens, dessemelhantes e complementares pelas suas competências respectivas, tornam-se cúmplices e amigos, e trabalham em estreita colaboração até 1966, quando ambos são afastados em consequência do seu projeto de reforma da vida musical. Já no seu primeiro ano, em 1960, ao lado de Picon na Diretoria-Geral das Artes e das Letras, Émile Biasini adquire uma reputação de eficácia administrativa que o leva a ser requisitado para os casos difíceis (por exemplo, a renegociação das convenções coletivas dos teatros nacionais). É, pois, imediatamente chamado para o cargo recusado por Pierre Moinot, que, por sua vez, volta para o Tribunal de Contas.

A entrada de Émile Biasini no Ministério coincide com a volta, sob os efeitos da descolonização, de todos os seus colegas de além-mar na administração da metrópole. Sua nomeação para a chefia da nova diretoria encarregada de duas das políticas prioritárias de André Malraux, a descentralização teatral e as casas da cultura, facilita a vinda de alguns dos seus colegas, que trarão sua perícia para uma jovem administração mal fornida em pessoal e parcialmente esvaziada dos seus melhores elementos pela Educação Nacional, pouco inclinada a facilitar o desenvolvimento de um departamento ministerial arrebatado, no essencial, de sua antiga administração. Dois dentre eles merecem ser logo mencionados já que estarão estreitamente associados à aventura das casas da cultura. Em primeiro lugar, Guy Brajot, que, respondendo ao chamado de Émile Biasini, chega ao Ministério em outubro de 1961 para ajudar Gaëtan Picon num primeiro momento e, logo mais, para ocupar-se, no seio do escritório, da ação teatral, dos grupos da descentralização dramática. Conhece bem Émile Biasini, que era diretor do gabinete do governador da Guiné Francesa quando ele próprio era seu chefe de gabinete. Ocupando, na Rue Saint-Dominique, um escritório ao lado do diretor, Guy Brajot, encarregado de um setor cujos caminhos cruzarão muitas vezes com as casas da cultura, é na realidade o diretor adjunto oficioso de Émile Biasini. Em segundo lugar, é preciso destacar a entrada de Michel Sellier, que, a partir de julho 1962, coordena o escritório das casas da cultura e o das associações culturais.

Quais são, em outubro de 1961, os meios administrativos e financeiros de que dispõe Émile Biasini para executar a política das casas da cultura aprovada pelo Quarto Plano?

Encontra-se perfeitamente informado das fraquezas de sua administração por ter redigido um ano antes, para André Malraux, um relatório sobre as condições da Diretoria-Geral das Artes e das Letras com vistas à sua reorganização. Em consequência dos bloqueios do Ministério das Finanças, da saída dos funcionários da Educação Nacional e da diminuta atração do novo ministério aos olhos dos outros funcionários, que temiam o emperramento de suas carreiras por falta de cargos de enquadramento, essa reorganização resume-se finalmente à nomeação de Jean Rouvet como inspetor-geral da Ação Cultural e de Michel Saint-Denis como inspetor-geral dos Espetáculos. De outra parte, um escritório da Ação Cultural fora criado em janeiro de 1961, de que eram encarregados Martel e Forcinal, dois administradores da Caixa dos Depósitos e Consignações "emprestados" por François Bloch-Lainé. A administração de que dispõe para as casas da cultura só se reforça em 1962. Como vimos, chama Guy Brajot para o escritório da Ação Teatral em janeiro. Michel Sellier chega no mesmo ano para assumir a responsabilidade do escritório das Casas da Cultura, onde logo se junta a ele um administrador civil, André Rollier, cedido da administração da Juventude e dos Esportes.

Mas é a fraqueza dos recursos financeiros que mais limita a liberdade de ação de Émile Biasini. Não possui os meios orçamentários necessários à preparação do lançamento das vinte casas da cultura que o Plano havia previsto para o período 1962-5. Um comunicado de três páginas enviado ao ministro, em 25 de outubro, sublinha a distância entre os créditos disponíveis para o ano 1962 e aqueles necessários à realização do programa. De um lado, o Alto-Comissariado para a Juventude e os Esportes se beneficia, entre outros, do respaldo político resultante da reação ao fracasso dos esportistas franceses nos Jogos Olímpicos de Roma. Deve dispor de 9 bilhões de francos antigos de 1961 a 1965 para a construção de equipamentos socioeducativos, suas propostas diante do Quarto Plano tendo sido objeto de uma lei-programa. A administração da Juventude e dos Esportes pode prever, assim, partilhando por igual os custos de construção com as coletividades locais, a edificação de uma "casa dos jovens principal" por aglomeração ou bairro de 6 mil a 8 mil habitantes, de uma "casa dos jovens normal" por "unidade de bairros" ou aglomeração de 3,5 mil a 4 mil habitantes e a instalação de 613 novos centros socioeducativos em cinco anos. Por outro lado, o orçamento de construção das casas da cultura, limitado a 200 milhões de francos antigos em 1960 e a 300 em 1961, despenca em 1962 para 185 milhões. A dotação orçamentária do ano seguinte permitiria, assim, ressalta Émile Biasini, a criação de uma única casa, o custo de construção variando entre 200 milhões e 600 milhões de francos antigos, em face dos 38 pedidos oficializados pelas municipalidades.

Este comunicado valioso indica desse modo o estado dos projetos e das consultas empreendidas entre a administração e as municipalidades no momento da ascensão de Émile Biasini. Este classifica as 38 pastas de candidaturas da maneira seguinte:

1 – necessidades culturais absolutas ou promessas firmes: 10 projetos correspondendo a uma subvenção global de 1,8 bilhão;
2 – promessas menos imediatas: 11 projetos correspondendo a uma subvenção global de 1,345 bilhão;
3 – promessas distantes: 3 projetos correspondendo a uma subvenção global de 400 milhões;
4 – a satisfazer a partir de outros créditos ou a adiar para o Quinto Plano: 14 pastas.

Em resumo, declara Émile Biasini, a direção só tem à disposição, para 1962, 185 milhões de francos antigos, quando um bilhão, no mínimo, seria indispensável. Se as cifras comprometidas para 1963 e 1964 deixam alguma esperança, aquelas estipuladas pelo Ministério das Finanças para 1962 impõem uma atitude que Biasini expõe em algumas linhas e cuja aprovação é implicitamente pedida ao ministro:

> Mas [as cifras] deste ano esclarecem cruelmente a situação do presente, que nos vota às ações exemplares (Saint-Étienne, Bourges) e proíbe os "pequenos pacotes" disseminados em função de argumentos que pouco têm a ver com necessidades culturais. Isso implica, em primeiro lugar, a definição precisa de uma política e de um plano de ação, e a concentração das responsabilidades.
>
> Estarei capacitado para submeter-lhe num futuro próximo minhas propostas neste sentido, a partir das quais solicitarei suas instruções para a difusão de uma doutrina que caracterizará nosso papel em relação ao do Alto-Comissariado para a Juventude e os Esportes.
>
> Não temos infelizmente nenhuma catástrofe olímpica no nosso quadro de medalhas[22].

Esta citação (e notadamente o primeiro parágrafo) recolhe em algumas palavras a orientação de Émile Biasini menos de um ano após a sua nomeação para a chefia de uma novíssima "direção" de administração central: o controle assegurado de um aparelho administrativo, por modesto que seja, a definição de uma orientação e a afirmação de uma ruptura. Um ano mais tarde é publicado um documento de 18 páginas que contém a doutrina prometida. Seu título afirma não somente a vontade, mas a efetivação da ruptura: *Ação Cultural, ano I*.

---

22 *Ibidem*.

A EXEMPLARIDADE DIFERENCIADORA

O comunicado de 25 de outubro de 1961 e em especial a citação acima suscitam algumas interrogações. A política das casas da cultura não terá sido suficientemente precisa após o trabalho de formulação exaustivo da equipe Moinot? A nova direção se apresenta assim tão excessiva que induza o anseio de concentrar as responsabilidades? Por que será preciso, mais uma vez, caracterizar o papel do Ministério dos Assuntos Culturais perante o Alto-Comissariado para a Juventude e os Esportes, exercício ao qual se prestou diversas vezes Pierre Moinot? O anseio de uma diferenciação do papel do Ministério em face da administração para a Juventude e os Esportes não pode assim ser facilmente dissociável de uma distância tomada diante das opções de Pierre Moinot.

Ação Cultural, ano I, datado de outubro de 1962, explicita esse duplo distanciamento. Ao mesmo tempo programa de ação para os anos vindouros e balanço de um primeiro ano, o documento compreende quatro partes, expondo sucessivamente uma definição das missões das casas da cultura, as condições e a repartição de sua implantação no território nacional, os princípios e as modalidades da colaboração entre Estado e municipalidades, e por fim os projetos da diretoria para Paris e a região parisiense. Quando for oportuno voltaremos várias vezes a esse texto de referência. Retenhamos aqui apenas o que marca a ruptura operada por Émile Biasini em relação às opções anteriores de Pierre Moinot.

A introdução do texto lembra na verdade tudo o que precede a vinda de Émile Biasini: a missão de democratização do Ministério afirmada, tanto no decreto constitutivo quanto na exposição de Pierre Moinot sobre a Ação Cultural; o projeto de construção de vinte casas da cultura aceito pelo Quarto Plano, a dotação orçamentária insuficiente para o primeiro ano de execução desse Plano. Já na primeira parte, Émile Biasini afirma a missão específica de sua administração diante do trabalho já realizado. Encarregada de aplicar o programa, deve firmar os "contornos reais" das casas de que só se tem até então uma "visão teórica" (p. 2). Por conseguinte, a aplicação exige uma reformulação. E isso em primeiro lugar para evitar um risco de confusão inerente à definição anterior. "Por mais perfeita e sedutora que pudesse" ser esta última, "a casa da cultura permanecia de fato bastante confusa em sua forma, na medida principalmente em que seu perfil podia sugerir semelhanças com as casas dos jovens e da cultura" (p. 2), de que o redator lembra que serão construídas sobre a base de um estabelecimento para 10 mil habitantes.

Esse temor da confusão reaparece mais adiante na parte consagrada às condições de implantação das casas da cultura na qual são constantemente sublinhadas, em contrapeso às posições preconizadas, as ameaças de incompreensão e de equívocos pesando sobre o êxito do programa desde o início de sua aplicação. Trata-se de inventar um novo tipo de equipamento "numa ordem de coisas por demais desconhecida ou ignorada, ou cheia de confusão", no qual o papel do Estado está sob suspeição. "Da cultura sinônima de tédio ao 'Estado dirigista', a gama dos contrassensos, das falsas imputações e dos equívocos é infinita, ameaçando na semente toda tentativa de ação neste domínio" (pp. 4-5). Na primeira fila dos beneficiários eventuais dessas imprecisões, aparece a municipalidade que, com o intento de "permanecer única dona em casa" e porque "se fixa" nas características das atividades que irá respaldar, pretende manter o Estado "na função de fornecedor de fundos silencioso". É a novidade das casas da cultura que torna a menor ambiguidade uma fragilidade. Para equipamentos como colégios ou universidades, a construção não passa de uma questão de oportunidade, porque a função desses é claramente estabelecida pela história. Inversamente, as casas da cultura, sem precedentes, devem tornar evidente essa função na sua primeira realização. Por conseguinte, o cuidado com uma diferenciação clara das missões e das características da casa diante de qualquer outro equipamento conjuga-se, para Émile Biasini, com o cuidado de operações imediatamente exemplares.

> É em suma tão nova na sua concepção e no seu papel que só pode ser tentada com toda segurança, sob pena de não ser nada: as primeiras casas da cultura devem ilustrar a sua missão descobrindo-a, e impor-se aos olhos de todos desde o seu primeiro nascimento, para dissipar qualquer equívoco quanto ao seu papel. (p. 5.)

Diferenciação e busca da exemplaridade unem-se na mesma estratégia. Em face da formulação da política pela equipe Moinot, elas implicam duas inflexões importantes: a acentuação das diferenças com as MJC e o reforço da proteção contra as associações locais de amadores; a redução a um modelo único dos três tipos de casas da cultura idealizados tanto por Pierre Moinot quanto pelo Quarto Plano.

Em primeiro lugar, Émile Biasini firma novamente o que distingue as casas da cultura do que denomina as "casas dos jovens". Para Pierre Moinot, estas últimas tinham uma função mais educativa, não somente no plano cultural como também nos planos cívico e social, para um público de jovens. Em resumo, as MJC detinham uma função mais polivalente e um público mais específico. Émile Biasini, ao mesmo tempo que reafirma a complementaridade dos dois equipamentos, opõe o papel da familiarização das MJC "e frequentemente de familiarização manual com os meios de expressão de uma cultura", ao das casas da cultura que consiste em "organizar o encontro de todos os que aspiram a essa cultura com as suas formas mais perfeitas". Onde Pierre Moinot pedia qualidade, Émile Biasini exige perfeição. Sem manifestação de desprezo, a casa da cultura é colocada no alto de uma hierarquia mais nitidamente afirmada[23]. A casa da cultura responde a "um anseio de finalidade", o que significa que será o local de encontro "final" entre um público, eventualmente preparado pela frequentação das MJC, e as obras do espírito.

Mas é com a menção ao lugar das associações locais de amadores na casa da cultura que Émile Biasini aumenta mais fortemente sua desconfiança relativa a elas já encontrada nas explanações de Pierre Moinot. A ambivalência, ou antes, o balanceamento dos argumentos que havíamos assinalado neste último, não acontece mais:

> Uma casa da cultura não é o salão de festas, o centro cultural comunal, a sede das associações, ou o lar tão esperado pelas valentes coortes literárias ou musicais do local – não é a sede sonhada pelos atores amadores, os professores de curso noturno, os pintores do domingo ou as sociedades folclóricas, nem o conservatório "de necessidade tão imprescindível", nem mesmo o espaço cultural gêmeo do espaço verde sem os quais os planos urbanísticos não seriam exatamente o que pretendem ser.
>
> É para o uso disso tudo, e de todos, uma oportunidade permanente de aproximar a verdade nas áreas onde balbuciam suas simpáticas boas vontades, e se expressam de modo comovente suas necessidades, e por vez sua ambição, uma certeza para cada um de se divertir, de enriquecer-se e de embelezar o sentido desses gestos de imitação. (p. 5.)

A definição negativa da casa da cultura é mais exclusiva enquanto mais nítida é a atribuição de uma posição subordinada para os amadores.

Vimos que a multiplicidade dos tipos de casas da cultura havia facilitado um entendimento da administração com a comissão do Plano cujas orientações evidenciavam-se mais próximas da educação popular do que as de Pierre Moinot. Inversamente, o anseio de diferenciação e de exemplaridade conduz Émile Biasini a manter apenas um único tipo de equipamento. Ele lembra a diferenciação entre as casas da cultura prevista pelo Plano para contestar sua pertinência. Émile Biasini invoca, para respaldo de sua argumentação, a experiência da casa da cultura do Havre que, desprovida de sala de espetáculos, não tem ainda o brilho e o valor social que deveria ter uma casa da cultura[24]. Exemplares, as casas da cultura

---

23 "Encontrará, pois, sua característica fundamental na noção do mais elevado nível cultural e da melhor qualidade, vedando a condescendência tanto quanto o paternalismo." (p. 3.)
24 Essa casa tem então menos de um ano de funcionamento.

construídas devem todas corresponder à forma ideal e completa da casa típica que Pierre Moinot evocara e à qual consagrara a totalidade das reflexões arquiteturais de sua equipe. Mesmo que o programa deva ser estabelecido na "escala de cada coletividade concernida", mesmo que cada componente artística da casa deva adaptar-se ao "contexto social" no qual se insere, a variação de uma casa em relação a outra é limitada pela exigência que lhe é feita de oferecer todas as condições de uma polivalência completa.

Como garantia de sua eficácia, a polivalência não pode sofrer exceção alguma e comanda a existência de um único tipo de casa.

No término deste longo exame da formulação em três etapas da política das casas da cultura, que lições devemos reter?

Se Malraux concebe e enuncia, com Picon, a filosofia de ação do ministério, permanece quase ausente da formulação exata da política que deveria fornecer a sua aplicação exemplar. Sabe-se que ele dá diretivas gerais, orais ou por recados escritos, aprova os textos, mas não participa de sua concepção.

Sucedem-se três concepções da política das casas da cultura. Que a formulação de uma política conheça evoluções importantes não é nada fora do comum. É notável todavia que, à medida que se aproxima da execução da política, esboçada por Pierre Moinot e realizada por Émile Biasini, a concepção da política caminhe para um enrijecimento crescente dos seus princípios.

Na competição com o Alto-Comissariado para a Juventude e os Esportes, a evolução caminha da tentativa de anexação da herança da educação popular para a diferenciação crescente relacionada às MJC e para o distanciamento em face das associações de amadores. O gabinete lamenta a anexação fracassada das federações associativas; Pierre Moinot pretende marcar uma diferença, mantendo, entretanto, pontes na esperança de uma futura integração; Émile Biasini constrói fronteiras. A segunda parte desta obra examinará a outra vertente desta evolução nas relações da administração dos assuntos culturais com as associações amadoras e os representantes eleitos locais.

Esta primeira evolução segue paralelamente à da concepção das casas da cultura. Na origem, o equipamento corresponde apenas a um edifício reunindo as atividades e as iniciativas culturais dispersas na cidade, local de encontro entre amadores, artistas profissionais e intelectuais. A partir de 1962, são o edifício e o animador que garantem a eficácia do encontro entre a arte e o público. Concentram ambos quase todas as condições de êxito, a tal ponto que a casa da cultura constitui menos um ponto de reunião do tecido social preexistente do que um enxerto revitalizador. A terceira parte examinará os benefícios e as qualidades atribuídos ao equipamento e as razões do quase monopólio dos homens de teatro sobre a sua direção.

II
O UNIVERSAL CONTRA A REPRESENTAÇÃO

As casas da cultura devem reduzir duas desigualdades de acesso à cultura: social e geográfica. A democratização era ao mesmo tempo o que se chamava, impropriamente, uma descentralização cultural. Como tal, a política das casas da cultura foi a invenção de um modo de colaboração entre Estado, coletividades locais, associações locais e artísticas. Desejamos mostrar nesta parte que o modelo de ação, inventado e estabilizado entre 1962 e 1966, não se resume a esse modo de cooperação, mas associa a ele um modelo específico de democratização e um modelo político.

Lembremos primeiramente as três principais disposições desse modo de colaboração, inscritas nos três estatutos modelares forjados na Rue Saint-Dominique:

- o cofinanciamento – 50% para o Estado e 50% para a municipalidade – da construção ou dos gastos de instalação do equipamento, de que a comuna é a única proprietária, e das subvenções de funcionamento;
- a estrutura jurídica suporte da casa da cultura, que é a associação do tipo da lei de 1901. O Estado e a municipalidade são minoritários no conselho de administração da associação composto de personalidades qualificadas nomeadas após acerto entre o Ministério dos Assuntos Culturais e a prefeitura;
- o papel do diretor, verdadeiro chefe da casa da cultura, cercado por uma equipe artística profissional, único idealizador e responsável da programação artística, que deve todavia ser aprovada pelo escritório e pelo conselho de administração da associação.

A retórica associada a esses estatutos fazia do cofinanciamento e da composição do conselho de administração da associação a garantia da neutralização dos poderes do Estado e da prefeitura, em proveito da liberdade do diretor da casa da cultura. Na realidade, esse dispositivo não podia nem impedir a transformação dos conflitos eventuais em bloqueio da instituição nem refletir os equilíbrios reais de poder. De fato, a associação e a composição do conselho de administração não limitavam o poder de sanção financeira do Estado ou da comuna. Em caso de divergência de ponto de vista importante, a saída dependia ou da arte diplomática do diretor, ou do braço de ferro entre o Ministério e a prefeitura, um e outro podendo ameaçar romper a colaboração. Nos primeiros anos, o Ministério praticou a chantagem da suspensão com sucesso. Mas, desde 1967 e antes de maio de 1968, as prefeituras não hesitaram em romper com o Estado, em recuperar os locais e a ficar sem as subvenções do Ministério para estabelecer sua concepção do equipamento. Será o caso em Thonon, em Caen e, antes mesmo da abertura da casa da cultura, em Saint-Étienne. Ademais, a ideia de uma neutralização recíproca do Estado e da comuna em prol do animador era antes de tudo uma habilidade. Pois a convergência das concepções do Ministério e as dos homens colocados na direção das casas da cultura, por iniciativa do mesmo ministério, era tal que os eventuais desacordos ou conflitos tinham todas as chances de opor a prefeitura à coalizão do diretor e do Ministério.

Da mera divergência ao conflito, da ameaça implícita à chantagem manifesta até a ruptura, a história das casas da cultura é cheia de inúmeros casos pondo à prova o modo de colaboração concebido na Rue Saint-Dominique. Certamente, seria possível fazer um inventário e uma tipologia desses casos, dentre os quais vários foram estudados de maneira aprofundada por Jean-Jacques Queyranne. Escolhemos outra opção: manter o nosso prisma no nível da doutrina da administração. Eis por que: toda interação entre dois atores ou organismos está inscrita num certo contexto que não se esgota na singularidade da situação. Inclusive quando enfrentam um caso específico ao qual devem responder, os parceiros ou adversários mobilizam princípios, ideias, referências derivados de outras situações. Em resumo, a interação jamais é inteiramente "local" ou singular. Exceto se considerarmos que suas preferências são óbvias e prefixadas, os atores introduzem nela, pela sua percepção e pelas categorias e critérios utilizados para compreender a situação e agir sobre ela, algum grau de generalidade.

Os dados de base de sua colaboração potencialmente conflituosa são simples e conhecidos: o Ministério espera que as casas da cultura apresentem ao público obras ou manifestações artísticas de qualidade. Nessa perspectiva, faz questão de que o diretor tenha toda a liberdade na definição e realização do seu programa artístico e que o equipamento não seja utilizado para outros fins. Por outro lado, a casa da cultura constitui muitas vezes o único equipamento da cidade que pode acolher manifestações artísticas. É por isso objeto da cobiça das associações locais, que desejam de tempo em tempo utilizá-la, e de públicos específicos que esperam assistir aos espetáculos de sua preferência, mesmo quando não entram nos cânones da qualidade artística do Ministério. Os políticos locais eleitos não são insensíveis a essas demandas. Além disso, algumas atividades da casa podem chocar as ideias e as convicções de parte da população e dos representantes eleitos. Encontramos a mesma figura em quase todos os casos de conflitos: uma concorrência por um bem escasso, o equipamento; a confrontação dos valores a respeito da programação artística entre concepções estéticas ou entre ideologias políticas.

Se nos mantivermos nesse nível de análise, deixaremos de lado toda uma série de questões e, logo, tomaremos como evidentes fatos que não o são e que merecem explicação: por que o Ministério faz da qualidade artística a única garantia da democratização? E sobretudo, mesmo sem questionarmos o anseio por qualidade, por que não poderia o Ministério aceitar algum compromisso com as demandas respaldadas pelos representantes eleitos locais, seja quanto ao uso dos equipamentos, seja quanto ao conteúdo da programação? Os representantes locais só se preocupam com as pressões dos diversos grupos da sociedade? Estará em sua natureza de representantes a incompreensão da qualidade artística? Essas perguntas engajam concepções, categorias de juízo, princípios que foram mobilizados nesses conflitos, mas que não se originam neles e, principalmente, que possuem uma grande generalidade, um campo mais vasto de aplicação. Por isso é mais fácil responder a essas perguntas se sairmos do quadro isolado das situações e das interações específicas.

Escolhemos, assim, examinar a confrontação das ideias do Ministério com as perspectivas das associações e dos representantes eleitos locais por meio de dois episódios da política das casas da cultura. Trata-se de dois episódios marcantes para a administração dos assuntos culturais, que não se reduzem a uma confrontação entre o Ministério e tal comuna ou tal associação local. O primeiro constitui o centro de interesse do capítulo 4: trata-se das inspeções pedidas por Émile Biasini, em 1963, a respeito de uma vintena de associações municipais ou de educação popular. Os relatórios de inspeção aquilatando a atividade das associações contribuíram para a transferência da tutela financeira dessas associações para a administração da Juventude e dos Esportes, tendo o Ministério da Cultura deixado de considerá-las úteis à sua ação. O segundo episódio, relatado no capítulo 5, é a longa confrontação entre o Ministério e a Federação Nacional dos Centros Culturais Comunais (FNCCC), de 1960 a 1966. No primeiro caso, os relatórios dos inspetores do Ministério dos Assuntos Culturais põem em evidência duas concepções antagônicas da democratização cultural, a dos avaliadores e a das associações avaliadas. No segundo caso, o longo conflito entre a Rue Saint-Dominique e uma federação de representantes eleitos locais sublinha uma divergência de fundo, que chega à incompreensão mútua, sobre o papel da representação política na ação cultural.

À luz dessas contendas e dessas confrontações ideológicas, ficará claro que o modelo de ação inventado pelo Ministério é ao mesmo tempo um modo de cooperação com as comunas, um modelo específico de democratização fundada sobre a excelência artística e um modelo político. É notável que, para preservar a casa da cultura dos amadores e para evitar a influência dos eleitos ou "representantes" de toda espécie, a mesma exigência tenha sido utilizada: a da universalidade. Vimos que, de acordo com a filosofia do Estado estético, a capacidade das obras de qualidade em atingir todos os homens, quaisquer que sejam sua educação e sua condição social, refletia a universalidade das experiências humanas que conseguiam expressar. Segundo a doutrina da administração, é em nome dessa mesma universalidade que serão afastados os amadores. Mas é igualmente em nome da universalidade que serão contestadas as demandas daqueles que se apoiavam sobre uma autoridade representativa, eleitos ou responsáveis de associações, para alegar um direito à voz quanto ao funcionamento da casa da cultura. Eleitoral ou social, a representação tem a marca do particularismo em face da exigência da universalidade de que são portadores o Estado e os artistas.

4. A mistura infeliz e as duas democratizações

Na missão da democratização cultural, o anseio igualitário e o de substituir "o espírito de província" por uma cultura universal não podem ser separados. O próprio André Malraux acresceu credibilidade a esse laço anunciando, em seu discurso de inauguração da casa da cultura de Amiens, em 1966, o desaparecimento "desta palavra horrorosa, 'província'". Embora a noção de provincianismo cultural não tenha muito espaço para se aplicar na França dos anos 1990, o esquema está longe do desaparecimento. Permanece bastante pregnante entre os atores e os observadores das políticas culturais locais. Assim a história de sua emergência e crescimento é comumente interpretada como a de uma conscientização dos representantes eleitos, excepcional nos anos 1960, em progressão rápida a partir do final dos anos 1970, graças ao modelo e às incitações do Estado. O que equivale efetivamente a qualificar a atitude desses eleitos apenas pela falta, por uma ausência de audácia ou por uma resistência a uma "consciência", a da necessidade de uma política cultural.

Parece-nos que é preciso interpretar a pregnância desse estereótipo relativo à percepção das políticas culturais locais como o sinal da "vitória" de uma "causa" cultural, esmagadora a ponto de rejeitar tudo o que não é ela no não ser. Uma concepção da intervenção pública conseguiu impor-se a tal ponto que se tornou difícil imaginar ou qualificar positivamente outra concepção. Falar em conscientização, de ausência de audácia ou de resistência e, de alguma maneira, opor a luz à cegueira, condena a uma visão unilateral que só concebe a existência, positiva, de um único modelo, e só pode qualificar qualquer alteridade pela falta. É esquecer que essa maneira de pensar a intervenção pública teve, antes de se impor como evidente, que suplantar outras concepções.

Desde que a investigação histórica remonte longe o bastante no tempo, surge outra concepção da intervenção pública. Uma história da política das casas da cultura exige e permite reconstruir os episódios importantes e as principais condições que possibilitaram a vitória e finalmente a hegemonia de um modelo de política cultural. Tal empreendimento passa por duas precauções no mínimo: 1) evitar a nostalgia e a tentação de "reabilitar" os "vencidos"; 2) evitar, na mesma medida, que a análise retome por sua conta as categorias cuja predominância o tempo consagrou. Em resumo, é preciso tentar interpretar a história de uma "batalha" emancipando-se das categorias dos "vencidos" e daquelas dos "vencedores", já que é exatamente a emergência, o domínio ou o fracasso em persistir nessas categorias que é preciso explicar.

O presente capítulo tem por objetivo analisar juízos que, durante um episódio preciso desta história e em nome da doutrina do Ministério dos Assuntos Culturais, contribuíram para a desqualificação de associações reguladas pela educação popular. Em 1º de janeiro de 1964, via-se oficializada uma transferência de pastas de uma vintena de associações do Ministério dos Assuntos Culturais para o Alto-Comissariado da Juventude e dos Esportes. No âmbito de subvenções anuais, a administração central do ministério André Malraux, que desde 1959 havia assumido seu cargo, estimando que elas não poderiam constituir os vetores de sua política, transferiu pastas e créditos para a administração da Juventude e dos Esportes. Essa decisão decorreu em parte de uma série de inspeções efetuadas durante o segundo semestre de 1963. O interesse dos relatórios de inspeção reside menos na sua influência eventual sobre a decisão da transferência – é provável que já fora decidida antes das inspeções – do que no seu conteúdo. Avaliando os modos de funcionamento financeiro, administrativo e político das associações, como também a qualidade e o interesse de suas atividades, esses relatórios oferecem uma descrição, muitas vezes bem viva, dos grupos de educação popular de província. Principalmente, evidenciam categorias de juízo em exercício. As mesmas que contribuíram para desqualificar um modelo de ação cultural em nome de outro.

Depois da restituição ao contexto no qual se inscrevem esses relatórios de inspeção, analisaremos seu conteúdo a fim de, numa terceira parte, reconstituir as características de um modelo de democratização cultural esquecido, cuja exposição ilustra por sua vez este que rege ainda hoje as nossas mais espontâneas avaliações das políticas culturais locais.

O ABANDONO DAS ASSOCIAÇÕES DE EDUCAÇÃO POPULAR

O decreto de 3 de fevereiro de 1959, fixando as atribuições do novo Ministério dos Assuntos Culturais, previa que "os elementos dos Serviços do Alto-Comissariado para a Juventude e os Esportes encarregados das atividades culturais" ficariam sob a alçada de André Malraux. Como estipulava o mesmo decreto, uma comissão presidida pelo primeiro-ministro estudava as medidas necessárias para a transferência desses serviços. Resultou dessas decisões, três meses mais tarde, em maio de 1959, o que foi chamado de protocolo de entendimento[1]. Lembremos que, mais do que uma transferência de serviços, esse protocolo repartia as associações, outrora subvencionadas

---
1 Sobre o protocolo de entendimento, ver o capítulo "As três origens da doutrina", p. 51.

unicamente pelo Alto-Comissariado para a Juventude e os Esportes sob a custódia da educação popular, em três categorias: a primeira categoria reunia as associações que ficavam doravante sob a competência única do novo Ministério dos Assuntos Culturais; a segunda reunia as associações que permaneceriam sob a autoridade única do Alto-Comissariado para a Juventude e os Esportes; e, finalmente, a terceira categoria agrupava as associações que ficariam sob a dupla alçada das duas administrações.

Não se sabe em que condições esse protocolo foi negociado. O novo ministério e principalmente o gabinete não possuíam a experiência das difíceis negociações interministeriais. O ministro, representando o general De Gaulle em diversas atividades no estrangeiro, encontrava-se frequentemente ausente. Quaisquer que tenham sido as condições de elaboração desse protocolo, é certo que, rapidamente, apareceu no gabinete Malraux como particularmente desvantajoso para o novo ministério. O que denunciava o gabinete num protocolo assinado três meses antes? Além da incoerência de uma parte da partilha, a principal queixa consistia no número excessivamente elevado de associações de educação popular permanecendo sob a responsabilidade do Alto-Comissariado. As anotações feitas no gabinete sublinham a necessidade para o Ministério de se apoiar sobre a multidão de associações locais, regionais e nacionais suscetíveis de colocar à sua disposição uma imensa rede, atingindo por capilaridade os meios sociais cujo acesso à cultura devia exatamente favorecer. O protocolo aparece como um fracasso, porque a orientação do gabinete é naquela altura a integração da educação popular como suporte e vetor da democratização cultural.

Com essa avaliação como fundo, menos de três meses após sua assinatura, em julho, André Malraux tenta obter, junto ao ministro da Educação Nacional, uma nova repartição das associações para o exercício orçamentário do ano 1960. Mas o primeiro-ministro opõe-se e só aceita o princípio de um eventual questionamento do protocolo de entendimento após dois anos de experimentação. Dessa maneira, já no verão de 1959, o jovem Ministério dos Assuntos Culturais havia perdido dois anos para integrar as bases associativas da educação popular à sua política de democratização em andamento.

Em julho de 1960, um despacho institui uma comissão consultiva encarregada de fornecer sua opinião sobre a repartição das subvenções para as associações que, segundo o protocolo de entendimento, ficavam sob a custódia única do Ministério dos Assuntos Culturais[2]. Essa comissão irá se reunir sete

---

2   Em contrapartida, o Ministério não teve praticamente influência alguma sobre a repartição das subvenções inscritas na categoria mista.

vezes de julho de 1960 a outubro de 1963. Torna-se posteriormente sem finalidade, à medida que a quase totalidade dessas associações volta, a partir de 1º de janeiro de 1964, para o colo da administração da Juventude e dos Esportes. Assim, o jovem ministério havia contestado o protocolo de entendimento de maio de 1959 porque não lhe transferia a responsabilidade de um número suficiente de associações de educação popular; quatro anos mais tarde, o mesmo ministério se livrava das associações de que obtivera o encargo. A contradição é apenas aparente. Sabemos que, do meio de 1960 ao fim de 1961, a atitude da administração Malraux perante a educação popular se inverte, paralelamente à elaboração da política das casas da cultura. Primeiro sob o impulso de Pierre Moinot, depois sob a iniciativa de Émile Biasini. Enquanto o gabinete, em 1959, planejava uma integração das aquisições da educação popular, Émile Biasini define em setembro de 1961 uma estratégia, perfeitamente oposta, de diferenciação exemplar. Em sua opinião, a ação cultural do Ministério deve diferenciar-se nitidamente daquela do Alto-Comissariado para a Juventude e os Esportes e, em especial, recusar seguir a inclinação tradicional da educação popular. As casas da cultura, concebidas em 1959 simplesmente como locais de encontro entre amadores e profissionais, tornam-se, na conclusão dessa reversão de estratégia, um local de exibição ao público da excelência artística, dirigido por uma equipe artística profissional, na vida do qual as associações de amadores não têm, de direito, parte alguma.

Embora essa reversão de estratégia tenha ocorrido desde o outono de 1961, serão necessários um pouco mais de dois anos para resultar no retorno, ao seio da administração para a Juventude e os Esportes, das associações de educação popular confiadas à administração Malraux. Será apenas em julho de 1962 que Émile Biasini encarregará um dos seus colaboradores de um estudo preparatório para a renegociação do protocolo de entendimento de maio de 1959. Mas desde logo o sentido do encaminhamento fica claro: a única questão digna de estudo é saber quais são as associações que merecem permanecer sob a proteção dos Assuntos Culturais, levando em consideração a nova estratégia de privilegiar os grupos profissionais. As instruções de Émile Biasini sobre o ponto são explícitas: "Somente serão conservadas por nós as associações que participam da ação cultural que animamos, ou pelo seu caráter profissional, ou porque sua atividade está a serviço desta ação, ou porque animam ou prefiguram uma das nossas casas da cultura".

O estudo encomendado não será conclusivo. Em parte por causa de litígios entre seu autor e seu financiador. Mas também e principalmente porque as negociações entre o Ministério e Alto-Comissariado para a Juventude e os Esportes revelam-se complicadas. O retorno das associações à sua administração de origem é fonte de litígio, não quanto ao princípio desse retorno, mas quanto ao montante da transferência dos créditos de subvenções que deve acompanhá-lo. É nesse contexto de negociações difíceis que Émile Biasini pede, em maio de 1963, a dois dos seus inspetores-gerais de Espetáculos, Maurice Chattelun e Raphaël Deherpe, uma inspeção sobre a "situação administrativa e financeira" e sobre a "extensão e a qualidade de suas atividades" de grande parte das associações que o protocolo de entendimento havia destinado ao Ministério.

Os relatórios de inspeção, uma vintena, redigidos nos três meses seguintes, permaneceram guardados nos Arquivos Nacionais. Qualquer que tenha sido sua influência real – reforçaram, mas não implicaram a decisão da transferência –, esses relatórios constituíram uma fonte importante de informação inédita para o Ministério. Ficou-se sabendo que uma ou duas associações mais ou menos fantasmas beneficiavam-se de subvenções, mínimas na realidade. A administração descobriu principalmente que centros culturais, tais como o Centro Valéry-Larbaud de Vichy ou a casa da cultura da região de Béthune, que esperava poder ainda transformar em suportes de futuras casas da cultura, do modelo de Malraux, estavam demasiadamente afastados do modelo para se inscrever nele um dia.

Porém para quem lê esses relatórios trinta anos após a sua redação, o interesse não reside aí. Oferecem preciosos esboços do que pode ter sido uma parte da vida cultural da província e uma vertente da nebulosa da educação popular. Sempre bem escritos, muitas vezes cheios de humor, descrevem um universo onde se encontram autoridades locais, voluntários, pequenos ou grandes "empresários culturais", respaldados de vez em quando por "personalidades", atrás das quais se encontram empresas puramente privadas e associações, misturando inextricavelmente iniciativas privadas e subsídios municipais.

Esses relatórios oferecem igualmente outro ensinamento tão precioso quanto: mostram, através das descrições e avaliações dos inspetores, as categorias de juízo, os modos de pensar de uma administração que havia definido sua ação opondo-a à da educação popular. São essas categorias de juízo e esses modos de pensar que tentaremos agora reconstituir.

ESCALAS, ALFINETES E MISTURAS INFELIZES

A grande maioria dos relatórios de inspeção é arrasadora para as associações de educação popular. Por isso, concentraremos o exame nos juízos críticos. E como está fora de cogitação reproduzir o teor da vintena de relatórios, alguns com seis páginas, só trataremos dos três principais tipos de juízos observados.

Escalas e alfinetes

Na medida em que um bom número desses relatórios são arrasadores, a hipótese de avaliação por "níveis", isto é, de juízos que utilizam uma escala implícita ou explícita na qual se possa situar a associação examinada, surge de imediato à mente. Por mais grosseira que possa ser tal escala, supõe uma espécie de linearidade, graduada do ruim ao excelente, passando pelo medíocre, que simplifica o exercício de ajuizar e acentua seu caráter discriminante.

Ora, contrariamente ao que se poderia crer, a ocorrência desse tipo de juízo é muito rara nos relatórios de inspeção. Fato notável, acompanha-se a cada vez de um embaraço do inspetor ou de uma relativização de sua avaliação.

Assim, Cantos e Danças de França, associação organizadora de espetáculos montados essencialmente por um coreógrafo bastante conhecido na época, Jacques Douai, é objeto de um relatório que se inscreve entre os mais críticos que Maurice Chattelun tenha escrito; porém, no momento em que ele emite um juízo de tipo predicativo negativo, sublinha seu caráter subjetivo:

> No que me concerne (trata-se, todavia, de um juízo pessoal, que seria conveniente manter só para si), não vejo a razão de ser, senão um mau gosto demagógico, dessa geleia comercial que não propõe nem criação artística original nem autenticidade popular; em outros termos, desses arranjos pseudoartísticos de um pseudofolclore, tão arredados da verdadeira vida das tradições populares quanto das reconstituições de museus, e cuja exploração intermitente dura tanto quanto a exploração cotidiana de um espetáculo do Châtelet[3].

O relatório de inspeção sobre a Associação Cultural Borgonhesa encobre outro exemplo da atenuação de um juízo predicativo. Trata-se de uma das mais conhecidas e ativas associações de educação popular de província. Fundada em 1945, reunia então em torno de 20 mil sócios. Um terço de sua atividade concentrava-se em Dijon, enquanto os outros dois terços eram assegurados por 95 delegações regionais dispersas no conjunto da Borgonha. Suas iniciativas cobriam um espectro muito amplo: além da criação de clubes de *jazz* e de guitarra, de cineclubes e da organização de apresentações de teatro e de concertos, de exposições e de viagens, a Associação ocupava-se também com trabalhos de vime, de encadernação, de *camping* e de

---

3 Teatro do Châtelet: durante o século XX, esse teatro parisiense foi usado para encenação de operetas, balés, concertos de música clássica e popular e *shows* de variedades. [N.T.]

automobilismo. Foi beneficiada por uma avaliação não muito menos severa do que a sofrida por Cantos e Danças de França evocada anteriormente. É no último parágrafo de conclusão de relatório que aparecem conjuntamente juízo predicativo e embaraço:

> Em suma, uma grande atividade e um sentido inegável da organização. Mas ideias fixas e contestáveis e, para ser franco, um nível de educação intelectual (por embaraçoso que seja expressar essas coisas) que não está exatamente à altura da ação social e administrativa exercitada.

Só se pode enxergar, nessas atenuações retóricas do juízo pronunciado, uma espécie de pesar sucedendo a uma crítica considerada forte demais, de tão arrasador e pouco solícito o conteúdo desses dois relatórios. Mas a inflexibilidade da avaliação é mais palpável quando toma outras formas do que o juízo referido ao "nível".

Entre essas formas, notemos o que poderíamos chamar de "alfinetada". Um erro, uma incompetência técnica é apontada sem contemplação. Jacques Douai, principal animador de Cantos e Danças da França, é assim alfinetado por conta da fraqueza de sua técnica musical:

> A posição insustentável dessa estética é particularmente evidente na ordem musical: dir-se-iam harmonizações escritas por um aluno de conservatório, que só teria aprendido das características modais a distinção entre a subtônica e a sensível.

A Associação Cultural Borgonhesa também não encontra salvação, por causa de uma confusão feita pela secretária-contadora da associação:

> Os livros para aquisição são propostos ao senhor Lhuillier pela secretária-contadora, a senhora Soulillou, que os escolhe no *Bulletin du Livre*, nos *Cahiers du Livre*, no *Bulletin Critique du Livre Français* e nos catálogos dos editores. Constatei que confundia Clérambault, o compositor do século XVIII, com um personagem de *Jean-Cristophe*[4].

Assinalemos um último exemplo referente ao Centro Valéry-Larbaud de Vichy, que fora sondado já em 1961 para prefigurar uma futura casa da cultura. Na posse de uma biblioteca, de uma sala de exposição e de uma galeria de arte, acolhia, entre outras atividades, exposições, conferências ilustradas,

---

4   *Jean-Christophe*, título do romance em dez volumes (1904-12) do escritor Romain Rolland. [N.T.]

peças de teatro, concertos, montagens líricas, cursos de língua e congressos. Maurice Chattelun tem a oportunidade de exercitar sua erudição à custa da manifestação oferecida pelo centro na sua passagem:

> Assisti à apresentação de uma montagem fotográfica sonorizada sobre Santa Teresa de Ávila pelo reverendo padre Étienne Merveille. O senhor Martinez estimava todo o conjunto perfeito. É verdade que padre Merveille é um excelente fotógrafo, dotado, ao mesmo tempo, de um gosto poético um pouco fácil e de um sentido plástico seguro. O texto de modo geral é aceitável. Mas era preciso maior boa vontade do que a minha para admirar a pretensa adequação dos fragmentos de música associados às imagens: que relação se pode perceber entre a arquitetura espanhola, civil e religiosa sob Carlos V ou Filipe II e o *Amor feiticeiro*, o riacho da *Sinfonia pastoral*, uma suíte composta em Köthen para a orquestra do príncipe Leopoldo de Anhalt, um coral protestante?

Assim o erro é apontado, evidenciado sem sutileza, como algo a que se pode objetar porque, em sua singularidade, em sua aparente evidência, diz respeito à competência do inspetor e não ao seu juízo pessoal. É explicitada com maior facilidade sem embaraço, real ou retórico, pouco importa, e sem relativização, porque depende de algo exterior ao inspetor, um saber ou uma competência, que possui, mas que é partilhável e definido independentemente de sua personalidade.

As duas formas de desqualificação que acabamos de examinar, escala de qualidade ou designação de um erro, tal como a implicação do avaliador que supõem, juízo de valor atribuível à sua pessoa ou competência independente de sua pessoa, partilham uma mesma característica: têm por objeto as competências e performances das associações e dos seus membros.

A MISTURA INFELIZ

A figura dominante da desqualificação nesses relatórios não possui nenhuma dessas características: contenta-se em tornar manifesta, por vezes sob forma meramente descritiva, uma mistura de dimensões ou de características das atividades ou do funcionamento dessas associações, implícita ou explicitamente julgada nefasta. A mistura infeliz ou a confusão podem se relacionar à natureza das atividades organizadas impropriamente unificadas, segundo o inspetor, sob o mesmo registro, como no caso do Centro Valéry-Larbaud:

Talvez seja excessivo incluir no número das atividades culturais do centro (190 manifestações em 1962, somando já 270 neste ano) o fato de abrigar os congressos da Comissão Lanífera da França, da Federação Nacional de Bocha, do Crédito Agrícola... ou as reuniões da Sociedade das Cooperativas Habitacionais.

Veem-se igualmente apontadas a mistura ou a contiguidade dos gêneros artísticos de nível de excelência diverso. A Confederação Musical da França que, contrariamente às associações já evocadas, merece um relatório muito favorável, é objeto do desejo "de que os grupos de acordeão sejam retirados (o acordeão avilta tudo de que se apossa, em especial o folclore)". Mas a mistura mais chocante parece ser a das motivações. Uma mistura desse gênero comporta um relatório mitigado para a Associação dos Amigos do Reino da Música. Sua animadora organiza cada ano concursos abertos a jovens instrumentistas em mais de uma centena de cidades. As gravações das suas apresentações, cujos trechos são difundidos através das ondas das rádios regionais, passam por três seleções sucessivas. Os laureados são ouvidos no Teatro dos Campos-Elíseos num concerto com orquestra durante uma recepção solene, enquanto os finalistas se beneficiam de concertos análogos em sua capital regional. O inspetor assinala em prol dessa associação o êxito no concurso do Conservatório de Paris dos jovens músicos destacados pelos "torneios" da associação, bem como os patrocínios prestigiosos do presidente da República e de Arthur Honegger. Mas sua apreciação global, mais para negativa, provém do fato que aos objetivos de detecção de talentos se mesclam motivações menos nobres:

> E quanto aos próprios concursos, o que pensar? Qualquer que seja o êxito das exibições de crianças, especialmente na parte do público composta pelos pais, será razoável apresentar crianças de 9, 7, 5 anos (leio a idade no programa de um concerto dos Campos-Elíseos), expor no palco municipal de Mulhouse "o meigo toquinho de gente que é Alain Clerquin, de Ottmarsheim, com um trombone debaixo do braço, que, com a vara inteiramente esticada, é maior do que ele"? Não se tratará primeiramente de reforçar o prazer das competições esportivas? Mas para a satisfação, um pouco perversa, de alguns, quantas feridas causadas a outros!

Essas censuras estabelecem a distinção entre motivações estritamente culturais ou artísticas, puras de alguma maneira, e motivações outras, no caso o espírito de competição, a alegria das famílias e o enternecimento diante da precocidade, condenando sem demora a confusão dessas motivações.

O Congresso Europeu dos Lazeres de Estrasburgo sofre crítica semelhante. O inspetor não condena nem os temas do trabalho nem a qualidade das manifestações. Mas expressa, várias vezes, uma suspeita negativa: as finalidades culturais proclamadas são indissociáveis de motivações religiosas e políticas.

As misturas infelizes relacionam-se assim, conforme os casos, à natureza das atividades, os graus de excelência das manifestações ou dos gêneros artísticos e as motivações. Mencionemos como anedota o campeão absoluto dessas confusões: o Centro Valéry-Larbaud. Reúne quase todos os tipos de misturas anteriormente citadas, e a visita do inspetor encerra-se com uma última confusão que se transforma em farsa. Maurice Chattelun evoca no final de seu relatório sua visita ao diretor do gabinete do subprefeito, pouco instrutiva, pois "a confusão constante do centro com o 'Instituto Politécnico Feminino' restringiu a parte do diálogo diretamente útil". Assim, ele pôde afirmar na sua conclusão que o Centro Valéry-Larbaud constitui "uma espécie de barafunda cultural".

A CONFRONTAÇÃO DOS DOIS MODELOS

Como explicar a forma singular do juízo de "mistura infeliz" e da sua pregnância? Nossa hipótese consiste no seguinte: esse juízo, sua singularidade, bem como sua preeminência nos relatórios de inspeção, explicam-se pela confrontação de dois modelos de democratização cultural. Os dois inspetores designados pelo Ministério dos Assuntos Culturais avaliam associações de Educação Popular cujas atividades são orientadas em função de uma maneira de pensar a democratização outra que não a do Ministério.

De modo geral, toda política pública persegue objetivos tão gerais e complexos, aqui a democratização cultural, que o modelo racional da escolha dos meios poderá dificilmente aplicar-se na íntegra. Se a política pública é essencialmente instrumental, concepções, crenças mais ou menos precisas, mais ou menos coerentes interpõem-se entre os fins e os meios. Esses conjuntos de crenças são essenciais à confecção de tal política porque definem de alguma maneira o problema que a ação política deve resolver, operacionalizam seus objetivos e estreitam o leque dos meios a colocar em ação. Utilizaremos indiferentemente os termos "modelo" ou "paradigma" para qualificar esses conjuntos de crenças. Entre essas últimas, convém distinguir duas categorias. As crenças positivas correspondem a enunciados sobre a existência ou não de um estado de coisas ou de um acontecimento e sobre sua relação com outros estados de coisas e de acontecimentos. Algumas crenças positivas são crenças explicativas porque dizem respeito a relações de causalidade. Essa primeira categoria de crenças tem, idealmente, uma validez controlável; podem, pelo menos teoricamente, ser consideradas verdadeiras ou falsas por um observador supostamente onisciente. Inversamente, a oposição verdadeira/falsa não é pertinente para a segunda categoria. De fato, as crenças normativas definem, diferentemente, os bons procedimentos, o que deve ser feito, ou, de modo inverso, os procedimentos inaceitáveis ou inconvenientes, para agir segundo os ideais fixados por juízos de valor[5]. É fácil compreender a importância das crenças normativas e das crenças explicativas na formação, tanto quanto na avaliação, de uma política pública, pois sua articulação comanda o nexo entre o desejável e o possível.

O MODELO DO CHOQUE ELETIVO E SEU AVESSO

Após esse preâmbulo sobre os paradigmas e as crenças, nossa explicação relativa à singularidade e à pregnância do juízo de "mistura infeliz" será quiçá mais clara. Os inspetores Deherpe e Chattelun aderiam ao essencial do paradigma da democratização localizada no centro da formação da política das casas da cultura de 1960 a 1962. Para explicitar a maneira pela qual esse paradigma articulava crenças normativas e crenças explicativas, o mais simples é examinar brevemente um trecho de um dos principais textos que contribuíram para forjar a doutrina do Ministério:

> Enquanto aceitarmos o princípio de que o homem não pode amar verdadeiramente o teatro sem tentar tornar-se ator, e que de outra parte, para o povo, *Ces dames aux chapeaux verts* ou *L'ami Fritz*[6] são mais acessíveis que Corneille, não poderemos jamais empreender uma ação cultural que seja isenta dessa sorte de desprezo que a mata na semente. O exemplo de Jean Vilar é cheio de ensinamentos: Vilar não quis nunca trapacear com os gostos do povo. Representou Corneille, Sófocles, Brecht, Claudel. E o povo descobriu que gostava mais disso do que dos folhetins sentimentais.

Esse trecho é precedido de uma explicação do fracasso da educação popular que não pôde satisfazer as esperanças que a acompanharam nos tempos da Libertação. Decidida primeiramente a promover as obras de qualidade, não

---

5   No tocante à articulação entre crenças normativas e crenças positivas e a importância dos "paradigmas" nas políticas públicas, nós nos inspiramos aqui diretamente no verbete "crença", em R. Boudon, F. Bourricaud, *Dicionário crítico da sociologia*, PUF, 1982.
6   *Ces dames aux chapeaux verts* [Essas damas de chapéus verdes], romance de Germaine Acrement publicado em 1921, deu ensejo a dois filmes, em 1929 e 1937; *L'ami Fritz* [O amigo Fritz], romance de Erckmann-Chatrian publicado em 1864, inspirou filmes, telefilmes e peça de teatro e foi contemplado com oito edições, a mais recente em 2012. São ambos textos geralmente considerados "fáceis", em todo caso sua popularidade na época não deixa dúvida. [N.T.]

obteve o respaldo dos artistas de fama indispensável ao sucesso de tal orientação. Desviou em consequência sua ação buscando suprir as insuficiências da instrução obrigatória em matéria de ensino artístico. E, em consequência, a capacidade de apreciar as artes foi condicionada à aprendizagem da prática. Esse vezo pedagógico aumentou, segundo o texto, a brecha entre artistas e público e reforçou "o amadorismo satisfeito, que se compraz no seu nível". O documento define de maneira muito clara o paradigma da política que será executada por Émile Biasini. Façamos a distinção de seus elementos constitutivos. Encontramos primeiramente a expressão de juízos de valores gerais: o anseio igualitário que anima o ideal de democratização; o ideal de "superação" que subentende a condenação do amadorismo satisfeito. Notemos igualmente uma crença positiva, a afirmação da existência de uma "alta cultura", a que reúne um panteão de autores, de Corneille a Claudel, e que se distingue de L'Ami Fritz, por exemplo[7]. Mas o essencial no trecho precedente é a exposição da articulação entre crença normativa e crença explicativa. Dois enunciados encontram-se, de fato, associados: o povo merece o melhor e não o desprezo que consiste em destinar-lhe obras pretensamente mais acessíveis; o povo prefere o melhor. O que significa que apresentar ao público mais amplo possível a elite artística e o melhor do patrimônio é, ao mesmo tempo, o procedimento que "deve" ser empregado e aquele que é eficaz tendo como objetivo a democratização. Trata-se realmente de uma articulação: Vilar é ao mesmo tempo virtuoso e eficaz. O avesso da recusa da pedagogia como forma de acesso é a afirmativa de que apenas a apresentação vivenciada da obra autoriza esse acesso. O mecanismo em ação não é mais então uma aprendizagem, mas um choque, uma revelação que elimina uma distância ou, mais exatamente, restabelece uma proximidade natural entre os homens e a arte:

Tais são as crenças e o modelo aos quais aderiam os inspetores de que estudamos os relatórios. Um exame mais aprofundado indica que foram confrontados a um modo de conceber muito diferente, até mesmo oposto. Assim Maurice Chattelun sublinha, para contestar sua validez, a doutrina da Associação Cultural Borgonhesa:

> A doutrina define que é preciso atrair o público por todos os meios e que de tempo em tempo um feliz acaso provocará a descoberta de valores superiores. O senhor Lhuillier assegura que a música sinfônica lhe foi primeiramente desagradável, que gostou primeiramente de operetas, de óperas, e, finalmente, de música autônoma depois da música aplicada.

---

7 Texto evoca os "grandes valores literários e artísticos de nosso país" e "as apresentações mais prestigiosas" da cultura (p. 11).

É duvidoso. [...] Aconselhei pelo menos o estabelecimento de uma ficha para cada associado, onde se consignem todos os seus empréstimos, de maneira a que saibamos efetivamente se ocorre que um amador de baile popular, após a audição fortuita de um disco de Alban Berg, volte a ele.

Da mesma maneira, ele anota que no Centro Valéry-Larbaud: "Mestre Lavaud deseja aumentar as receitas próprias do centro e dar ao público o que deseja". O desejo de atrair a qualquer preço choca o inspetor que, consoante a sua concepção da democratização cultural, e também, podemos pensar, a sua vocação de artista profissional, privilegia a qualidade das obras e das apresentações artísticas propostas. As duas associações já referidas, como todas as outras, partilham o ideal de igualdade e de superação, creem na existência de uma alta cultura e evocam o mesmo anseio de democratização do Ministério. Nada indica, nas citações precedentes em especial, que essas associações não partilham a crença normativa segundo a qual "o povo merece o melhor". Porém, é quanto à maneira de fazer com que o povo aprecie esse melhor que as associações, tais como as vimos descritas pelo viés dos inspetores, divergem do Ministério. Não aderem à crença explicativa segundo a qual "o povo prefere o melhor". A doutrina das associações não é fundada sobre a ideia de uma capacidade intrínseca da excelência artística de provocar um choque ou uma revelação que aboliria a distância entre o público e a obra. Atingir o objetivo final, aceder à alta cultura, é deixado ao acaso, mas todo o esforço da associação visa à criação de um encontro oportuno. A importância dada ao afluxo rápido do público, a inclinação a satisfazer seus gostos para atraí-lo, e a não contrariá-los quando se afastam da alta cultura, não é, segundo esta concepção, contraditório com o objetivo de aclimatação da maioria ao melhor da cultura.

Entende-se, assim, que a mistura de gêneros e de motivações lamentada pelos inspetores seja perfeitamente legítima para as associações de Educação Popular avaliadas. Como explica o senhor Lhuillier a Maurice Chattelun na citação acima, a coexistência de gêneros e de graus de perfeição artística bem variados possui o estatuto de procedimento. Permite ao mesmo tempo alargar o leque dos atrativos e abrir espaço, graças à proximidade das atividades, para uma formação do gosto pelo viés de um deslocamento progressivo do interesse estético do mais fácil ao mais exigente dos gêneros. É a mesma coisa quanto à miscigenação das motivações. Pouco importam os motivos da participação nas atividades culturais, já que contam somente esta participação e o encontro permitido por ela. É, aliás, de má vontade e não sem ironia que a virtude das motivações misturadas é implicitamente admitida num relatório a respeito do Congresso Europeu dos Lazeres:

As associações cujos membros só têm em comum uma atividade cultural são muitas vezes menos vivas e menos eficazes do que aquelas pelas quais a cultura, ostensivamente ou não, não passa de um meio a serviço de uma religião ou de uma política.

A categoria da "mistura infeliz" como forma do juízo negativo parece resultar do cruzamento de dois paradigmas da democratização cultural, o primeiro – vamos chamá-lo de "modelo do choque eletivo" – válido para o avaliador, o segundo – vamos chamá-lo de "modelo da contaminação por contiguidade" – válido para os avaliados.

A hipótese é reforçada *a contrario* quando, na apreciação positiva de uma associação, o modelo do Ministério é não somente reforçado, mas exacerbado em suas contradições potenciais. Assim, Cultura e Conjuntos Habitacionais, associação criada em 1961 pela Caixa dos Depósitos e Consignações e pela Associação para o Alojamento Familial para realizar "saraus" nos conjuntos habitacionais das cidades da periferia parisiense então em pleno crescimento, é louvada por algumas das suas iniciativas junto aos jovens. A associação emprestou a um clube de jovens de Bagneux o material necessário à confecção de um cenário de filme sobre os conjuntos habitacionais. Posteriormente, depois que um primeiro teste de realização foi examinado por cineastas profissionais, forneceu ao clube 15 rolos de película para terminar o projeto. A iniciativa é exemplar porque conjuga o respaldo de uma atividade à garantia de sua qualidade trazida por profissionais. Mas o modelo do choque eletivo está operando mais nitidamente na sequência do relatório:

> E se só podemos nos regozijar com as semanas culturais que Jean Danet projetava há tempos, talvez o pessimismo provocado pela assistência numericamente insuficiente dos saraus parisienses fosse excessivo: acontece que a revelação trazida a um só vale tanto quanto divertimentos procurados por milhares de homens.

O interesse desta citação é ilustrar não somente uma das principais componentes do paradigma da política cultural dominante no seio da administração em 1963, como também o modo de justificação que pode ser mobilizado quando a crença explicativa "O povo prefere o melhor" parece contraditória com os fatos. O fracasso da frequência é de certo modo compensado pela evocação da oposição entre a diversão da multidão e a revelação de um pequeno número, que no nosso caso é reduzido à unidade. Sendo assim, a diferença entre o modelo do choque eletivo e o da contaminação por contiguidade, que não teme atrair o público pela diversão, é exacerbada.

Uma formulação positiva do modelo da contaminação por contiguidade

Formulamos a hipótese de que aquilo que chamamos de modelo de contaminação por contiguidade constituía o paradigma que orientava, tanto no plano cognitivo quanto normativo, a ação das associações de educação popular inspecionadas em 1963. É certamente possível sublinhar a fragilidade dessa hipótese tendo em vista que é induzida não por documentos oriundos dessas associações nos quais o modelo seria visivelmente presente, mas a partir dos escritos de inspetores exteriores a essas associações. O paradigma da contaminação por contiguidade só existirá no olhar de Maurice Chattelun e Raphaël Deherpe?

Não há outra solução para responder a essas interrogações legítimas, a não ser apresentar uma formulação do mesmo modelo retirada de um documento e de um contexto completamente diferentes. Essa formulação não pode evidentemente servir de validação para nossa hipótese, mas aumenta sua plausibilidade. Nós a localizamos numa obra de 1936. Trata-se da tese de direito de um jovem inspetor de Finanças então desconhecido, François Bloch-Lainé, consagrada a *L'emploi des loisirs ouvriers et l'Éducation Populaire*[8] [O uso dos lazeres operários e a Educação Popular]. Sua conclusão apresenta, em estado quase puro, o modelo precedentemente explicitado a partir apenas das citações dos relatórios de inspeção. O interesse desta formulação consiste em três de suas características: 1) inversamente à anterior, é positiva e não é construída por oposição a outra concepção; 2) resulta de uma análise aprofundada das experiências de educação popular na França e no estrangeiro conhecidas na época; 3) relacionado igualmente à educação popular, este enunciado é ainda assim completamente exterior ao contexto das inspeções examinadas acima, que antecipa em 27 anos.

Examinemos a formulação. O ponto de partida de François Bloch-Lainé reside na convicção de que a confrontação direta da "massa" com as obras mais acabadas é ineficaz e contraprodutiva:

> É sabida a impossibilidade de levar a massa a participar dos mesmos estudos, das mesmas artes que a elite, interessá-la nos mesmos temas, reter sua atenção pelos mesmos meios. Não é nem preciso lembrar a desastrosa tentativa das universidades populares que pretenderam ensinar a filosofia antes da ciência, e as vãs tentativas dos estetas que pretendiam iniciar de uma só vez as multidões na música, na poesia e na pintura mais herméticas[9].

---

8   F. Bloch-Lainé, *L'emploi des loisirs ouvriers et l'éducation opulaire*, Paris: Sirey, 1936.
9   *Ibidem*, p. 271.

Para o povo que não passou pelos exercícios do espírito, que dispõe de pouco tempo e tem o gosto do prazer, as manifestações culturais que lhe são destinadas devem ser "atraentes, fáceis e úteis". Isso não significa, para o autor, o encorajamento à diversão sem exigência de qualidade, mas um "cuidado igual com a qualidade técnica e com a eficácia social".

Ora, essa eficácia social é garantida pelo pertencimento a uma comunidade "autêntica", qualquer que seja seu fundamento, "as relações de vizinhança, os laços de interesses ou as identidades de sentimentos". O "quadro social", completa François Bloch-Lainé, é essencial ao êxito das obras de Educação Popular. O individualismo matou as "molas" (adesão a um ideal, entusiasmo, espírito de equipe) anteriores da vida cultural do povo. Separados e isolados, os populares permanecem sem ambição e estéreis. O autor vê aí a explicação do fracasso das instituições culturais privadas ou públicas, neutras, desinteressadas ou sem "uma mística" capaz de suscitar o entusiasmo.

> Para que os homens tenham prazer em se juntar e produzam, em comum, deve existir entre eles certa unidade de gostos, de sentimentos, de hábitos ou de interesse, em outras palavras, uma comunidade autêntica[10].

Esse privilégio dedicado à comunidade não trai qualquer espécie de nostalgia comunitária num ensaio que alia vigilância frente ao desenvolvimento do laço social e o liberalismo político. Simplesmente, a possibilidade de uma democratização é concebida, externamente ao desenvolvimento desejado da instrução obrigatória, a partir das motivações variadas do povo para reforçar seu saber, seu juízo ou seu gosto. E sendo o pertencimento a um grupo fonte de motivações, François Bloch-Lainé preconiza o encorajamento pelo Estado de todos os agrupamentos, desde que não sejam "absolutamente contrários à segurança do Estado", e, no interior desses grupos, o apoio ao desenvolvimento das atividades educativas e culturais. Essa preocupação com a "mola" que impulsiona o povo para o que pode enriquecer sua cultura induz uma indiferença a respeito dos motivos. Estamos muito longe de lamentar a mistura das motivações. Só importa a sua eficácia.

Todavia, malgrado a atenção dada ao mecanismo de treinamento para a cultura, a exigência de rendimento é fraca. Ao contrário do modelo admitido pela administração de André Malraux, a possibilidade de uma conversão brutal não é evocada. Como vimos acima, o fracasso das universidades populares proscreve a crença explicativa segundo a qual de chofre "o povo prefere o melhor". O objetivo é, para cada indivíduo atingido, modesto, e é da

---

10 *Ibidem*, p. 268.

conjunção de pequenas e numerosas progressões incrementais que se espera a progressão global. Assim as obras de "reerguimento popular" que visam à formação do juízo estético são julgadas insuficientemente numerosas:

> É antes de tudo a quantidade que importa. [...] É principalmente desejável que estabeleçam sobre o território nacional uma malha fina de manifestações de toda sorte, que se aproveitem de todos os ajuntamentos e utilizem todos os modos de expressão do pensamento para "alçar" na massa o nível do saber, o do juízo e o do gosto.
>
> Não importa que não obtenham da parte dos indivíduos uma fidelidade durável e ativa, que sejam devidas principalmente à iniciativa dos comerciantes, dos filantropos, dos políticos, se o povo retira de sua ação um proveito qualquer.
>
> Notemos apenas que esse benefício crescerá quanto mais as iniciativas se esmerarem em trabalhar maximamente nas comunidades existentes e quanto mais afirmada a coordenação de seus esforços[11].

Essa última citação reúne quase todos os traços do modelo: importância da massa das iniciativas, da socialização e da multiplicidade das motivações convergindo por vias diferentes para um mesmo enriquecimento, fraca exigência quanto à margem de progressão individual.

Após o exame de uma formulação positiva do que chamamos o modelo da contaminação por contiguidade, podemos mais facilmente confrontá-lo, traço por traço, ao do choque eletivo, tal como no quadro seguinte:

Modelos	Precondição	Exigência primeira	Ponto de flexibilização	Mecanismo de democratização
Contaminação por contiguidade	Existência de um meio (heterogeneidade das motivações)	Atrair o público com vistas a seu prazer (suscitar a demanda)	Flexibilização da exigência de perfeição	Contaminação do aprendizado por contiguidade
Choque eletivo	Pureza das motivações exclusivamente "artísticas" (dessocialização)	Garantir a qualidade da obra ou do artista (selecionar a oferta)	Flexibilização do imperativo de mobilização	Choque e revelação

---
11 *Ibidem*, pp. 284-5.

Os dois modelos opõem-se quanto a uma primeira característica: as condições prévias do êxito da ação. Para o primeiro, é preciso um "meio" ou uma "comunidade" que implicam uma multiplicidade das motivações diferentes, levando as pessoas a participarem das atividades que lhes são propostas. Inversamente, o segundo modelo preocupa-se com a pureza das motivações que devem ser estritamente artísticas.

Cada um dos modelos compreende uma exigência primeira que deve guiar em prioridade o esforço e, em contrapartida, algo que se pode chamar de "ponto de flexibilização", isto é, uma exigência não descartável, mas secundária. Para um, é preciso antes de qualquer coisa alcançar o interesse do público a fim de poder em seguida melhorar seus gostos, enquanto a exigência de perfeição, de excelência ou de alto nível deve ser sustentada o quanto puder e enquanto não for contraditória com a primeira exigência. Para o outro, é a exigência de perfeição artística que é primeira, mesmo que em detrimento da mobilização do público. Naturalmente, cada um dos dois modelos compreende o ideal da convergência do maior número e da qualidade, mas, na espera de sua realização, divergem sobre a prioridade dos encaminhamentos para se aproximar da meta.

Enfim, cada um dos dois modelos tem como pressuposto um mecanismo específico. É, aliás, dando nome a esse mecanismo que lhe trouxemos uma definição: a contaminação por contiguidade e aprendizagem; o choque eletivo ou a revelação.

* * *

A análise dos relatórios de inspeção datando de 1963 nos permitiu distinguir dois tipos de juízos emitidos por homens do "centro" sobre a "periferia". O primeiro tipo de juízos, classificados sob as rubricas "escalas" e "alfinetes", é de fato assimilável à censura de provincianismo: uma atividade artística ou cultural de província é avaliada tomando como referência uma excelência concentrada no centro parisiense. O segundo tipo de juízos, o que identificamos à denúncia de mistura infeliz, é mais elaborado e exigiu um exame mais aprofundado. Tentamos convencer o leitor de que essa categoria resultava da confrontação de dois modelos de política de democratização cultural. Os dois tipos de juízos têm modalidades diferentes, denunciam imperfeições distintas, uma insuficiência ou uma falta, para um, uma mistura incongruente ou uma espécie de impureza, para o outro. Por isso os analisamos separadamente sem os relacionar entre si, exceto ao observarmos a eventual simultaneidade de sua ocorrência no mesmo relatório. Pensando melhor, há, todavia, uma relação plausível entre eles, uma relação operada pela justificativa. De fato, é a crítica da mistura infeliz que torna legítima, ou mais exatamente adequada, a crítica das insuficiências de qualidade, de excelência, ou de "nível". Pois, no modelo da democratização por contiguidade, a atividade artística proposta não se pressupõe irretocável. As "escalas" e os "alfinetes" só o atingem moderadamente. Segundo sua própria lógica, essa estratégia de democratização só reconhece como censuras pertinentes as que atingem a capacidade de seus iniciadores de alimentar as motivações da participação dos públicos almejados.

Compreende-se a partir daí que, quando os juízos criticam a qualidade insuficiente das manifestações artísticas apoiadas pelos vereadores ou estigmatizam a falta de audácia dos representantes políticos locais, estão supondo implicitamente que um único modelo de democratização cultural é válido, esse que faz da qualidade da "oferta" artística a exigência primeira do sucesso. Somente um modelo semelhante assimila a luta contra o provincianismo cultural e a defesa da democratização.

É forçoso constatar que o outro modelo, o da democracia por contiguidade, foi amplamente esquecido. Seria bastante temerário explicar que a ação do Ministério é responsável por esse resultado. As causas da vitória do modelo de democratização pela excelência e do descarte do seu concorrente ultrapassam certamente muito o quadro deste estudo. Pode-se apenas apontar, para concluir, que a força normativa da doutrina forjada pela administração residiu em definir sua missão e sua identidade, reduzindo o que lhe era alheio à condição de resíduo, isto é, a uma versão degradada de si própria, sob a forma da impureza ou da mediocridade.

5. O fracasso de uma contrapolítica cultural

A história das políticas culturais municipais tem seu folclore. O Estado, e mais especificamente o Ministério dos Assuntos Culturais criado por Malraux em 1959, teria lançado o movimento, dado o exemplo de uma ação voluntarista de descentralização cultural que teria rapidamente encontrado a resistência dos vereadores. Resistências que parecem agora de tempos remotos quando as ilustramos rememorando as batalhas acerca da programação das casas da cultura, entre a opereta e a turnê Karsenty[1] ou o teatro de criação e até mesmo de vanguarda. Pouco a pouco, graças à obstinação do Estado e à evolução progressiva dos representantes eleitos locais, encorajados pelo modelo de alguns pilotos, políticas municipais teriam pouco a pouco surgido antes de conhecer uma brusca aceleração graças à vitória da União da esquerda em numerosas comunas de mais de 30 mil habitantes em 1977. Exemplo do Estado gaullista, progressismo cultural da esquerda e inibição dos representantes eleitos locais em face da criação artística, tais são os três elementos principais de uma espécie de saga cultural na qual se enraízam os papéis e a dramaturgia das instituições, profissões e políticas culturais desde o pós-68. Um bom número dos ingredientes desse mito fundador, e notadamente os três precedentemente citados, são irrefutáveis como observações isoladas. É a maneira de compô-los numa progressiva contaminação de uma fé na cultura ou de uma tomada de consciência da questão cultural que dificilmente resiste à pesquisa. A partir desta surgem do dossiê pelo menos duas observações que convidam a uma visão mais complexa dessa história.

A marca da periodização por década atribui sem nuança aos "anos 1960" a emergência da descentralização cultural de André Malraux, apoiada na implantação das casas da cultura, e a aparição dos polêmicos locais acerca das encenações da geração ascendente dos homens de teatro. Importa ao contrário sublinhar a concentração nos anos 1965-6 de uma série de transformações, entre as quais surge como de primeira importância a reivindicação da qualidade de "criador" para uma nova geração da descentralização dramática. É, pois, após a definição da política das casas da cultura e uma vez fortemente avançada a sua execução que se torna dominante a temática da liberdade dos criadores diante do poder dos representantes eleitos[2]. E é certamente apenas depois de 1968 que

---

1 Os Espetáculos Karsenty, fundados em 1919 por Raphaël Karsenty (1889-1932), a quem sucedeu seu sobrinho Marcel (1904-97), mesclavam uma experiência de qualidade e uma inegável sagacidade comercial. [N.T.]
2 Ver capítulo 8, "Maio de 68 ou a falsa desilusão".

se cristaliza a associação do progressismo do eleito a seu apoio incondicional às "audácias" da criação. Este capítulo é inteiramente consagrado a uma segunda observação que perturba igualmente o esquema da saga e concerne ao período precedente. Logo em 1960, ou seja, um ano após o nascimento de um ministério encarregado dos Assuntos Culturais, manifesta-se claramente a existência de um voluntarismo cultural municipal paralelo e quase imediatamente hostil ao do Estado, pela formação de um movimento federativo dos representantes eleitos locais de todas as tendências políticas – com uma dominante de centro-direita – e dos responsáveis por equipamentos culturais municipais.

É ao término de um congresso fundador, reunindo nos dias 14 e 15 de maio de 1960 em Saint-Étienne os representantes de 51 municipalidades, que nasce a Federação Nacional dos Centros Culturais Comunais (FNCCC). Adjunto do prefeito da mesma cidade, Michel Durafour é o seu iniciador e se torna seu presidente. Afirmando com voz altissonante o papel central das comunas para a democratização cultural do país de que pretende ser o instrumento, a Federação proclama imediatamente como meta a colaboração das cidades com vistas, notadamente, à multiplicação de centros culturais comunais, de equipamentos acolhendo o conjunto das associações culturais de uma cidade com o apoio de sua prefeitura. Além da ajuda financeira, a Federação espera obter rapidamente, da administração André Malraux, a condição de representante ou de sindicato das municipalidades e o poder de intervir na execução da política das casas da cultura cujo lançamento fora anunciado pelo novo ministro em 1959.

Desprovida de meios administrativos autônomos e malgrado o crescimento rápido das cidades aderentes, a Federação não pôde empreender ações próprias exceto diversos estudos, tratando o primeiro das despesas culturais da comuna. Mas foi um lugar de encontros e de debate, o único durante longo tempo, um foro reunindo os representantes eleitos responsáveis pelos assuntos culturais de sua cidade. Como tal, sua influência não foi certamente descartável; é certamente à FNCCC que se deve a reivindicação de "um por cento" do orçamento do Estado para a cultura. Mas nunca conseguiu impor ao ministério encarregado dos Assuntos Culturais o papel de intermediário que desejava desempenhar. Mais irritante que obstruidora para a administração, não pôde desviar a política de implantação das casas da cultura do Estado em prol do seu próprio objetivo: a multiplicação dos centros culturais.

Dedicar-nos-emos numa primeira parte a explicitar como os dois voluntarismos culturais, o do Estado e o das municipalidades, chocaram-se e como a FNCCC fracassou em impor uma contrapolítica cultural, antes de tentarmos, numa segunda parte, explicar por que não puderam deixar de combater um ao outro.

PERDA DA BATALHA PELO RECONHECIMENTO

Já no primeiro congresso fundador, as relações entre o novo ministro e a Federação que pretende ser um interlocutor reconhecido e privilegiado se apresentam complicadas. O ministro, convidado, está ausente e não se faz representar. A postura média dos congressistas face ao Estado é, à imagem dos seus líderes, reivindicativa. Michel Durafour é aplaudido quando afirma que as municipalidades pretendem usar "de uma linguagem franca diante dos poderes públicos". O diálogo cordial é desejado, mas o Estado é implicitamente julgado responsável por um fracasso eventual, pois uma condição imediatamente afirmada para o êxito desse diálogo é que "as liberdades tradicionais", subentendidas as das comunas, sejam respeitadas. A Federação reivindica, em nome do direito das comunas, o ouvido e as subvenções do Estado para os centros culturais, 50% de seu custo de construção, a exemplo das escolas. A intervenção do adjunto ao prefeito e comissionado para as belas-artes de Mulhouse, o senhor Ergmann, antecipa as contendas futuras. Após a leitura de uma carta enviada a André Malraux, quase um ano antes, destinada a obter seu apoio para a criação de agências municipais de artes populares, ele informa aos congressistas que ainda espera uma resposta e observa que o ministro convidado não se fez representar. "A experiência que vivi", aponta por fim, "provou-me que é extremamente difícil impor qualquer coisa a esses senhores antes que tenham a certeza de que seja conforme às suas intenções." Enfim um orador de Chambéry estima que a nova federação "terá o mérito de fazer entender aos que não o entenderam, que a cultura se encontraria antes nas fábricas, nas cidades francesas, do que no escritório de um ministro, mesmo que decorado com um quadro de Renoir".

As informações que, por sua vez, o ministro recebe sobre esse primeiro congresso não podem lhe trazer uma imagem positiva. O presidente fundador da Associação Cultural de Franche-Comté, Risset, envia ao diretor do gabinete do ministro uma nota sobre o congresso que, sem ser negativa, adverte todavia que "não está seguro que sua concepção estreitamente municipal os torne independentes da política das municipalidades e da política em geral". De qualquer maneira, o presidente da novíssima Federação, Michel Durafour, encontra-se com Pierre Moinot no outono. Até mesmo André Malraux lhe concede uma audiência no dia 29 de dezembro de 1960.

É em 1961, após o segundo congresso, reunido de 17 a 19 de março em Paris, que se cristaliza um conjunto de percepções e de cobranças mútuas, de reivindicações e de recusas ou esquivas, todo um esquema de ataques e de contra-ataques, que perdura até 1966. O ministro encontra-se, nessa ocasião, representado por um membro da administração do teatro cuja reorganização está em andamento. Seu relatório, transmitido a Pierre Moinot e ao gabinete, é arrasador. Esmera-se em pintar a atmosfera, o estado de espírito e as intenções dos congressistas para ajudar sua administração a fixar uma atitude em face da Federação. Encontram-se no relatório todos os elementos que organizarão os juízos do Ministério sobre a FNCCC até 1966:

1. veem-se estigmatizadas múltiplas manifestações de desconfiança e de desprezo a respeito de Malraux, de seus representantes e do Ministério em geral;
2. as preconizações da Federação em matéria de política cultural são confusas e de qualquer modo diferentes ou até mesmo opostas àquelas do Ministério, principalmente a propósito do papel soberano que a Federação pretende outorgar às municipalidades e da sua concepção do centro cultural, que mistura o que o Ministério pretende justamente separar, isto é, a agência municipal, casas das associações, MJC, casa da cultura;
3. o Ministério suspeita da natureza essencialmente política das motivações dos representantes eleitos locais que integram a FNCCC e principalmente dos seus dirigentes – a defesa da liberdade das comunas e a crítica aos "mestres pensadores" do Ministério escondem veleidades de dirigismo municipal;
4. os membros da Federação, seus responsáveis e, de modo geral, os eleitos que asseguram representar são incompetentes;
5. os procedimentos que a FNCCC emprega para obter a requisitada audiência do Estado são indelicados, até mesmo desonestos, e eivados de má-fé.

Nos primeiros dias de outubro de 1961, um encontro entre Michel Durafour e dois colaboradores de Pierre Moinot, Jean Rouvet e Michel de Saint-Denis, fixa finalmente as posições respectivas de cada um e a consciência mútua, malgrado os propósitos convencionados, de seu caráter irreconciliável. Uma guerra de seis anos abre-se assim, durante os quais os dois protagonistas trocarão "golpes" segundo diversas modalidades. Às vezes, passando pelos canais oficiais da carta ou do intercâmbio público, respeitam "regras normativas" e assumem a forma de demanda legítima e de resposta técnica, envolvendo-se numa retórica de polidez oficial e de neutralidade administrativa, em que transparecem ocasionalmente algumas amabilidades forçadas. Outras, passando pelas vias oficiosas do comunicado interno e das correspondências confidenciais, os "golpes" integram, sem disfarce, as "regras pragmáticas"[3].

Se o objetivo geral do conflito é o reconhecimento da FNCCC pelo

---

3 Retomo aqui a distinção de Bailey entre regras normativas, linhas gerais de conduta submetidas à exigência da aceitabilidade pública e regras pragmáticas que, respeitando ou transgredindo discretamente as precedentes, somente se orientam pela exigência de eficácia. Cf. F. G. Bailey, *Les règles du jeu politique*, Paris: PUF, 1971, pp. 17-8.

Ministério na qualidade de representante das comunas, a batalha não deixa de se desenrolar em várias frentes – correspondendo à variedade de "golpes" cujo êxito ou fracasso constituem questões táticas –, ora simultâneas, ora sucessivas. A fixação e a natureza das relações entre os dois protagonistas conformam uma primeira questão. Ao assédio dos pedidos de audiências, de indagações e de reivindicações da FNCCC, opõem-se as táticas de recuo, de recusa polida ou de diversionismo do Ministério. A definição de uma política dos equipamentos culturais constitui o centro de uma corrida entre os dois adversários. Chocam-se em seguida quanto às condições da execução da política definida pelo Ministério. Finalmente, como tela de fundo dessas batalhas cujas razões de ser evoluem em certos casos, subsiste o anseio da FNCCC de acrescer o número de sócios e fazer valer seu crescimento contra a administração da Rue Saint-Dominique, que, por sua vez, replica contestando o significado desse número, sem deixar de observar seu crescimento.

Assédio e esquiva

É em primeiro lugar por um verdadeiro assédio de cartas, até mesmo de chamadas telefônicas, que a FNCCC, notadamente seu presidente, manifesta sua tenacidade e sua combatividade. Pedidos de informações, indagações, convites ao ministro e aos seus representantes para o congresso e para as reuniões do escritório ou do conselho de administração, além de pedidos de audiência, não vão cessar de se acumular ao longo desses anos. Essa tática, que vale pela constância, é embaraçosa e sobretudo irritante para a administração. Ela deve uma resposta a uma associação cujos membros se beneficiam da legitimidade eleitoral e aos parlamentares que, por correio, perguntas escritas ou orais no Parlamento, respaldam os pedidos de subvenções e de reconhecimento da representatividade da FNCCC. Essa resposta, ademais, possui valor público. Deve vestir-se de neutralidade administrativa e apoiar-se em argumentos legitimados pelas regras administrativas ou pelas orientações do governo. Mas a principal dificuldade provém de que essas respostas valem tanto pela relação que alimentam quanto por seu conteúdo. De fato, para a FNCCC, que pretende obter o reconhecimento de um papel intermediário entre o Ministério e o conjunto das comunas francesas, a multiplicação das trocas de que toma a iniciativa tem como objetivo, queira ou não o Ministério, ser instaurada *de facto* em interlocutor deste último. A troca é "performativa" e não somente "descritiva", para tomar de empréstimo a linguística pragmática[4].

No caso, o Ministério deve responder furtando-se, multiplicando por sua vez as manobras de esquiva. Assim, desde maio de 1961, diante dos pedidos

---
4   Cf. J. L. Austin, *Quand dire, c'est faire*, Paris: Seuil, 1970.

de audiência que Michel Durafour reitera por cartas e por telefone, diretamente e por pessoas interpostas, junto a Jean Rouvet e a um membro do gabinete, Pierre Moinot pede a Jean Rouvet que aceite um encontro apesar das reticências deste último, porque "é bom", enfatiza Pierre Moinot, "que seja o senhor para termos um grau de segurança[5]". Aos convites para os congressos, o Ministério pratica a política da cadeira vazia ou manda representantes cuja posição só compromete ligeiramente a administração e cuja participação não passará da observação passiva. No tocante aos sumários dos congressos, às estatísticas, "é preciso confirmar recebimento sem comentários", ordena Émile Biasini em 1962[6]. Trata-se pois de responder, já que é preciso, mas sempre amenizando a importância da relação, tal um fraco eco, e cuidando para não permitir insistência suplementar ou algum compromisso. Linha de ação suficientemente delicada para que, no detalhe, a escolha da boa resposta pudesse dar margem a hesitação ou desacordo. Finalmente, aos pedidos de subvenções são opostas ou bem uma impossibilidade técnica, ou bem a incompetência da administração no tocante ao assunto em pauta.

CORRIDA PARA A DEFINIÇÃO DE UMA POLÍTICA

É preciso sublinhar que esse jogo de assédio e de esquiva começa, no início dos anos 1960, num contexto singular. O Ministério é quase tão jovem quanto a FNCCC. Afora a personalidade do seu ministro, de resto contestada, a administração da Rue Saint-Dominique não se beneficiava de nada que pudesse assentar uma credibilidade e uma autoridade: o passado e suas obras, um orçamento e um aparelho administrativo imponentes. Pelo contrário, trata-se de uma administração jovem, pobre em pessoal, cujos recursos orçamentários não alcançam nem de longe a amplitude das missões confiadas. Pouco numerosos seriam aqueles que, em 1960 ou 1961, apostariam na sobrevivência do Ministério. Além do mais, o verão de 1961 é catastrófico para a *Rue* Saint-Dominique. Após o êxito promissor do primeiro semestre durante o qual Pierre Moinot e sua equipe convenceram a comissão do "equipamento cultural e do patrimônio artístico" do Quarto Plano do acerto da política de implantação das casas da cultura e obtiveram a inscrição no Plano dos créditos necessários, o Ministério das Finanças só concede a esse projeto a metade dos montantes previstos para 1962. Pierre Moinot, desapontado, deixa o Ministério e recusa-se a assumir a chefia da Diretoria do Teatro, da Música e da Ação Cultural (DTMAC), cuja criação preparara. Émile Biasini o substitui em setembro de 1961.

---

5   Comunicado de Moinot a Rouvet, em 5 de maio de 1961.
6   Anotação manuscrita e assinada constando de um comunicado de três páginas de Sellier, chefe do Serviço da Ação Cultural.

A FNCCC está consciente da fraqueza desse Ministério, e é informada do último contratempo sofrido; ri-se do acontecimento, percebe nele uma oportunidade como também uma fonte de interrogação quanto à escolha de sua linha de ação. As reuniões do escritório e do conselho de administração dos dias 7 e 8 de outubro de 1961 são determinantes a esse respeito. Em vez de solicitar diretamente ser ouvida pelo Ministério dos Assuntos Culturais, frágil e reticente, entra-se em acordo quanto à necessidade de lançar o mais rápido possível uma consulta junto às comunas e propor um plano de equipamento cultural para o conjunto do território às autoridades (ministérios, parlamento, associações de prefeitos da França). Em resumo, trata-se de obter o reconhecimento do Ministério, contornando-o no mesmo lance, com propostas aceitáveis aos olhos de outras instâncias administrativas ou políticas. Alguns membros da Federação, no curso das discussões, indagam até, tendo em conta a fraqueza da administração de André Malraux, se não seria preferível mudar o alvo e buscar o reconhecimento e as subvenções da parte do Alto-Comissariado para a Juventude e os Esportes. Um curto debate a respeito instaura-se sobre o tema durante o conselho de administração de outubro de 1961. O Ministério dos Assuntos Culturais, porém, permanece o interlocutor alvejado com prioridade. A Federação deve jogar com sua fraqueza, impor seus pontos de vista e, desse modo, contribuir para repor no bom caminho, para além do destino do ministro, o jovem ministério. Este, por sua vez, está consciente de sua fragilidade e anota as queixas de autoritarismo e de imposição pelo alto (por "mentores intelectuais") de uma política cultural, às quais sua juventude e sua estratégia de esquiva o expõem. Imagina-se que a administração não era insensível a tais queixas no clima político dos dois primeiros anos da Quinta República[7]. Percebe-se assim, ainda para o Ministério, a necessidade de antecipar a Federação, de provar o acerto da política de Malraux pelo exemplo, instalando e pondo em funcionamento o mais rapidamente possível as casas da cultura, que naquela altura não passavam de projetos.

A INTERCESSÃO NA EXECUÇÃO

Todavia, desde essas mesmas reuniões de outubro de 1961, quando a Federação pensa poder substituir o Ministério como força de proposição e almeja a elaboração de uma espécie de contraplano cultural, os primeiros sinais de sua própria fragilidade aparecem. O primeiro empreendimento comum às cidades associadas, uma exposição itinerante das obras de pintores locais, selecionados por uma dezena de cidades, resultou num

---

7 A nova constituição e a política do presidente De Gaulle foram fortemente acusadas de autoritárias pela oposição, principalmente nesses primeiros anos. [N.T.]

balanço mitigado. Um projeto de colaboração entre cidades para a programação de espetáculos de teatro vê suas ambições reajustadas para baixo. Se a Federação pretende seguir seu objetivo de facilitar a colaboração cultural entre cidades, terá alguma chance de ser bem-sucedida menos por obras próprias do que intercedendo por elas junto ao Ministério dos Assuntos Culturais, e isso no que diz respeito a projetos de equipamentos.

Essa situação reforça-se no ano seguinte. Nenhuma iniciativa da Federação conseguiu fazer avançar sua causa. Pelo contrário, o Ministério, principalmente a DTMAC, forjou, sob o comando de Émile Biasini, uma nova doutrina e viu seus projetos avançarem. Quaisquer que sejam as iniciativas da FNCCC, o Ministério tem um lance de dianteira e impõe sua definição da política das casas da cultura. O propósito da batalha desloca-se, pois, da definição para a execução dessa política. Na ocasião do seu terceiro congresso, reunido em Nantes em maio-junho de 1962, a FNCCC percebe essa inflexão. A nova orientação consiste, doravante, em impor-se como perito e defensor das cidades, para a realização do programa de implantação das casas da cultura, entre as municipalidades e o Ministério. Este logo se inquieta com a recepção do relatório relativo ao congresso. O chefe do Serviço da Ação Cultural, Sellier, que comenta para o seu diretor este relatório, anota a presença, no comitê e no CA (conselho administrativo) eleitos durante o congresso, de representantes da maioria das cidades onde o Ministério conta implantar casas da cultura. A administração pode temer assim a influência, até mesmo a intervenção da Federação sobre a quase totalidade dos projetos que lhe importam. Três meses mais tarde, no fim de setembro, o Ministério recebe duas cartas da FNCCC. A primeira, do seu secretário-geral, Mounier, pede "a lista das cidades escolhidas pelo Ministério dos Assuntos Culturais para a implantação de casas da cultura"[8]. A segunda, assinada pelo seu presidente, chama a atenção para "observações, reservas e sugestões" do birô, reunido em 15 de setembro, acerca do projeto de estatutos das associações gerindo as casas da cultura, que o ministério difundiu. O papel subordinado fixado por esses estatutos, tanto para as municipalidades quanto para as associações e agrupamentos locais, inquieta a Federação, "inquietude que o comitê e o CA da FNCCC fazem questão de assinalar aos sócios da Federação [...] o comitê irá preparar um pré-projeto de contraposição para os estatutos de casas da cultura"[9]. A FNCCC apresenta-se, assim, explicitamente como uma espécie de contraperito junto às comunas com as quais o Ministério é suscetível de cooperação. A ameaça é

---
8   Carta de 21 de setembro de 1962, recebida no dia 24.
9   Carta de 26 de setembro de 1962, de Durafour a Malraux.

claramente percebida pela Rue Saint-Dominique, onde é decidido que sejam comunicados apenas os nomes das cidades que acolherão seguramente uma casa da cultura:

> Não seria melhor só lhes indicar as implantações asseguradas? De toda maneira tentarão intervir – quer nós lhes comuniquemos a lista das casas que desejamos, quando procurarão persuadir essas municipalidades de que eles [os entes da Federação] ainda possuem um papel nessa escolha e para acelerar seus pedidos, o que nos retirará toda possibilidade de modificar o programa conforme as circunstâncias, quer não a comuniquemos, quando suscitarão demandas das municipalidades que não pensamos equipar no quadro do Quarto Plano. De todo modo, irão nos atrapalhar consideravelmente e atribuir-se um papel[10].

Mas as inquietudes do Ministério atenuam-se já no ano seguinte. Insuficientemente informada, a Federação pode dificilmente se interpor de fato. Mas, antes de tudo, a principal ameaça que advinha da presença no seio de suas instâncias dirigentes da maior parte dos adjuntos das cidades candidatas e sondadas para a abertura de uma casa da cultura esvanece-se. As posições tomadas em comum pelos associados da FNCCC têm pouca influência sobre a sua atitude diante dos projetos do Estado nas suas comunas. Como escreve Émile Biasini ao seu ministro no término do quarto congresso da Federação:

> Cada um dos membros, quando age por conta de sua própria coletividade, está prestes a trabalhar diretamente conosco, o caso acabou de se verificar em Chalon-sur-Saône onde o senhor Girard, nem bem saído do congresso, subscreveu plenamente as nossas propostas e se declara pronto para participar de uma criação de casa da cultura segundo as normas, no espírito e com os métodos do Ministério[11]

Incapaz de impor uma disciplina de comportamento aos seus membros, a FNCCC é por conseguinte impotente para obstar os projetos do Ministério.

---

10 Apontamento de Sellier a Rouvet e Biasini de 28 setembro de 1962, associado à carta de Mounier de 21 de setembro. Não encontramos a resposta do Ministério à carta de Durafour de 26 de setembro.
11 Apontamento de Biasini ao ministro, em 27 de maio 1963. Já em 1961, a administração preocupava-se em distinguir entre os dirigentes da Federação aqueles com quem parecia possível entender-se.

FAZER NÚMERO

Em face da recusa de reconhecimento da administração, a FNCCC não pôde, dessa maneira, impor-se nem como força de proposta alternativa nem como intercessora entre as municipalidades e o Ministério. Conseguiu, apesar de tudo, agrupar um número crescente de associados. Cinquenta e uma cidades e associações culturais estavam representadas no congresso fundador de 1960. Cinco anos mais tarde, em 1965, conta 147 associados. Em 1966, à época do congresso de Toulouse, a Federação reúne 205 cidades associadas. A cada congresso, a progressão do número de aderentes, anunciada como inexorável, é exaltada. Os números são brandidos como o indicador quantitativo da "representatividade" da Federação. E é, aliás, em nome dessa representatividade "que não é discutível" e em nome "das inúmeras cidades" que aderem ou apoiam a Federação, que, durante uma sessão de novembro de 1963, na Assembleia nacional, Fernand Dupuy pede ao ministro que seja permitido à FNCCC ocupar um assento nas comissões que dizem respeito à ação e aos equipamentos culturais, especialmente aquela do Plano. André Malraux, após uma primeira resposta contornando a questão e uma nova indagação do deputado comunista, termina adiantando que seu anseio de abertura das casas da cultura não implicava que escolhesse "tal ou qual associação pouco expressiva para fazer dela o símbolo e a autoridade da cultura na França[12]". Mesmo esse baluarte da "expressividade" erguido pelo ministro contra a "representatividade" não impede que a administração se mantenha vigilante perante o crescimento dos associados e se regozije quando a realidade se mostra inferior às expectativas.

Na batalha acerca do número de associados, o jogo político é mobilizado, sem que se possa medir seu impacto exato, pelo viés da participação das cidades comunistas. É, ao que parece, Michel Durafour que utiliza primeiro a representação das cidades comunistas no seio de sua federação com fins táticos. Ao nascer, a Federação reúne comunas de todas as colorações políticas com uma maioria de centro-direita. Todavia, os associados comunistas formam muito rapidamente uma minoria importante. Os arquivos deixam rastros de uma operação tentada por Michel Durafour. Parece que tentou obter o respaldo da UNR (União Nacional Republicana, o partido que sustentava o governo e o presidente da República, Charles de Gaulle), agitando o espectro da influência comunista junto ao gabinete do ministro do Interior, Roger Frey. Teria, assim, alcançado com uma só manobra três objetivos: aumentar o número de aderentes e assim a representatividade da Federação, graças ao contingente das cidades UNR advindas

---
12 Assembleia Nacional, sessão de 22 de novembro de 1963.

para contrabalançar o peso das cidades comunistas; fortalecer, no seio da Federação, a maioria de centro-direita por meio da qual assegurava sua liderança; e finalmente, no mesmo gesto, contornava pelo viés de motivos políticos a resistência do Ministério[13]. Essa manobra fracassou, pois André Malraux advertiu o ministro do Interior[14]. Com isso, o Ministério encontrara um argumento político contra a extensão da Federação. Que eu saiba, só o utilizará, com parcimônia, dirigido a outros departamentos ministeriais, duas vezes pelo menos em 1963, numa correspondência para o gabinete do Ministério da Educação Nacional e, em 1966, em resposta a um pedido de informação do Ministério do Interior. É verdade que nesse meio-tempo o PCF havia apoiado oficialmente e por várias vezes a Federação diante dos poderes públicos através de seus parlamentares e de suas publicações.

Assim, apesar de sua tenacidade e do número crescente dos aderentes, a FNCCC não pôde fazer valer suas posições na administração nem contrariar as iniciativas desta última. Fracassou em desencadear a crescente espiral do reconhecimento de sua competência e da legitimidade da "mediação" que desejava configurar com a administração em nome do seu domínio sobre as cidades afiliadas, com essas mesmas cidades em nome do seu acesso e de sua influência no seio da administração.

BOA VONTADE CULTURAL E MÁ-FÉ

O fracasso da FNCCC na obtenção da ajuda e do reconhecimento, como "sindicato" das comunas, por parte do Ministério dos Assuntos Culturais não tem nada de surpreendente. Considerando que este não desejava conceder nem uma nem outro, a Federação se via incapaz de obrigá-lo. Sem apoio importante no plano central – isto é, no seio do governo e salvo o respaldo de alguns grupos parlamentares –, sem capacidade para impor aos seus membros uma disciplina suscetível de contrariar os projetos da Diretoria do Teatro, da Música e da Ação Cultural, a Federação não pôde fazer nada melhor do que inquietar e irritar um ministério que não tinha necessidade de um "representante" das comunas para obter a colaboração das quinze ou vinte municipalidades necessárias à realização do seu programa. Por isso, é menos a explicação do fracasso da Federação do que a causa da contenda que merece interesse. Podemos indagar, de fato, por que o Ministério fez

---
13 Apontamento de Y. Regnery, conselheiro técnico do gabinete de Malraux, a Loubet, diretor do gabinete, datado à mão, em 21 de maio de 1961.
14 Como atesta uma carta de um membro do gabinete do ministro do Interior, P. Chaubard.

tão pouco caso de um movimento de representantes eleitos locais favoráveis ao crescimento da intervenção cultural dos poderes públicos. Para além das divergências sobre a concepção dessa intervenção e da pretensão da FNCCC, inaceitável para o Ministério, ao monopólio da representação das comunas, não poderiam existir alguns entendimentos entre os dois voluntarismos culturais, o do Estado e o das municipalidades? Por que não poderiam, pelo menos em parte, fazer causa comum? Por que não pôde o Ministério senão opor uma recusa sistemática a todos os pedidos da Federação?

Pois a FNCCC partilha o objetivo principal do novo ministério, a democratização cultural. Vez ou outra, quando os dirigentes da Federação buscam a conciliação, essa comunidade de fins é lembrada. Em 1962, o professor Desmouliez, um dos quatro vice-presidentes da Federação, lembra a boa vontade dos representantes locais: "O Estado procura agir pelo melhor, com uma grande boa vontade [...] As repúblicas comunais formam a base logística de uma ação conjunta dos poderes públicos. Têm agora uma clara visão dos problemas a resolver [...] Dividimos uma imensa reserva de boa vontade"[15]. Um ano mais tarde, Michel Durafour retoma uma argumentação semelhante numa carta ao ministro: "Perseguimos a mesma meta. Nosso dever é respaldar-nos uns aos outros nessa ação comum"[16]. Esforços vãos, pois, no resto da carta, que o gabinete lhes repassa, Émile Biasini e sua administração verão apenas uma manifestação suplementar da má-fé dos dirigentes da FNCCC.

Tentaremos nesta parte responder às duas perguntas que as observações anteriores levantam: 1) por que os dois voluntarismos não se podem encontrar; por que nenhum entendimento, mesmo mínimo, é possível? 2) por que o desacordo se expressa sob a forma de mal-entendidos e de suspeitas de má-fé? À primeira pergunta responderemos mostrando que os dois protagonistas têm concepções do equipamento cultural e do quadro de intervenção dos poderes públicos não somente opostas, mas exatamente inversas, até mesmo exclusivas, uma da outra. Por outro lado, a administração da Rue Saint-Dominique pode ver nas concepções da FNCCC não apenas a imagem invertida da sua, mas também as concepções contra as quais sua formulação da política das casas da cultura pouco a pouco se subtraiu. Pois as posições da FNCCC, mormente sua concepção do centro cultural ou da casa da cultura, parecem-se muito com as do Ministério nos primeiros meses de sua existência. Finalmente, o tratamento da segunda pergunta nos encaminhará para a dimensão política do litígio.

---

15 Relatório de G. Desmouliez sobre "Os problemas culturais e os poderes públicos" no terceiro congresso, reunido em Nantes nos dias 31 de maio, 1º e 2 de junho de 1962.
16 Carta de 28 de maio de 1963.

As inflexões da concepção da casa da cultura[17]

A vocação que a FNCCC reserva para os centros culturais é o de agrupar as atividades culturais das associações de educação popular dispersadas na cidade e cujas iniciativas permanecem isoladas. A principal virtude do equipamento projetado é facilitar um agrupamento julgado propício à difusão da cultura. Essa noção da necessidade de locais comuns e de encontro das diversas atividades culturais promovidas no seio de uma cidade era, na época, uma noção difundida em várias comunas, e iniciativas semelhantes à criação da Federação haviam surgido nos anos 1950. Mas é igualmente a concepção que se tinha das futuras casas da cultura no gabinete de André Malraux, e no seio do Ministério, em 1959. Imaginava-se então que a democratização cultural seria facilitada, via as casas da cultura, pelo encontro entre associações culturais de amadores e artistas profissionais. Quando da primeira fase da formação dessa política, o Ministério não se afasta muita da imagem comum da casa da cultura tal como se sobressai das experiências da Frente Popular. Trata-se em primeira instância de um local onde amadores e profissionais, intelectuais e população, podem se inspirar e se enriquecer mutuamente.

Ora, é precisamente de tal imagem que Pierre Moinot, encarregado de formular a política das casas da cultura para apresentá-la diante da comissão especializada do Quarto Plano, se afasta, a partir do segundo semestre de 1960. Se o encontro entre associações de amadores e artistas profissionais continua sendo uma das missões da casa da cultura, perde a posição central que parecia possuir na concepção anterior e, ademais, é agora submetida a uma vigilância e a anteparos. Na primeira concepção do Ministério, que em 1960-1 permanece sendo a da FNCCC, a casa da cultura basta, como local até então indisponível, para juntar as iniciativas e tornar possíveis esses encontros. Encontros que parecem, pelo menos implicitamente, eficazes pela própria existência. Os amadores seriam puxados para o alto simplesmente pelo contato com os profissionais e pela qualidade de suas manifestações. Com a formulação detalhada e exaustiva da política do Ministério elaborada por Pierre Moinot e sua equipe, aparece o cuidado de proteger a casa da cultura da predominância eventual e da mediocridade do amadorismo. A proteção contra a mediocridade e "a essência expansiva" das associações de amadores locais repousa sobre três procedimentos: a relativização do papel dessas associações, a exigência da qualidade artística, a recusa de toda legitimidade representativa. Com Émile Biasini, que tem o encargo da

---

[17] Recordamos muito brevemente nesta parte o que foi longamente analisado no capítulo 3, "As três origens da doutrina", a partir da p. 51.

execução dessa política a partir de setembro de 1961, a desconfiança diante das associações locais aumenta, a presença de artistas profissionais à frente da casa se torna mais exclusiva e a rejeição aos amadores mais nítida.

Émile Biasini acentua as características do traçado proposto por Pierre Moinot para o Quarto Plano, de conformidade com a linha de ação que se fixou desde a sua posse na Diretoria do Teatro, da Música e da Ação Cultural. Com o aumento derrisório do seu orçamento para 1962 diante do crescimento dos subsídios beneficiando o Alto-Comissariado para a Juventude e os Esportes, adota uma estratégia "de exemplaridade diferenciadora", que consiste em diferenciar fortemente sua ação da administração concorrente, concentrando seus meios sobre algumas casas da cultura exemplares por sua validade artística e nitidamente discerníveis das MJC que o Alto--Comissariado estaria em condição de implantar em grande número.

CASA DA CULTURA CONTRA CENTRO CULTURAL

Por sua vez, a Federação possui uma definição de centro cultural comunal que, construída já na ocasião de seu congresso fundador de maio de 1960, permanece estável durante todo o período considerado. Trata de um equipamento cultural que, para além da sua função de local de acolhimento, é antes de tudo um instrumento de promoção e de apoio, de agrupamento e de coordenação dos meios das associações culturais locais. Eis por que, durante o congresso fundador, vários participantes remetem a uma proximidade com os serviços municipais de esportes ao mesmo tempo que Michel Durafour evoca, no seu discurso introdutório, as bolsas de trabalho e a câmara de comércio.

A função de agrupamento é fundamental. Num relatório sobre "O equipamento cultural do país" preparado para o segundo congresso reunido em Paris em março de 1961, é assinalado que os equipamentos culturais "clássicos" são insuficientes, funcionam independentemente uns dos outros. "É, pois, indispensável", segue o mesmo relatório, "criar as condições materiais de instalações decentes e reagrupar as diversas atividades culturais no seio de uma casa da cultura ou de um centro cultural." A indiferenciação advém muito simplesmente do fato que, até então, a imagem mais ou menos confusa que se tem das casas da cultura é essencialmente a de um local de agrupamento das atividades culturais.

Decorre daí uma segunda característica: o centro cultural reúne todas as associações culturais locais, o pluralismo não é limitado por uma exigência de qualidade artística ou cultural.

Terceira característica forte: embora comunal pela iniciativa e pela parte predominante da prefeitura no seu financiamento, o entendimento entre associações e entre associações e municipalidade é o princípio básico da gestão do centro cultural. Sua função de promoção, de facilitador da vida cultural não deve, como lembram os textos repetidas vezes, fazer dele uma entidade nova e autônoma frente às associações culturais que tem por função servir. Observemos por fim que, para antecipar a visão do Ministério, os artistas profissionais estão ausentes dessa concepção do centro cultural. Sem dúvida eles têm vocação para serem convidados, mas não possuem uma função específica e muita menos central[18].

Compreende-se facilmente que, desde 1961 e mais ainda em 1963 como consequência da evolução interna do Ministério, os membros da administração só conseguem ver nos centros culturais da FNCCC a aplicação dos princípios opostos àqueles que doravante regem as casas da cultura. É primeiramente à ausência de exigências que os administradores são sensíveis. Lebeau, em seu relatório sobre o segundo congresso, sente-se chocado na ocasião pela exposição itinerante de pintura, organizada pela Federação em 1961, que lhe "pareceu de uma banalidade e mediocridade aflitiva. Mas é principalmente o anseio de reunir todas as associações culturais locais sem exclusão que contradiz a exigência de qualidade e, logo, de seleção. Jean Rouvert explica ao comitê da Federação em outubro de 1961: a casa da cultura tal como a concebe o Ministério não é "uma casa das sociedades como parece desejar a FNCCC"[19].

Em setembro de 1962, a FNCCC, tendo realizado o exame dos estatutos das casas da cultura elaborados pelo Ministério, registra sua divergência em relação aos centros culturais. Explica ao Ministério que os dois equipamentos "poderão e deverão coexistir em cada cidade, o reagrupamento das associações locais permanecendo a seus olhos indispensável". Mas a coexistência interpretada dessa maneira não diminui a contenda, pois a Federação propõe no mesmo momento uma terceira via, "a de uma estrutura permitindo ao centro cultural ser o elemento de base do diálogo vital da casa da cultura[20]". Um comunicado de Michel Sellier endereçado semanas mais tarde ao seu diretor, Émile Biasini, analisa o reajuste progressivo das posições da FNCCC à progressão dos projetos do Ministério: "O centro cultural se torna então uma união das associações existindo localmente, esta união local transformando-se automaticamente em associação da casa da cultura no momento da

---

18 Na carta de 28 de julho de 1963, Durafour explica ao ministro que "na vida cultural da cidade moderna, cinco participantes aparecem primeiro: 1) as associações culturais; 2) os animadores; 3) o público não organizado; 4) o Estado; e 5) a cidade". O artista está ausente desta lista (o animador que a FNCCC deseja não é um artista).
19 Ata do comitê da FNCCC reunido em 8 de outubro, já citada.
20 Carta de 26 de setembro de 1962, de Durafour a Malraux.

finalização do edifício[21]". O Ministério não pode evidentemente aceitar uma fórmula que equivale a confiar às associações locais a gestão de casas cujos estatutos foram concebidos exatamente para afastá-las. Émile Biasini tem a oportunidade de reafirmar essas posições para o comitê da FNCCC com o qual se encontra em 15 de dezembro de 1962.

Definição da cultura e partilha administrativa

Há outro aspecto que separa a FNCCC da administração da cultura. A Federação tem uma concepção da cultura que ignora as distinções sobre as quais o Ministério fundamenta sua própria definição. André Malraux não cessou de distinguir a cultura e as missões do seu ministério, ante os refinamentos das belas-artes, diante do problema do uso dos lazeres e da educação. Inversamente, a Federação não dissocia nunca sua ação em favor da difusão da cultura, dos problemas da educação e da ocupação do tempo livre. Assim, a difusão da cultura é considerada por ela como o prolongamento da escolaridade e, desde o congresso fundador, Michel Durafour situa a ação da Federação no desafio lançado pela evolução da parte do tempo de trabalho e daquela do tempo livre. Vários fatores concorrem para o desconhecimento, e posteriormente para a recusa da partilha entre cultura, educação e lazeres que o Ministério faz questão de instaurar. Em primeiro lugar, os representantes locais não têm, como o Ministério, um problema de demarcação em relação às administrações concorrentes e, pelo contrário, encontram no plano comunal um problema de integração. Em segundo lugar, e principalmente, porque os membros da Federação, na sua maioria conselheiros adjuntos dos prefeitos, são lotados seja na educação popular, seja nas belas-artes, o mais das vezes em ambos ao mesmo tempo. De fato, nesse particular participam do espírito da Educação Popular, consideram que a aquisição do saber, a formação do gosto para as artes e a prática das artes manuais, embora pertencendo a registros diferentes, concorrem ao mesmo enriquecimento.

Por não partilhar a definição restritiva da cultura do Ministério encarregado dos Assuntos Culturais e preocupada com a integração das atividades no plano municipal, a FNCCC contesta muito rapidamente a validade das partilhas administrativas dos ministérios e se interroga sobre a diferença dos seus respectivos equipamentos. No congresso fundador de 1960, a dualidade dos Ministérios da Educação Nacional e dos Assuntos Culturais é percebida como fonte de confusão pelas municipalidades[22]. A qual dos dois devem remeter-se? Em abril de 1963, Michel Durafour convida André Malraux e Maurice Herzog a

---

21 Apontamento de Sellier, 12 de outubro de 1962.
22 Ata do congresso fundador de 1960, p. 47.

enviarem para o próximo congresso, que deve reunir-se daí a um mês em Dijon, um representante de sua administração para expor seus respectivos pontos de vista quanto ao equipamento cultural. Durante o quarto congresso, as explanações do diretor do Centro Dramático de Borgonha, representando a administração da Cultura, autorizam um seco esclarecimento por parte da Federação:

> O senhor apresentou uma doutrina que me teria sido exposta pelo ministro de Estado. Não vejo nem onde, nem quando, essa comunicação me foi feita. [...] Existe certamente uma diferença entre uma casa de jovens e outra da cultura. Em que consiste? As explicações do senhor Biasini, no seu relatório, não mereceriam um esclarecimento? O senhor alto-comissário para a Juventude e os Esportes está de acordo com a definição do senhor diretor da Ação Cultural para o Ministério de Estado?

Finalmente, no término do congresso, uma moção é votada em favor de uma "cooperação efetiva" entre os Ministérios da Educação Nacional, dos Assuntos Culturais e do Alto-Comissariado para a Juventude e os Esportes beneficiando as comunas. Dez dias depois, Michel Durafour reforça sua posição numa carta a André Malraux, solicitando um encontro para dissipar a irritação provocada por mal-entendidos.

> Devemos entender que uns e outros estamos perfeitamente cientes de uma doutrina formal do ministério de Estado? Com toda honestidade, não penso assim. Por certo, lemos a notável exposição apresentada, no quadro do Quarto Plano, pelo senhor Moinot. Vários dentre nós recebemos o relatório do senhor Biasini. Estes dois documentos não coincidem com exatidão. Torna-se indispensável um esclarecimento. Afora a doutrina, problemas práticos se colocam. Uma confusão factual existe entre as MJC e as casas da cultura. É desejável não desencorajar as boas vontades locais confrontando-as com uma maçada administrativa inútil. Uma confrontação entre um representante qualificado do Ministério de Estado e um delegado do Alto-Comissariado para a Juventude e os Esportes teria permitido esclarecer o debate. De qualquer maneira, será preciso chegar a isso, o interesse geral o exige[23].

Em resposta, o gabinete do ministro assegura que a ação do Ministério está bem definida pelo relatório de Émile Biasini – trata-se de *Ação Cultural, ano I* – e que este receberá os delegados da Federação desde que ela o julgue útil.

---

23 Carta de 28 de maio de 1963, de Durafour a Malraux.

A resposta polida do gabinete atenua a tensão real entre a Federação e a administração da cultura, que atinge seu apogeu e se transforma num conflito pessoal entre Émile Biasini e Michel Durafour. Contestar a clareza da doutrina do Ministério ao mesmo tempo em que detecta as nuances que separam as opções de Pierre Moinot daquelas dos seus sucessores à frente da política das casas da cultura, afirmar o parentesco das MJC e das casas da cultura, pedir a coordenação e a colaboração dos Ministérios dos Assuntos Culturais e do Alto-Comissariado para a Juventude e os Esportes é, de fato, contestar todo o trabalho de definição, isto é, de separação, que o Ministério empreendeu por etapas sucessivas desde 1959 e cuja doutrina elaborada por Émile Biasini constitui o término. A administração da Cultura não vê nos pedidos de esclarecimento da Federação nada mais do que ignorância fingida e má-fé. Porém, para o observador, a má-fé é a face psicológica e tática de duas maneiras de pensar radicalmente opostas que se enfrentam sem disporem de linguagens diferentes para expressarem-se[24].

Se a batalha pelo reconhecimento, descrita na primeira parte deste texto, duplica-se, assim com uma batalha sobre o sentido das palavras e sobre as nomenclaturas, é que também possui como pauta a imposição de categorias construindo e legitimando um setor de intervenção pública. Qual é a condição da afirmação feita pelo presidente da FNCCC quanto a uma diferença nem clara nem evidente entre MJC e a casa da cultura? É mentirosa ou sincera? Se for restituída ao seu contexto, em maio de 1963, forçoso é responder que tem a ver com os dois registros. É por assim dizer uma "má-fé justificada". Pois, esta altura, no início das casas da cultura, a afirmação de uma diferença essencial entres essas casas e as MJC e a negação dessa diferença são, ambos, "atos de linguagem" mais "performativos" que "constatativos". Constroem mais a realidade de então do que a constatam ou descrevem.

Protestos de boa vontade e suspeitas de má-fé traduzem assim, para além das divergências sobre a concepção de um equipamento, a incompatibilidade entre uma política de Estado que tende a impor no plano local o recorte de um novo "setor" cultural e um projeto municipal de sustentação de integração, no plano comunal, do conjunto dos movimentos ou grupos locais portadores de iniciativas culturais[25].

---

24 Cf. p. Veyne, *Les Grecs ont-ils cru à leurs mythes?*, Paris: Seuil, 1983, pp. 52-68.
25 Tensão no centro da formação como das mutações das políticas públicas, cf. P. Muller, "Les politiques publiques entre secteurs et territoires", *Politiques et Management Public*, set. 1990, vol. 8, nº 3.

POLÍTICA E REPRESENTAÇÃO

Essa contradição, que aparece então entre um "setor cultural", imposto pelo novo ministério para a definição e a execução do que está se tornando a política cultural do Estado, e a "vocação cultural da cidade" defendida pela FNCCC, tem também uma dimensão política. Em dois sentidos. Primeiramente, essa contradição diz respeito tanto ao objeto de suas intervenções quanto ao "sujeito" dessas políticas. Mais exatamente, o que está em causa é, em primeiro lugar, a legitimidade e o papel do Estado e de sua administração, assim como os das comunas e dos seus representantes, na intervenção pública em favor da cultura. Em segundo lugar, é igualmente o lugar reservado nesses projetos às formas de representação da sociedade que opõe o Ministério à FNCCC.

A administração e a FNCCC divergem radicalmente sobre os papéis respectivos do Estado e dos representantes eleitos municipais, o primeiro dos quais o do prefeito. Desde 1961, depois do segundo congresso, o relatório de Lebeau ironiza a respeito do "homem de confiança – o homem que conhece exatamente as necessidades e as possibilidades de suas crianças –, o prefeito assistido por seus conselheiros municipais" que os oradores opõem a Malraux e aos seus "mentores intelectuais". As anotações deixadas pelos administradores da Rue Saint-Dominique sobre os textos da conferência, intitulada "A vocação cultural da cidade", que Michel Durafour pronunciou durante o segundo congresso são especialmente significativos. Passagens sublinhadas, comentários e pontos de interrogação testemunham a mescla de espanto, de divertimento e de irritação que suscitam ideias exatamente opostas às convicções da administração. É muito difícil acreditar que "os prefeitos, as associações locais, seus animadores [...] são os guardiões por excelência das liberdades fundamentais e os únicos a conhecer as necessidades, logo os únicos capacitados para promover uma ação eficaz e coerente", ou a admitir que "o grupo comunal é ao mesmo tempo o alicerce da nação e sua consciência". A Federação entrega à "cidade" a confiança, a legitimidade e as capacidades de ação esclarecida sobre a sociedade que a administração atribui exclusivamente ao Estado. A afirmação de Michel Durafour, sempre na mesma exposição, segundo a qual "o prefeito, uma vez eleito, despoja-se muito rapidamente da sua personalidade política; torna-se em primeiro lugar um administrador e um árbitro" provoca, na margem, três pontos de interrogação. A administração da Cultura não consegue ver, no plano municipal, a separação entre vontade política e politicagem que encarnam então, no plano do Estado e para toda uma geração de altos funcionários, as figuras de Mendès France[26] e De Gaulle, e, à frente do ministério, de Malraux, que recusará qualquer mandato eletivo. A vontade política do representante local, árbitro e garantia das liberdades contra o Estado segundo a Federação, esconde aos olhos dos membros da DTMAC intenções politiqueiras e a ambição de um controle municipal da cultura. Suspeitas que, no caso, a administração pode assumir como críveis, tanto pela manobra do senhor Durafour junto ao Ministério do Interior quanto pela preocupação da Federação em não reduzir a influência das municipalidades na gestão dos centros culturais ou das casas da cultura.

Por sua vez, a Federação não contesta ao Estado o direito de intervenção, do qual, não esqueçamos, espera financiamentos e reconhecimento, mas sublinha a necessidade de controlar suas modalidades. Vimos que, desde o congresso fundador, o apego às liberdades tradicionais se via proclamado como se estivessem ameaçadas pelo Estado. À época do terceiro congresso, em junho de 1962, em Nantes, dois relatórios ligam a liberdade da cultura aos limites do domínio do Estado. Bernard Lerat, lotado no ensino superior, adjunto do prefeito de Nantes e vice-presidente da Federação, julga arriscada a intervenção oficial do Estado na "formação dos quadros e dos animadores dos centros culturais comunais" à qual consagra seu relatório. O animador não deve ser o "representante espiritual" de uma ideologia política momentaneamente no poder. É no modelo da autonomia das instituições perante os poderes políticos, a universidade e o Judiciário, que encontra os exemplos profissionais nos quais deveria se nutrir a formação dos animadores para que se tornem os fiadores da independência da cultura. Outro vice-presidente da Federação, igualmente ligado à universidade, adjunto do prefeito de Montpellier, Georges Desmouliez, apresenta no mesmo congresso um relatório sobre "Os problemas culturais e os poderes públicos". Se reconhece ao Estado um papel de fiador da qualidade além daquele de doador de fundos, a evocação da liberdade da cultura clama por uma indispensável descentralização da cultura que não deve consistir em "mandar por toda parte funcionários de Estado para administrar de cima a cultura, resolver por si só os problemas e impor seu próprio gosto, bom certamente, mas parcial".

A divergência quanto à articulação entre política da cultura e autoridade política, todavia, vai além da vocação, proclamada ou refutada, das cidades tomarem a iniciativa. Engloba também o lugar reservado à representação, não eleitoral, de grupos sociais que instituições e associações locais engendram. Eis aqui o obstáculo essencial que separa a casa da cultura do Ministério e o

---

26 Pierre Mendès France (1907-82), primeiro-ministro da França entre junho de 1954 e fevereiro de 1955. [N.T.]

centro cultural da Federação. A Rue Saint-Dominique vê na casa da cultura o lugar de encontro entre o artista ou a obra, portadores de universalidade, e a população. Exclui toda autoridade intermediária, sejam personalidades locais ou representativas. É o que explica Émile Biasini ao comitê da FNCCC em dezembro de 1963: "As casas da cultura estão abertas a todos, não há associação privilegiada; logo, a gestão não poderá ser confiada aos presidentes de associações. É desejável que os animadores das associações façam parte do comitê de gestão, mas na qualidade de pessoas competentes e não como representantes de uma associação ou atividade qualquer[27]". A entrada para todos exclui assim os "representantes". Da mesma maneira, o Ministério se mostra preocupado em evitar o controle sobre a gestão da casa por parte de personalidades locais "cultas". As figuras do médico pintor amador, do advogado letrado ou do universitário apreciador de música representam um verdadeiro bicho-papão no seio da Diretoria do Teatro, da Música e da Ação Cultural, pois encarnam aquilo contra o qual esta forja sua identidade, o espírito das belas-artes, isto é, aos seus olhos, o refinamento burguês e a mediocridade artística. Contra o representante associativo ou a personalidade local "culta", os textos da administração evocam a "personalidade cultural" – a "pessoa competente" evocada por Émile Biasini na citação precedente, isto é, o que só é notável pelas suas competências culturais reconhecidas pelo Ministério.

Esse último aspecto da divergência política entre os dois protagonistas revela o caráter paradoxal da disputa: a FNCCC não parou de solicitar o reconhecimento do Ministério dos Assuntos Culturais em nome da representatividade, quando é a própria validade da representatividade como fonte de autoridade que o Ministério questionava. Quando André Malraux, interpelado na Assembleia Nacional por Fernand Dupuy, opôs-se à significância da representatividade, não se tratava meramente de um expediente, era também a qualificação exata de uma incompreensão fundamental.

***

Voltemos um pouco e reposicionemos a disputa que acabamos de analisar no quadro mais geral das reformas administrativas e políticas da época. A ação do Ministério dos Assuntos Culturais inscreve-se plenamente no projeto de modernização da sociedade francesa que mobiliza, então, uma parte das elites. As características que Pierre Grémion atribui a esse movimento aplicam-se facilmente aos primeiros anos da política de André Malraux e sua

---
27 Ata da reunião enviada pelo secretário da FNCCC, A. Mounier, a Biasini em 29 de dez. de 1962.

equipe: antecipação do Estado sobre a sociedade, sustentada por pequenas redes trabalhando de modo "conspiratório" fora das grandes "instituições"; papel central do Plano, local de encontro e de debate entre as elites modernizadoras, a administração central e o Parlamento; relação ao que é político pelo viés de dois homens, Pierre Mendès France e Charles de Gaulle, cujo perfil excepcional encarna ao mesmo tempo a recusa da politicagem e o voluntarismo político[28]. Inversamente, embora se afirme imediatamente como modernizadora em nome de uma necessária antecipação sobre as necessidades culturais da nação, a FNCCC vê nas comunas a alavanca dessa modernização, apresenta-se como um movimento, um reagrupamento, não tem acesso ao Plano e é respeitosa em relação ao pessoal político tradicional, parlamentares e representantes locais (que, aliás, fornecem a maior parte de seus associados e a totalidade de suas instâncias dirigentes, comitê e conselho de administração). Porém é ainda quanto à articulação entre ação dos poderes públicos e modernização da sociedade francesa que a FNCCC e o Ministério dos Assuntos Culturais remetem de modo mais explícito a dois modelos diferentes.

A FNCCC, transformada rapidamente mais em um agrupamento de representantes locais do que de responsáveis por centros culturais, tanto por sua composição como pela procura do apoio político de grupos parlamentares, remete a um modelo político mais próximo da Quarta República do que do novo regime, associando reerguimento da França e executivo forte, livre do domínio do Parlamento e dos partidos políticos. O sucesso da exaltação das liberdades tradicionais das comunas perante o Estado durante o primeiro congresso manifesta certamente a parca afinidade dos primeiros associados da Federação com o novo regime. Inversamente, esses tinham provavelmente consciência da imagem pouco gloriosa que uma administração central dirigida por um dos fervorosos decantadores do gaullismo poderia ter de uma agremiação de representantes locais. Mas a divergência política é mais profunda e sobrevive à estabilização do Estado gaullista, como o ilustra uma última citação do professor Desmouliez:

> Em cada uma das nossas cidades, realizamos a união: as iniciativas numerosas, mas fragmentárias dos grupos privados, a ação municipal, isto é, a da "casa comum", o apoio simpático das autoridades regionais, a abnegação ardente e benévola do corpo docente, nós os reagrupamos, nós os associamos num concerto comum e numa eficácia geral[29].

---

28 Cf. P. Grémion, "L'échec des élites modernisatrices", *Esprit*, nov. 1987, pp. 3-8.
29 Relatório de G. Desmouliez, *op. cit.*

Essas poucas linhas resumem o espírito do projeto da FNCCC: voltar a dar vida à Educação Popular pelo sistema político-administrativo tradicional funcionando segundo um jogo de negociações entre administração regional, representantes eleitos e representantes de profissões ou de grupos sociais. Segundo este modelo, o centro cultural era, para a cultura, o equivalente da prefeitura: uma "casa comum". Inversamente, o projeto de André Malraux só conservou da Educação Popular o objetivo da cultura para todos, e fez dos artistas profissionais o vetor mais exclusivo de sua ação. Em nome da eficácia dessa democratização cultural, o Ministério concebeu as casas da cultura contra essa regulação tradicional, contra esse jogo de acertos e arbitragens locais presumindo o respeito das representações eleitorais e profissionais.

O exame desses cinco ou seis anos de diálogo de surdos e de batalha de luvas de pelica nem sempre macias mostra que a iniciativa do Estado encontrou muito cedo, para se opor a ele, um voluntarismo cultural municipal. É preciso dizer mais: a ação do Ministério não se chocou somente com representantes eleitos locais e associações; mas essa oposição contribuiu para definir a missão da administração. Os móveis do conflito com a FNCCC – e também os dos juízos negativos perante as associações da Educação Popular examinados no capítulo anterior – não residem apenas na cessão de subvenções ou do reconhecimento do Ministério; englobam os significados relacionados às ações de ambas as partes. O caráter ideológico da batalha torna-se manifesto quando o conflito termina por ter como tema o próprio significado do conflito.

Enfim, é preciso apontar que esse confronto não confirma a imagem, que se tornou lugar-comum para designar as políticas culturais locais, do conflito entre a liberdade do artista criador e a resistência medrosa dos vereadores. Todavia a confrontação prepara a vinda de uma nova situação que forjará essa imagem, na medida em que dará um eco considerável a uma evolução imprevista. Entre 1965 e 1968, os artistas profissionais, em sua maioria diretores de teatro que o Ministério nomeou para a chefia das casas da cultura e dos centros dramáticos nacionais, vão trocar de ambição e substituir o ideal do teatro popular pelo da criação. Os efeitos dessa conversão culminarão em 1968, mas terão repercussão sobre a ação da administração central do Ministério desde 1966. A FNCCC também será afetada pela ascensão dos "criadores", servirá mesmo de eco a ela, pois será durante encontros organizados conjuntamente pela FNCCC, Jean Vilar e a municipalidade de Avignon, em 1967, que Roger Planchon lançará, em nome dos "criadores", o seu "Queremos o poder".

III
A CATEDRAL E OS DEMIURGOS

Dizer que a política das casas da cultura foi uma política de equipamento é uma evidência, mas o significado da expressão "política de equipamento" merece uma explicação mais ampla[1]. De fato, as características das casas da cultura, número e disposição dos locais, princípios de funcionamento, variação dos tipos e repartição sobre o conjunto do território, são necessários à descrição desta política. Mas não bastam. É o que mostra o problema da apreensão da evolução da doutrina de Pierre Moinot a Émile Biasini. Já apontamos as principais inflexões: rechaço mais firme das associações de amadores; redução do número de casas da cultura; redução de sua variação a um único tipo. Porém há outra variação que fornece sentido a todas elas. É de fato o papel e *a questão do equipamento e do seu diretor-animador no conjunto da política que evoluíram*. Deixaram de ser apenas elementos entre outros de sua realização, parecem absorvê-la inteira. Sua qualidade torna-se a única garantia de sucesso. É sobre eles que repousa toda a sua eficácia. É a eles que se "delega" o tratamento de todas as dificuldades: desigualdade dos desejos de cultura; dificuldades de expressão dos artistas; relações com as associações e os representantes locais.

DO SONHO À UTOPIA

É notável que a "delegação" se acompanhe de uma evolução da concepção do equipamento. Este se "a perfeiçoa", mais exatamente sua exigência de perfeição cresce para poder absorver as obrigações que deve conciliar. Na origem, o prédio da casa da cultura tinha por função primeira reunir atividades dispersas, imaginamos sem dificuldade que tal reagrupamento devia adaptar-se aos dados próprios à cidade. Ao término da evolução da doutrina, o edifício constitui em si mesmo um operador da democratização para o qual o local da implantação é indiferente. O modelo arquitetural da casa da cultura "enrijece" porque, determinado unicamente por suas exigências funcionais, não tem mais necessidade de variar segundo as características de seu local de implantação. No início, o equipamento não passava de uma condição necessária para o reagrupamento; no final, torna-se quase uma condição suficiente. A potência causal emprestada ao equipamento confere ao discurso sobre a arquitetura da casa da cultura uma coloração utópica. Essa dimensão utópica merece um esclarecimento.

---

[1] Para uma reflexão sutil sobre as políticas de equipamento fundadas sobre as políticas socioculturais, ver C. Gilbert, G. Saez, *L'État sans qualité,* Paris: PUF, 1982.

O discurso sobre a ação cultural é quase sempre marcado por uma nostalgia da comunidade e de um temor da anomia social. O anseio por fazer da cultura um suporte de ação acompanha-se o mais das vezes da vontade de unir os membros de uma sociedade, de criar o laço social². Todavia, há múltiplas maneiras de conceber esse reagrupamento pela cultura. Para melhor situar aquela que foi fixada pela administração da Rue Saint-Dominique, podemos compará-la a outra maneira que encontramos tanto no artigo de Pierre-Aimé Touchard evocado num capítulo anterior quanto num autor menos conhecido dos especialistas de políticas culturais, Jean de Brunhoff, inventor das histórias de Babar³.

Relembremos que na sua descrição da casa da cultura dos sonhos, Pierre-Aimé Touchard evoca a preparação de uma representação dramática amadora. A população da cidadezinha reúne-se duas vezes: na primeira, na cooperação de todos os habitantes para montar o espetáculo, trata-se então de uma divisão de trabalho virtuosa que reúne em vez de separar, mantendo o significado de uma obra realizada em comum; na segunda vez, como público iniciado e ativo quando vem na comuna a "grande companhia parisiense". *O rei Babar* apresenta uma visão similar. Sabe-se que Babar, após ter descoberto a civilização na cidade dos homens, cria Célesteville, a cidade dos elefantes⁴. Ora, a instauração da cidade se completa com dois atos fundadores: a construção da cidade e a formação de uma divisão do trabalho pela distribuição de uma profissão para cada elefante. Ambos se tornaram possíveis pelos presentes de Babar aos elefantes: ferramentas para construir, "roupas resistentes para o trabalho". O conjunto é atravessado pela oposição, constantemente sublinhada e sempre potencialmente superada, entre o trabalho e a festa. Há apenas dois edifícios públicos – o palácio do trabalho e o palácio das festas⁵ –, que marcam e distinguem as duas atividades principais e coletivas dos súditos de Babar, mas, ao mesmo tempo, os dois palácios e as casas dos elefantes estão instalados em frente ao rio, como os assentos de uma sala de teatro ofertando a todos a vista da natureza e dos jogos aquáticos dos elefantes. A instauração das profissões reproduz o mesmo movimento: Babar oferece a cada elefante roupas de trabalho e "vestes soberbas para as festas". Sempre a mesma dualidade, de novo potencialmente diluída: a instauração das profissões é, na verdade, uma

---

2   Ponto sobre o qual E. Ritaine insistiu no seu livro *Les stratèges de la culture*, FNSP, 1983.
3   Elefante protagonista de histórias infantis ilustradas, que foram traduzidas para 27 línguas, entre elas o português. [N.T.]
4   Jean de Brunhoff, *Le roi Babar*, Paris: Hachette, 1939.
5   No frontispício do qual estão inscritos os nomes de cinco disciplinas exigindo o agrupamento do público: música, circo, teatro, cinema, dança.

distribuição de papéis, como no teatro; basta vestir a roupa do jardineiro para saber jardinar. O teatro ou a festa estão duas vezes presentes na história de Jean de Brunhoff e, tal como em Pierre-Aimé Touchard, reúnem duas vezes a população: uma primeira vez na fundação da cidade dos elefantes, que se cria como uma peça dramática; uma segunda vez no âmago da vida da cidade, como contrapartida do trabalho, no salão das festas.

A casa da cultura, concebida pelo Ministério a partir de 1962, só conserva do sonho de Touchard e da história de *O rei Babar* a segunda parte: são os elefantes reunidos na sala de festas sem a fundação da cidade; os habitantes da cidadezinha provincial reunidos como público da grande companhia de teatro, sem o preparo coletivo do espetáculo amador. Foi excluída a ideia de um trabalho prévio da sociedade sobre si mesma para que seus membros possam ser reunidos. Este trabalho é absorvido pelo equipamento, pela sua arquitetura, verdadeiro dispositivo de transformação social encarregado de igualar as condições do encontro com a arte, de suscitar e multiplicar os desejos culturais. Daí um cuidado firmemente mantido no tocante à arquitetura das casas da cultura[6] como testemunham os textos da administração que examinaremos no capítulo 6. É o papel de transformação social atribuído à arquitetura da casa que lhe dá uma conformação utópica. Pois o gênero da utopia não consiste apenas em criar para si um país imaginário, um não lugar, mas principalmente um local que é imediatamente ordenador da vida social[7].

DO AGRUPAMENTO AO ENXERTO

Autossuficiente e único, o equipamento tem necessidade de um diretor capaz de tratar todas as contradições sociais e estéticas que o rigor dos princípios de funcionamento da casa da cultura tem a capacidade de conter, mas não de absorver. O animador se torna um ser improvável e raro tal a soma de papéis contraditórios que deverá conciliar. O perfil requisitado torna-se tão exigente, a personagem capaz de se aproximar dele se torna tão excepcional, que sua presença por si só justifica a implantação de uma casa da cultura, lá onde se encontra e já exerce seu talento. Exige-se de fato um "milagre" do animador, como o indica este trecho de anotação, redigida em 1962, quando Émile Biasini já detém as rédeas da política das casas da cultura:

---

[6] Inversamente, Touchard pouco trata da arquitetura e Brunhoff é conservador – o salão de festas de Célesteville é um clássico salão à italiana, proscrito pelas casas da cultura porque demasiadamente relacionado a uma forma de hierarquia social.
[7] Cf. L. Marin, *Utopiques: jeux d'espaces*, Paris: Éd. de Minuit, 1973.

Dirigir uma casa da cultura significa reunir três feixes de qualidades que se encontram raramente num só homem: o sentido cultural (seria preciso escrever: o faro cultural), o gosto da direção e da organização, a paixão dos contatos humanos. Detectar, apreciar, avaliar as manifestações culturais de qualidade. Medir sua oportunidade, sua eficácia. Estabelecer relações entre elas, correspondência. Saber eventualmente apresentá-las, iluminá-las. Comunicar seu entusiasmo. Também: ordenar uma casa de muitas facetas. Reger o pessoal, compor o plano de gestão, assumir as responsabilidades econômicas pertinentes. E mais, criar uma corrente calorosa por todos os seus corredores e salas...

Ser o pai-hoteleiro, e o árbitro cultural da cidade, o pedagogo da cultura, e o diretor da contabilidade. Acolher o maior músico do país, e o camponês, visita hesitante e desconfiada.

Tudo isso já confirma a obrigação absoluta que se impõe de rapidamente, muito rapidamente construir uma casa da cultura em torno de todo diretor que corresponda a essa definição complexa, quando existe, quando o encontramos.

Tal experiência, de início, é um homem mais do que uma situação geral ou local. Só pode ser tentada e alcançar êxito lá onde tal homem soube criar, ou poderá criar, o clima milagroso de onde surgirá o impulso para a busca do progresso cultural de toda uma coletividade[8].

Esse trecho exige dois comentários:

O retrato do diretor de casa da cultura é aqui o de um animador polímata. É interessante observar que a multiplicidade dessas competências reúne as diversas dimensões da vida social e todas as camadas da população, o que sugere a capacidade de acolher os extremos, o maior músico do país e o camponês. Encontramos novamente as componentes do reagrupamento propiciado pela casa da cultura tal como a sonhava Pierre-Aimé Touchard. Porém, desta feita, a reforma da comunidade não provém mais de um ímpeto coletivo até então obstado pela disseminação das atividades e finalmente reassumido por um local suscetível de acolher "todas as atividades criadoras de uma pequena cidade". É sobre o diretor da casa da cultura que repousa a principal responsabilidade do reagrupamento. Animador

---

8 Trecho de um apontamento sob o Centro Nacional de Informação e de Difusão Cultural destinado a alimentar a resposta a perguntas do deputado Vayron, relator do orçamento dos Assuntos Culturais em 1962, art. 47, caixa 97.

polivalente, demiurgo, o diretor deve ainda absorver, com o equipamento, toda a potência causal necessária ao êxito da casa da cultura.

A anotação é também a justificativa do critério de escolha das cidades onde serão implantadas casas da cultura. As considerações relativas ao ordenamento do território são postas em segunda posição seguindo um critério de bom senso: já que o empreendimento só pode ter êxito com certos homens, deve ser situada lá onde estão e lá onde já começaram a se implantar. A condição primeira do reagrupamento pela casa da cultura é o enxerto bem-sucedido de um homem excepcional em um tecido social. E, em 1962, a Rue Saint-Dominique considera que esses homens excepcionais só estão disponíveis no meio teatral, mais exatamente no teatro popular e na descentralização dramática. Por quê? Esta é a pergunta à qual o capítulo "Os privilégios do teatro" tentará responder.

6. A casa: uma máquina virtuosa

> A casa da cultura deve ser a casa dos grandes encontros e dos grandes exemplos; uma grande máquina de luta contra as máquinas, os particularismos, os diletantismos; uma máquina para abrir os corações, os olhos e os ouvidos a fim de renovar as relações humanas.
>
> Gabriel Monnet, "Une machine à luter contre les machines", *Résonnances*, n° 139, março de 1965[1]

Desde as primeiras formulações da política das casas da cultura, a arquitetura e o equipamento das futuras casas estão no centro das reflexões. À primeira vista, é natural que seja assim. As casas da cultura não serão isso mesmo: "equipamentos culturais"? Todavia, há mais do que um interesse técnico pelo continente da ação cultural nas notas que, de 1960 a 1966, serão escritas sobre a arquitetura das casas da cultura e seu programa de construção. As casas da cultura são menos equipamentos que, como indica o seu nome, "casas" para as quais o problema das formas arquiteturais e o modo de habitá-las estão estreitamente ligados. Três questões estão associadas à arquitetura das casas da cultura:

1 - a casa da cultura é primeiramente importante em si pela sua beleza e força simbólica;

2 - além disso, cada casa da cultura, como edifício, inscreve-se numa cidade, e seu conjunto inscreve-se na totalidade do território nacional. A reflexão sobre a construção não deixa de considerar assim os problemas de sua integração na cidade ou de sua contribuição à ordenação do território;

3 - enfim, a arquitetura vale pelos seus efeitos. Todas as suas componentes devem concorrer para a eficácia social e artística da casa da cultura. Pelos seus espaços, a casa deve constituir uma máquina de democratização da cultura e de favorecimento da expressão artística.

A CATEDRAL, SÍMBOLO E OBRA DE ARTE

"Polivalente, acolhedora, tentadora, confortável e, nas suas formas arquiteturais, simbólica da qualidade das manifestações que abriga e do clima

---

[1] Citado por A. de Baecque, *Les maisons de la culture*, Paris: Seghers, 1967, pp. 61-2.

que mantém vivo, assim deve ser a casa da cultura."² Logo na segunda página do primeiríssimo documento relativo à construção e ao equipamento das casas da cultura são colocados em pé de igualdade as exigências funcionais internas do equipamento e o caráter simbólico de sua arquitetura. O continente deve refletir a imagem do conteúdo. Será, no exterior, o sinal do que o público poderá encontrar no interior. Independentemente da função simbólica e do cuidado com a homogeneidade ou solidariedade entre o continente e o conteúdo, há igualmente, aplicada à casa da cultura, a função de testemunho temporal associado à arquitetura que proíbe a mera e simples instrumentalidade do edifício. Encontramos aqui o tema caro a Malraux da arquitetura como rastro privilegiado, e às vezes único, de uma civilização, enaltecido em seu discurso pronunciado em Brasília, no dia 25 de agosto de 1959. Essa função é evocada desde 1963 por Émile Biasini no seu arrazoado em favor das casas da cultura diante dos membros do Instituto da Vida: "A sua realização imobiliária é fácil. Porém, seria preciso criar construções simbólicas de uma forma de civilização³". As casas da cultura entram, assim, num campo de preocupação arquitetural que as ultrapassa. Preocupação de Malraux que inspira a administração dos Assuntos Culturais como indica o lugar reservado à criação arquitetural na parte "criação artística" de um relatório redigido em 1964 ou 1965, no seio da Diretoria do Teatro, da Música e da Ação Cultural, tendo em vista o Quinto Plano:

> A criação arquitetural: é graças a ela que uma civilização expressa melhor sua marca no devir do tempo. É ela que subsiste, mesmo parcialmente, aos grandes cataclismos. É ela que constitui o mais eminente testemunho dos esforços criadores do homem.
>
> Ora, a visão arquitetural é atualmente difusa e imprecisa. Tal obra genial permanece isolada, por falta de inscrição num conjunto, enquanto grandes e audaciosas cidades surgem das estepes do Brasil ou sobre os contrafortes das montanhas mexicanas e indígenas.
>
> A busca de um estilo arquitetural preencheria certamente uma das carências mais notórias da França atual⁴.

É fácil imaginar desde logo a força de evocação da catedral que, não contente de ecoar a ideia de uma substituição da religião pela arte, tema

---
2   Programa da construção e do equipamento das casas da cultura, DTMC, 1962, doc. nº IV, p. 2.
3   Atas da reunião da comissão das casas da cultura, Instituto da Vida, 25 jun. 1963, AN, v. 840754, art. 1.
4   "A organização cultural do território" (esboço para o Quinto Plano).

recorrente dos escritos e discursos de André Malraux, acrescenta à obra de uma arte coletiva, francesa aliás, a vida espiritual que abrigava. Ressalvando a possibilidade de uma ocorrência anterior, o ministro dos Assuntos Culturais utiliza publicamente a imagem da catedral pela primeira vez em 1966, mas, dois anos antes, uma nota administrativa de 1964 assume que a casa da cultura "pode se tornar a catedral desta última parte do século, num tempo em que não mais se constroem grandes construções sagradas[5]".

A CASA NA CIDADE E NO TERRITÓRIO NACIONAL

Pierre Moinot havia proposto à comissão do "equipamento cultural e do patrimônio artístico" do Quarto Plano a seguinte classificação:

> casas com sistema de duas salas complementares, casas com salas polivalentes, casas utilizando uma sala existente ou cuja característica seria outra que não teatral, como Le Havre[6].

A comissão retomou com denominações ligeiramente diferentes e, como veremos mais adiante, variáveis, esses três tipos. Voltaremos a essa tripartição a propósito do lugar atribuído ao teatro nas casas da cultura. No momento, basta-nos constatar que Pierre Moinot e a comissão do Quarto Plano não previam, em 1961, um modelo único de casa da cultura. As razões dessas diferenças não são objeto de explicações circunstanciadas nos textos da época, mas podem ser facilmente deduzidas. A posição de Pierre Moinot parece relacionada a uma preocupação de adaptação ao que já existe, pela menção feita a uma sala existente. Por outro lado, como indica a citação precedente, tinha em mente a primeira casa da cultura, a do Havre, que se constituiu durante os meses em que teve que expor várias vezes sua visão diante da comissão do Plano. Ora, essa casa da cultura, a primeira, não dispõe de sala de espetáculos alguma e tem como edifício principal e centro de animação o museu, graças ao qual Reynold Arnould iria consagrar sua reputação. O relatório da comissão do Plano, por sua vez, associa a diversidade das casas da cultura à das condições locais para fins de experimentação. Desígnio de experimentação que parece ter sido comum à jovem administração da Cultura e aos membros da comissão:

---

5 Malraux declara na Assembleia Nacional, em 26 de outubro de 1966: "Tirante a religião, as casas da cultura são as modernas catedrais".
6 Citado no "Relatório sobre a execução do Quarto Plano" (1962-5), p. 36.

> Os princípios adotados em conclusão dos estudos conduzidos no seio da comissão foram objeto de um relatório da administração cuja leitura permite dimensionar o quanto esse empreendimento se apoiará sobre a experiência, tanto para a concepção dos locais quanto para as condições de gestão: o período do Quarto Plano será a fase experimental que verá nascer diversos protótipos; o plano seguinte será o das pré-produções.
>
> Nessa direção, três tipos de casas serão criados em condições locais tão variadas quanto possível[7].

Assim a completude do programa de construção e de equipamento analisado acima não impedia a abertura à experimentação de diferentes fórmulas, mormente em conformidade às circunstâncias locais, como ilustrava o caso, talvez não concebido como exemplar, mas apesar de tudo primeiro, do Havre. Parece, em especial, implícito nos textos anteriormente citados que os diferentes tipos de casas da cultura considerados deviam adaptar-se ao tamanho, variado, das cidades em questão[8].

Um trecho pitoresco do relatório geral da comissão do Plano, a respeito da inscrição das casas da cultura no conjunto do território nacional, merece uma longa citação. Abre o capítulo 10 consagrado à ação cultural, por uma analogia entre a antiga Atenas e a sociedade francesa vindoura, que permite considerar a perspectiva de numerosas casas da cultura disseminadas e de tamanho modesto:

> Atenas, sem dúvida, podia reunir num mesmo teatro seus 30 mil chefes de família. O paralelo talvez não seja abusivo entre a república grega e nossa sociedade futura: esses 30 mil atenienses eram servidos por 120 mil escravos como logo 30 milhões de cidadãos franceses o serão por suas máquinas; o preço dos escravos variava, se tomarmos o trigo como referência, entre o de uma máquina de lavar – custo de um trabalhador não especializado – e o de um automóvel – custo de um músico. Mas aí cessa a comparação.
>
> De fato, os locais de encontros culturais na França do ano 2000, isto é, os que já estamos construindo, deverão também ser concebidos para todos nós; mas nosso território é duzentas vezes maior do que a Ática e

---

7 *Ibidem*, p. 55.
8 Em "Características fundamentais de uma arquitetura teatral de nosso tempo", explanação de maio de 1961 diante do grupo "Teatro e música", AN, vers 840754, art. 1; texto que, como se verá adiante, refere-se tanto aos teatros quanto às casas da cultura, Pierre Moinot descreve "as características da sala de espetáculos típica de uma cidade cuja população se situa entre 50 mil e 100 mil habitantes".

nossos cidadãos mil vezes mais numerosos, francesas incluídas; esses locais deverão ser numerosos, disseminados, de dimensões o mais das vezes modestas e, principalmente, teremos que utilizar todas as técnicas de que dispomos.
Eis por que, ao lado do estádio e do teatro, um tipo novo aparece, a casa da cultura[9].

Esse trecho surpreende menos pela ousadia da analogia do que por um tom que é parcialmente contraditório com o programa de construção, preconizado no mesmo capítulo, que não parece tender para a construção de "locais..., disseminados, de dimensões o mais das vezes modestas", que lembram mais as MJC do que as casas da cultura. É preciso observar, aliás, que, algumas páginas à frente, a colaboração entre os dois tipos de casa é fortemente recomendada. Recomendações que não deviam certamente deixar de agradar a Pierre Moinot, que, como já vimos, havia afirmado a necessidade da procura de pontes entre os diferentes organismos pertencentes à cultura ou à educação popular, em sua exposição sobre a ação cultural.

Émile Biasini, que teve o encargo efetivo da execução do Plano, não manterá essa orientação. Desde outubro de 1962, em *Ação Cultural, ano I*, lembra a diferenciação das casas da cultura prevista pelo Plano e a condena em nome da eficácia. Uma casa da cultura só pode ter êxito se dispuser de locais permitindo a polivalência:

> Porém, classificando-as teoricamente em três categorias, a comissão do Quarto Plano não teria criado entre elas divergências que se traduziriam por uma redução do alcance de todas aquelas que não fossem polivalentes? Para desempenhar plenamente seu papel, de fato, devem potencialmente abrigar todas as formas de cultura [...] Só pode haver, assim, um único tipo de casa da cultura, consistindo as diferenças entre cada uma na variação da importância dos diversos elementos dessa polivalência[10].

Émile Biasini menciona, para fortalecer sua argumentação, a experiência da casa da cultura do Havre, museu, local de conferências e de encontros musicais, sem espaços para acolher os "grandes motores do teatro e do cinema". Mas essa casa tem então menos de um ano e meio de funcionamento. Quatro anos mais tarde, quando redige novas anotações sobre a arquitetura das casas da cultura, sua posição não mudou, pelo contrário:

---
9   "Relatório sobre a execução do Quarto Plano", pp. 53-4.
10 E. Biasini, *Ação Cultural, ano I*, pp. 3-4.

Quando falamos de casa da cultura a um prefeito ou a animadores de associações locais, concebem-na espontaneamente como uma resposta à sua necessidade imediata e só lembram do que lhes falta: o teatro destruído durante a guerra, o salão de concertos, festas ou congressos, o local de associações, em resumo o equipamento complementar do que já existe na cidade. A tal ponto que, numa cidade relativamente bem equipada como Lyon, o prefeito não imaginava que uma casa da cultura pudesse acrescentar qualquer coisa à sua infraestrutura cultural. Ora, qualquer que seja o equipamento existente, uma casa da cultura não substitui nada e nada substitui uma casa da cultura, que constitui um meio original e novo de ação cultural. É essencial que não seja o complemento de nada, mas constitua um aporte inovador transcendendo por si só a totalidade do que existe. Para isso, ela deve ser *tudo*, ou seja, permitir, sem nenhuma restrição técnica, todas as manifestações de *todas* as ordens culturais[11].

A experiência das casas abertas desde 1962 e das negociações com os interlocutores de numerosas cidades traduz-se aqui por uma curiosa inversão da argumentação. Nesse trecho, a polivalência parece ser antes de tudo uma condição para fazer com que a casa não seja o complemento ou o substituto de nada de preexistente na cidade. Em 1962, era em primeiro lugar a garantia da eficácia cultural. Em 1966, torna-se o requisito de uma criação *ex nihilo*. Não basta ler aí a aspereza das negociações com os representantes locais e os mal-entendidos mais ou menos voluntários sobre os termos de trocas entre Estado e municipalidades que frequentemente os acompanharam. Seria também banal anotar uma inflexão imposta por vários anos de prática. É menos banal e mais significativo observar que o sentido da inflexão oriunda da experiência é o de uma radicalização. Radicalização que toca até mesmo no que o texto de 1962 aceitava como variação pertinente relacionada ao tamanho da cidade.

> Por outro lado, se podia parecer teoricamente oportuno modular cada célula técnica de uma casa para outra segundo a importância da coletividade, a experiência evidencia normas de caráter absoluto que proscrevem o gigantismo tanto quanto o nanismo. A dimensão proporcional de uma sala de teatro, de um auditório, de uma sala de exposição não deve ser ligada à sua situação em Marseille ou Thonon. Onde quer que estejam, devem estar na conformidade de sua exigência técnica[12].

---

11 E. Biasini, *Reflexão sobre o programa arquitetural das casas da cultura,* julho de 1966, 18 pp., documento disponível no Departamento dos Estudos e da Prospectiva do Ministério da Cultura.
12 *Ibidem.*

A eficácia própria da casa da cultura, relacionada à polivalência e à circulação apropriada entre seus elementos, garante-lhe uma autonomia em face das singularidades da coletividade onde está instalada. Enfim, inversamente ao que preconizava a comissão do Plano, Émile Biasini afirma sem demora, desde 1962, que as casas da cultura só poderão existir em pequeno número e, ao mesmo tempo, evoca a concepção ulterior de revezadores culturais de tamanho menor:

> Não parece que a cifra de vinte casas da cultura de primeira qualidade, fixada para o quadriênio, possa ser significativamente aumentada: pode, de fato, assegurar a cobertura da França com estabelecimentos de vocação regional, e parece corresponder aos limites contributivos do Estado, para além dos quais a sua multiplicação levaria a esta queda de qualidade peremptoriamente proscrita. Mas [...] após a instalação da primeira rede desconcentrada, o plano futuro deveria logicamente encarregar-se de criar os revezadores secundários destinados a estabelecer um degrau intermediário de descentralização regional entre os centros de irradiação regional e as casas dos jovens e da cultura, os centros rurais ou todos os outros estabelecimentos de animação local assentados em sua competência[13].

Que eu saiba, Émile Biasini não teve a oportunidade de refletir de maneira detalhada sobre a concepção desses revezadores antes de sua saída em 1966.

UMA MÁQUINA VIRTUOSA

O interesse dedicado à arquitetura e ao equipamento das casas da cultura tem a ver igualmente, e antes de tudo, para além da função simbólica do edifício, com a interdependência funcional da ação cultural e da construção que a abriga, como escreve Émile Biasini, em 1966:

> Uma casa da cultura é, ao mesmo tempo, ação e imóvel. Mas, já que a ação está materializada no imóvel, este assume valor de símbolo. O estabelecimento do programa de sua arquitetura – tradução em volumes e em espaços dos meios desta ação – adquire, pois, uma importância absolutamente fundamental[14].

---

13 *Idem, Ação Cultural, ano I*, p. 8.
14 *Idem, Reflexão sobre o programa arquitetural das casas da cultura.*

Explica-se, assim, o número de textos consagrados a este programa, os dois textos de Pierre Moinot, o primeiro sobre as casas da cultura e o segundo sobre a arquitetura teatral, o de Émile Biasini em 1966, e aquele, mais tardio, de Claude Charpentier[15]. Explica-se também o cuidado exaustivo dos autores. O primeiro documento de Pierre Moinot prevê os componentes da casa da cultura e o detalhamento dos equipamentos com que serão providos. Vamos enumerá-los, ao menos para as casas de tamanho grande e irradiação regional: o grande *hall* de entrada e recepção; a grande sala de espetáculos, com cerca de 1.200 lugares; a pequena sala de espetáculos, polivalente, com cerca de 500 lugares; os locais anexos ao palco, incluindo um *foyer* para os artistas, camarins, armazém para os cenários e oficinas para marcenaria, pintura, eletricidade, locais para as costureiras e aderecistas, um local para guardar figurinos, eventualmente um *foyer* para músicos e, finalmente, duas salas para ensaio, uma das quais idêntica ao grande palco, para o ensaio ser feito nas condições da apresentação ao público; o *foyer* do público; a discoteca; a biblioteca; duas ou três salas de conferências e de reunião podendo conter 200 a 300 pessoas; uma sala de exposições; finalmente, locais anexos, incluindo uma lanchonete e um bar, escritórios administrativos, diversas dependências (alojamento para zelador, instalações sanitárias, postos de socorro, vestiários) e um serviço para o acolhimento das crianças. Deixemos de lado o detalhamento dos equipamentos audiovisuais, de exposições, de escritório e de iluminação.

Não se deve estranhar a exaustividade precoce dos textos. Era, afinal das contas, necessária à programação desses equipamentos e para as negociações vindouras com as municipalidades. Respondia antes de tudo à exigência de polivalência das casas da cultura que deviam acolher ou produzir espetáculos de teatro, óperas, concertos, conferências, exposições de arte plástica, cinema, e assegurar empréstimos de livros e de discos. Mas para além do acúmulo de locais especializados tornado indispensável pela vocação interdisciplinar da casa da cultura, a importância da questão arquitetural, localizável nos escritos de Pierre Moinot e posteriormente de Émile Biasini, reside em outra parte. O aspecto, as características e a disposição dos edifícios devem engendrar uma causalidade social própria. A casa da cultura deve ser uma máquina social transformadora das motivações e dos desejos culturais dos homens. A ideia de tal casa-máquina social está presente desde o primeiro documento relativo ao programa de construção e de equipamento já mencionado, o texto de Pierre Moinot:

---

15 Cf. Charpentier, *Le Théâtre et l'Architecture Théâtrale dans les Maisons de la Culture*, 10 de novembro de 1967, 4 pp., DEP.

Ela deve, pelo seu aspecto exterior, atrair o público de todas as idades e meios sociais e, pela sua disposição, sua decoração interior, reter o público, incitá-lo a voltar, a participar, a aproveitar todas as oportunidades culturais oferecidas. Cada um deve se sentir em casa, deve se sentir incluído em tudo o que acontece[16].

Tanto o exterior como o interior participam de uma dupla maquinaria: de equalização primeiramente (trata-se de atrair todas idades e todos os meios); de atração, fidelização e de multiplicação dos interesses, em seguida.

A concepção do edifício deve permitir "o desaparecimento dos elementos de descriminação social"[17]. É em primeiro lugar a sala de teatro que deve se obrigar a esse cuidado. "Deve oferecer, em todas as medidas do possível, um conforto, uma visibilidade e uma audição iguais para todos os assentos e evitar quaisquer distinções entre categorias de público[18]." O palco italiano é claramente condenado por Pierre Moinot na sua exposição em 6 de março de 1961 sobre a ação teatral. É "oriundo de uma sociedade onde as classes estão fortemente separadas". Feito para os *happy few* caros a Stendhal, ele não conhece, então, salvo algumas tentativas isoladas, outras alternativas do que os palcos ao ar livre do sul da França. Um relatório mais tardio, em 1965, mencionará novamente, entre os "fatores de inibição cultural", as barreiras sociais erigidas pela "arquitetura peculiar dos teatros e a repartição interna dos assentos". Um ano mais tarde, Émile Biasini escreve que "é preciso eliminar todas as servidões que a arquitetura pode impor ao exercício de uma atividade cultural, notadamente pelo constrangimento de ordem social engendrado pela hierarquização do público"[19]. Outro fator considerado passível de facilitar a igualdade de acesso é a familiaridade dos locais. Os sócios devem se sentir em casa, como foi dito acima. Essa preocupação, presente desde 1960 para Pierre Moinot, persiste em 1966 quando Émile Biasini escreve sua *Reflexão sobre o programa arquitetural das casas da cultura:*

> A casa da cultura deve acrescentar o fator suplementar de uma eleição específica no plano do bem-estar ou do conforto, capaz de atrair igualmente os usuários não originalmente movidos por um desejo de contato com fontes culturais. Uma constante nas respostas obtidas pelos pesquisadores sociólogos põe em evidência a característica do "em casa". Trata-se do lado "boteco" ou "clube", o local amigável, de calor comunicativo, de bem-estar[20].

---

16 P. Moinot, "Características fundamentais de uma arquitetura teatral de nosso tempo", *op. cit.*, p. 1.
17 *Ibidem*, p. 12.
18 *Ibidem*, p. 4.
19 E. Biasini, *op. cit.*, p. 12.
20 *Ibidem*, p. 10.

Familiaridade e locais calorosos visam atenuar as desigualdades de acesso à cultura e, ao mesmo tempo, facilitam uma participação coletiva. Cada um "deve se sentir incluído em tudo o que se passa na casa", acrescenta o texto de 1960, enquanto que o de 1966 evoca o "boteco" ou o clube. Embora concebido para atenuar as diferenças no desejo de cultura, o edifício não tem, em razão disso, vocação para homogeneizar os gostos. Deve ser, pelo contrário, uma autêntica máquina de produzir a diversidade e a multiplicação dos interesses. Retomemos o *Programa arquitetural e de equipamento das casas da cultura de 1960:*

> Esses diferentes locais podem estar dispostos em vários planos, mas sua repartição deve ser tal que podemos perceber ou adivinhar as diversas atividades da casa *sem procurá-las*, e que a diferenciação em planos não provoque nenhum corte, *nenhuma barreira psicológica ou material* entre as diversas partes que compõem o todo (ver mais adiante os problemas de circulação).
>
> Tudo deve estar disposto para gerar as tentações culturais de uma ordem para outra, da mesma maneira que uma loja de departamentos oferece também "outra coisa" a quem veio procurar uma mercadoria específica[21].

A casa da cultura torna-se assim uma armadilha virtuosa que, tal como a invenção do senhor Boucicaut, de que Émile Zola conta o nascimento em *Au bonheur des dames*, pelo efeito de uma disposição singular, suscita, independentemente da vontade de seus usuários, uma multiplicação de seus desejos que ultrapassa sua motivação primeira. A força dessa armadilha reside na disposição dos locais e, antes de tudo, na organização da circulação dos usuários. Circulação à qual o texto anteriormente citado consagra um capítulo, e sobre a qual Émile Biasini insiste fortemente cinco anos mais tarde:

> A casa da cultura *não deve ser composta pela mera adição de meios artísticos; deve compor um todo*. Não é teatro, sala de exposições, cinema, café, auditório. É um todo, ao mesmo tempo, e outra coisa. Cada um dos seus elementos fundamentais lhe é indispensável como o são os órgãos do corpo humano: se todos são necessários, nenhum é suficiente; e se banham todos numa rede de circulação essencial, a linfa. No nosso caso, uma irrigação humana vital, semelhante à circulação linfática,

---

21 *Programa arquitetural e de equipamento das casas da cultura de 1960*, p. 2 (grifos meus).

deve acrescentar ao conjunto dos elementos de especialização cultural uma dimensão suplementar. A casa da cultura reúne todos os fatores de convite direto por especialidade, e os aumenta com um coeficiente de solicitação indireta que pode ser essencial. Todos os arquitetos, ocupados com este programa, concluíram sobre a necessidade de um "fórum" (Le Corbusier), de uma "rua da cultura" (René Allio e sua equipe), de bocas captando o público (Labourdette), de saguões de recepção múltiplos e calorosos (Sonrel, Wogenscki; Dubuisson)[22].

Em sua explanação de 1963 no Instituto da Vida, Émile Biasini ilustra novamente o que tentamos deixar claro com a imagem da máquina ou da armadilha virtuosa: trata-se de "dar a todos o que existe em nosso patrimônio; mas sem coerção, tentando avivar, com engenho, a curiosidade". E resume seu esquema de uma casa da cultura como "uma sábia mistura de cassino, supermercado, boteco". Essa adjunção do cassino à loja de departamentos, surgida pela primeira vez no documento de 1960 sob a pena de Pierre Moinot, e ao boteco é explicitada em 1966:

> Vários elementos, tecnicamente perfeitos, mas dispersos numa cidade, não formam uma casa da cultura. É preciso que, de uns para os outros, se respondam, se completem, se provoquem, que a escultura se ofereça ao olho do aficionado de teatro, que a música se ofereça aos ouvidos do frequentador das conferências científicas etc. [...] Essa homogeneidade e essa complementaridade acrescentam a todas as motivações diretas de cada um dos usuários de locais específicos um coeficiente suplementar de convite direto. As lojas de departamento, dessa maneira, excitam a curiosidade dos clientes multiplicando e juntando os centros de interesse. Os cassinos não são outra coisa que lugares onde a finalidade do jogo recebe o impacto de temas atrativos múltiplos (restaurante, cinema, boate). Uma casa da cultura utiliza essas motivações pela primeira vez com fins de enriquecimento pessoal. Assim, ela respeita os indivíduos em sua livre escolha[23].

Um último aspecto da eficácia da casa da cultura em seu aspecto de edifício concerne mais diretamente aos animadores. Os locais e o equipamento devem não somente não coibir os que lá trabalham, mas envolver igualmente as possibilidades que o futuro reserva. Esse aspecto

---

22 Reflexão sobre o programa arquitetural das casas da cultura, *op. cit.*, pp. 10-1.
23 *Ibidem*, pp. 9-10.

é especialmente caro a Émile Biasini, que afirma a primeira exigência em 1963[24] e lhe associa a segunda em 1966:

> Com uma casa da cultura, não deve existir obstáculo técnico a uma manifestação de qualquer natureza que seja, nem a um ímpeto criador qualquer que seja [...]
> Pergunta: quais são as atividades que se deve prever numa casa da cultura?
> Resposta: todas, até aquelas que ainda não foram inventadas[25].

A eficácia social e artística creditada à arquitetura da casa da cultura a transforma numa espécie de máquina cuja virtude repousa não somente sobre a qualidade de suas componentes como também sobre a articulação dessas últimas. É uma mecânica sutil que se basta a si mesma: "É essencial que não seja complemento de nada", escrevia Émile Biasini. O avesso dessa coerência e autossuficiência é que o equipamento não pode tolerar elemento estranho, como o sublinha uma anedota contada por Gabriel Monnet. Este último foi o primeiro diretor da casa da cultura de Bourges, casa e diretor então considerados exemplares por Émile Biasini. A casa seria a primeira a ser visitada pelo general De Gaulle e o tema de um programa especial da ORTF[26]. O episódio aconteceu antes da abertura, ainda durante os trabalhos de instalação do edifício:

> Havia, neste edifício, uma sala denominada a "sala dos casamentos". Era um cômodo onde a municipalidade havia colocado fornos de cozinha e, lá, os habitantes da boa cidade de Bourges vinham, de tempo em tempo, "celebrar" em torno de um prato e de algumas garrafas. Era uma sala para "se empanturrar", beber e dançar. Havíamos decidido, no nosso plano, que esta sala se tornaria a sala de exposição da casa [...] Nem pensar! Um dia, vim visitar o canteiro de obras: encontrei a porta da famosa sala de casamentos obstruída por painéis de compensado. Camille Demangeat (que foi o cenógrafo de Jouvet, depois de Vilar) me disse: "Fomos proibidos de entrar; impossível fazer a sala de exposições".

---

24 "Os locais devem ser concebidos de maneira a não comportar impedimento algum, de qualquer tipo, a toda expressão. Devem ser tão adequados quanto possível, a fim de poder realizar tudo, nas melhores condições. As técnicas devem satisfazer as necessidades dos homens e não limitá-las", AN, dep. 840754, art. 1.
25 "Reflexão sobre o programa arquitetural das casas da cultura", *op. cit.*, pp. 9-12.
26 Office de Radiodiffusion Télévision Française, emissora pública existente de 1964 a 1974, que detinha o monopólio da transmissão de rádio e televisão na França. [N.T.]

Demangeat informa-me que alguns conselheiros municipais haviam decidido conservar a sala de casamentos. Transpus, então, a divisória de compensado. O que vi? Vi uma sala de casamentos renovada, pintada de novo, as paredes ornamentadas com um afresco de um "artista" da região. Dirigi-me aos responsáveis: "Não é possível. Vocês têm que devolver esta sala; olhem o que está nas paredes... Pensam que André Malraux virá inaugurar isso? Resposta: "Não lhe mostraremos". Foi preciso brigar para reconquistar a sala dos casamentos. Um antigo colaborador do senhor Brajo, nosso amigo Sellier, veio a Bourges. Declarou francamente ao prefeito de Bourges: "Cuidado! Se não ganharmos esta sala, o Estado para aí. Não haverá casa da cultura em Bourges". Bem, era apenas a etapa da construção e da ordenação dos espaços [...] E começava por aí: a ação cultural ia de encontro à sala dos casamentos[27]!

* * *

Uma anedota, principalmente quando é contada anos após os acontecimentos, representa muitas vezes a cristalização de uma tensão. Esta autoriza vários níveis de interpretação complementares. Trata-se primeiramente de uma mera situação de concorrência por um bem escasso, o espaço: não se pode ter uma sala de exposições e uma sala de casamentos. Trata-se em seguida, da defesa da autonomia da casa da cultura e do seu diretor; os estatutos das casas da cultura foram concebidos para preservar a autonomia de ambos, e o Ministério, até 1968, não hesita em opor a ameaça de seu retraimento aos representantes eleitos tentados a intervir em favor de uma associação para o uso dos locais ou a discutir um aspecto da programação artística. Enfim, terceiro e último nível de análise, não é somente o domínio dos representantes eleitos municipais que é evitado, é uma parte da sociedade que se vê privada de um local. Concebida como uma espécie de zona franca, para protegê-la das intervenções políticas, a casa da cultura se beneficia de um tipo de extraterritorialidade. Tal é a dimensão utópica e política do equipamento, máquina para reconstruir o social que exige o afastamento de uma parte do tecido social local.

---

27 Intervenção de G. Monnet no colóquio nacional "As casas da cultura na cidade", mar. 1976.

7. Os privilégios do teatro

> Em Célesteville, os elefantes trabalham pela manhã e, à tarde, fazem o que querem. Brincam, passeiam, leem, sonham... Babar e Céleste gostam de jogar tênis [...] Cornélius, Fandago e Capoulosse preferem o boliche [...] Há também o laguinho e a brincadeira com os barcos e muitos outros jogos ainda. Mas o que os elefantes preferem é o teatro no Palácio das Festas.
>
> Jean de Brunhoff, *O rei Babar*

As relações entre a política das casas da cultura e a descentralização teatral são tão estreitas que puderam ser confundidas. O fato de a quase totalidade das casas da cultura ter sido dirigida por homens de teatro e ter sido instalada ou construída ao redor de uma ou de várias grandes salas de espetáculo deu margem a se imaginar que a política das casas da cultura seguia em linha reta, ganhando extensão e reforço, a descentralização teatral empreendida sob a batuta de Jeanne Laurent durante a Quarta República. Há, de fato, uma ligação entre essas duas políticas, mas merece exame. Confundir sucessão e filiação dilui a política das casas da cultura numa continuidade histórica que esvai sua especificidade e induz uma visão demasiadamente linear que toma como dado o que necessariamente tem de ser analisado com precisão: a articulação entre as duas políticas e a maneira pela qual a política das casas da cultura foi levada a retomar a herança da política de Jeanne Laurent.

O fato que haja articulação e não uma mera retomada ou continuidade é atestada por uma observação. O lugar do teatro na concepção das casas da cultura evoluiu fortemente de Pierre Moinot a Émile Biasini. O privilégio deferido precocemente ao teatro e as afinidades eletivas iniciais não devem levar a esquecer que são as condições contingentes da execução, e as escolhas que orientaram, que encorajaram, a partir de 1962, o casamento quase sistemático das casas da cultura e da descentralização teatral.

O SENTIDO DE UM PRIVILÉGIO

Ao longo dos três períodos que, de 1959 a 1966, pontuaram a concepção e em seguida a implantação das casas da cultura, a arte dramática em geral e o teatro popular em especial foram a referência obrigatória dos discursos sobre a ação cultural e se beneficiaram de uma prioridade real nas arbitragens orçamentárias do Ministério. É preciso todavia relativizar o peso dos argumentos apresentados para justificar a escolha do teatro como vetor da democratização e apreciar melhor a influência da experiência dos homens que participam da concepção das casas da cultura.

Desde o nascimento do Ministério dos Assuntos Culturais, o teatro parece se beneficiar de certo privilégio. A primeira conferência de imprensa de André Malraux na qualidade de ministro de Estado encarregado dos Assuntos Culturais, em 9 de abril de 1959, é consagrada à reorganização dos teatros nacionais, enquanto o primeiro orçamento do Ministério, o de 1960, reserva um aumento significativo dos créditos concedidos à descentralização teatral. Em todo o período que nos interessa, o papel primordial da arte dramática para a missão do novo ministério é afirmado e reafirmado por todos aqueles que têm o encargo de levar adiante a política das casas da cultura. Pierre Moinot alimenta com o tema a introdução de uma de suas comunicações a um grupo de trabalho da comissão do Quarto Plano. É um erro muito antigo, reflete, considerar como frívola e luxuosa uma das formas mais completas da expressão artística:

> Sabemos também, desde Copeau mais ou menos, que o teatro é um dos poderosos meios de difusão de uma cultura, um dos elementos essenciais de toda ação cultural. Talvez porque o teatro, como a sua irmã, a música, supõe da parte dos que o doam e daqueles que o recebem uma virtude na qual a arte e a sociedade alcançam seu encontro: a virtude de generosidade[1].

O relator geral da mesma comissão não fica para trás nessa homenagem. Seu capítulo consagrado à ação cultural abre-se, como já vimos no capítulo precedente, com uma analogia entre a Atenas antiga e a futura sociedade francesa. Neste texto, as casas da cultura são substitutas do teatro grego e devem ser os locais de agrupamento emocional e espiritual, múltiplos e disseminados:

> Esta descrição [da casa da cultura, que precede este trecho] implica uma fusão orgânica entre o local teatral e o local dos encontros culturais, que a própria organização do Ministério prepara, no qual os espetáculos e a ação cultural foram recentemente reunidos sob a mesma direção; sabemos desde 2.500 anos atrás que a emoção teatral é o encontro por excelência[2].

---

1 P. Moinot, "A ação teatral", comunicação de 6 mar. 1961, diante do grupo Teatro e Música, AN, dep. 840754, art. 1.
2 "Relatório sobre a execução do Quarto Plano", *op. cit.*, p. 54.

Outro exemplo, mais tardio. Quando Francis Raison é recebido em 1966 por André Malraux após a sua nomeação à frente da Diretoria do Teatro em substituição a Émile Biasini, o ministro, evocando o atrativo das relações com o pessoal do teatro, lembra o caráter maior de sua arte e, relembra Francis Raison, "tive que ouvir, está claro, a referência entusiasta e inspirada à tragédia grega".

Mas qual foi o peso desse privilégio numerosas vezes afirmado nos discursos e nos escritos? O relembrar ritual do teatro grego antigo, a experiência francesa do teatro popular desde o fim do século XIX, a lembrança próxima de seus sucessores da primeira metade do século XX ofereciam certamente um estoque de referências. Seriam suficientemente pregnantes para impor, apenas com sua força, a escolha do teatro como vetor principal da ação cultural? Afinal de contas, se o Ministério dos Assuntos Culturais havia, desde a sua formação, incluído as bibliotecas nas suas competências e se o escritor André Malraux havia feito do livro o suporte prioritário e exemplar de sua ação, não teriam sido encontradas, partindo do mito da escrita relatado por Platão no *Timeu* até as bibliotecas populares e passando pela revolução Gutenberg, fontes de argumentos não menos ricas para enaltecer o privilégio do livro?

É antes nas experiências e nas competências dos homens que vão inventar as casas da cultura, assim como nas pessoas que os cercam, nas circunstâncias e no contexto de sua implantação, que é preciso buscar as causas do lugar crescente do teatro nessas casas, de 1960 a 1966.

AS AFINIDADES ELETIVAS

É principalmente a partir de maio-junho de 1960, uma vez Pierre Moinot instalado na Rue Saint-Dominique para reorganizar a Subdiretoria dos Espetáculos e da Música e definir a política das casas da cultura, que se pode mais facilmente discernir as circunstâncias e a força da influência do teatro na futura instituição ponta de lança do Ministério. Convém primeiramente notar que a história e a competência dos homens que rapidamente vão se juntar a Pierre Moinot – Jean Rouvet, Michel de Saint-Denis e Pierre-Aimé Touchard – são tais que os modelos e as fontes de inspiração de que dispõe cada pequena célula administrativa encarregada de apresentar às comissões do Plano a nova política do Ministério provêm principalmente do teatro. Os textos desse período testemunham, cá e lá, a influência direta das experiências singulares de um ou outro. Assim um documento sobre o programa de construção e equipamento das casas da cultura prevê "para os retardatários um painel de vidro dando para a sala e permitindo seguir o espetáculo graças também a um sistema de sonorização"[3]. É possível adivinhar atrás dessa ideia engenhosa a influência de Jean Rouvet, o mais suscetível de ter trazido uma melhoria técnica para uma inovação originada no TNP[4]. Do mesmo modo, pode-se reconhecer a experiência londrina de Michel de Saint-Denis por detrás da evocação de Pierre Moinot, numa das suas comunicações diante da comissão do Plano, do Royal Court Theater como exemplo de uma política promotora da produção teatral contemporânea[5]. Mas é uma influência mais difusa e mais sistemática que é preciso certamente atribuir a esses três homens nos textos que iremos agora examinar.

Duas políticas distintas

Pierre Moinot propôs à comissão do Plano uma política do teatro e outra das casas da cultura suficientemente distintas para que fossem objetos de duas exposições diferentes nas quais as medidas anunciadas não coincidem.

A explanação intitulada "A ação teatral", já citada, define uma política de teatro que pode se resumir, de um lado, pela retomada e a intensificação da ação de Jeanne Laurent, em benefício do TNP e da descentralização teatral, e, por outro, pela crítica e reforma da ajuda estatal aos teatros municipais. Quanto a este ponto, contesta o Estado por ter respaldado até então o equipamento teatral das cidades de maneira cega e automática: o Estado contentou-se com uma "política de constatação das necessidades", sem condicionar sua ajuda a condições demarcando suas escolhas.

> Embora o Estado tenha teoricamente a faculdade de condicionar sua ajuda a uma escolha, a prática conduziu a administração a subvencionar todas as demandas, não importa quais, segundo a ordem de entrada e as possibilidades de crédito. A consequência dessa política de constatação das necessidades é dupla:
>
> – em primeiro lugar, a França se cobre de teatros surgidos em geral da iniciativa de arquitetos locais não especializados, cujas plantas recebem a aprovação de início do Estado e que são, na opinião unânime, quase todos feios e quase todos inutilizáveis;
> – em segundo lugar, o Estado nunca desejou condicionar sua participação a essa construção a um certo número de exigências de funcionamento

---
3 "Programa de construção e de equipamento das casas da cultura".
4 É Vilar que, querendo evitar os incômodos causados pelos retardatários, inventou a regra segundo a qual esses só teriam acesso à sala no fim do primeiro ato (cf. Bardot, *Jean Vilar*, Armand Colin, 1991).
5 P. Moinot, *op. cit.*

teatral. Nunca se preocupou em saber se esse teatro novo viria abrigar outra coisa além de turnês comerciais apresentando os sucessos dos teatros de variedades parisienses ou as operetas em voga. Os montantes desembolsados nesse domínio devem doravante fundar-se sobre uma concepção arquitetural e teatral mais racional e principalmente mais coordenada[6].

A lista das novas operações preconizadas não recobre a das operações relativas às casas da cultura. De fato, Pierre Moinot propõe à comissão do Plano a construção de quatro novos teatros nacionais populares, a implantar na Défense, em Belleville, a leste e a sudeste de Paris; o financiamento pelo Estado de 50% do custo de equipamento de cinco centros desprovidos de sala de teatro (apenas o Centro Dramático do Leste dispõe de uma sala própria); a criação de cinco novos centros de dramaturgia em Bourges, Limoges, Bordeaux e Ajaccio ou Bastia. Preconiza igualmente a criação de uma casa e de um fundo de equipamento para todas as companhias jovens, de outro fundo de equipamento para os grupos permanentes, e o financiamento pelo Estado, na proporção de 50%, da construção de cinco novos teatros municipais por ano. Espera, finalmente, a criação de uma casa do teatro e da música e de um centro de formação dos atores.

A comunicação intitulada "A ação cultural", consagrada essencialmente às casas da cultura, propõe por sua vez a instalação de trinta casas desse tipo, em parte, para a adequação de locais disponíveis e, por outra, para construções novas. Em nenhum momento dessas duas exposições a cobertura dessas duas listas de operações novas é mencionada.

São, portanto, duas políticas realmente distintas as que foram concebidas na Rue Saint-Dominique, durante o primeiro semestre de 1961. Possuem, porém, algum parentesco detectável tanto na concepção de seus equipamentos respectivos quanto no perfil dos homens destinados a dirigi-los.

Prédio teatral e casa da cultura encontram-se, quanto aos princípios que regem sua arquitetura, cada um remetendo ao outro. Assim o programa de construção e equipamento das casas da cultura dá destaque especial à sala de teatro. Reciprocamente, a exposição de Pierre Moinot ao grupo Teatro e Música, em maio de 1961, sobre as "características fundamentais de uma arquitetura teatral do nosso tempo", leva da reflexão sobre o teatro àquela das casas da cultura. A segunda parte do texto anuncia dois princípios novos. Primeiramente, ao contrário do teatro estilo Napoleão III, o teatro não deve

---

6 Ibidem, pp. 4-5. Essa longa citação permite antecipar, por contraste, o que será a política das casas da cultura.

mais ficar isolado na cidade. É preciso, pelo contrário, multiplicar as atrações para o público e restabelecer o contato entre os diferentes modos de expressão. Segue daí uma primeira referência às casas da cultura: "Partindo dessas constatações, a casa da cultura visa construir 'complexos culturais' e a transformar a sala de espetáculos no centro de uma vasta e calorosa animação cultural". Decorre daí o segundo princípio, segundo o qual "a sala de espetáculos não pode mais ser consagrada unicamente às manifestações teatrais[7]". O pleno emprego da sala supõe sua polivalência. Enfim, a quarta parte dessa exposição, consagrada às características da sala de espetáculos, retoma, palavra por palavra, nove páginas do "Programa de construção e de equipamento das casas da cultura" já referido.

As relações entre teatro e casas da cultura podem igualmente ser examinadas, não somente em relação aos equipamentos, mas levando em consideração os homens encarregados de dirigi-los. Sabemos que a partir de 1963 a direção das primeiras casas foi preferencialmente confiada a homens de teatro que estivessem à frente de uma companhia. Em 1961, nenhum texto prevê tal interpretação, mas a proximidade das competências necessárias a ambas já parece evidente. Pode servir de testemunho o projeto de um "Centro Nacional de Formação dos Animadores Culturais" exposto por Michel de Saint-Denis diante do grupo "Teatro e Música", em abril de 1961. Após lembrar as filiações dos homens de teatro popular da época e a constatação da inexistência de uma escola moderna de teatro, Michel de Saint-Denis especifica seu projeto, do qual extraímos algumas citações particularmente esclarecedoras:

> Criação de um centro de formação e de experimentação orientado para a cultura popular em nível superior, onde casas da cultura estão previstas.
> Este centro prepararia os quadros e o pessoal indispensável ao mesmo tempo para o estabelecimento das casas da cultura e para o desenvolvimento da arte dramática visando ao público popular. Daí sairiam conjuntamente animadores das casas da cultura, administradores, jovens atores, diretores, decoradores e técnicos...
> Isso significa que o centro seria, ao mesmo tempo, uma escola e um estúdio de arte dramática, uma casa da cultura...
> O apoio e a clientela naturais de tal Centro seriam o TNP, o Teatro da França, os centros de arte dramática, os diretores das melhores casas da cultura...

---

7   Essa afirmação é atenuada na terceira parte: "O ato teatral constitui uma dominante absoluta, que nenhuma outra atividade deverá obstar, constranger, modificar ou tornar mais flexível." Em consequência, a polivalência será limitada ao lírico, à musica, ao cinema (admitido como convidado pelo viés do cineclube), ao teatro musical de qualidade e às conferências. Bailes e exposições serão acolhidos nos saguões.

É interessante notar que, para Michel de Saint-Denis, TNP, descentralização teatral e casas da cultura formam um todo consagrado à "cultura popular em nível superior". Assim, responsáveis e funcionários poderiam ser formados no seio do mesmo organismo que dispensaria ao mesmo tempo ensinamentos comuns e específicos. Assim, os futuros animadores de casas da cultura acompanhariam:

> Classes distintas, sem contar o treino de um ano na escola de arte dramática: administração, sociologia, economia, as regiões da França, música, filme, rádio e TV com estágios externos, pintura, conferências para sociólogos e educadores, estudo relativo ao funcionamento das casas da cultura no estrangeiro, estágios.

Todavia, qualquer que seja a proximidade das casas da cultura e do teatro, tanto no que se refere aos equipamentos quanto no que diz respeito aos talentos necessários, Pierre Moinot e sua equipe não preconizavam, como vimos, uma fusão das duas políticas. Existia para eles um forte parentesco e uma quase confusão dos princípios como indica a passagem incessante da reflexão de um tema para outro. Essa proximidade autorizava o projeto de uma diretoria comum para os espetáculos e para a ação cultural. Mas a superposição dos dois setores na prática, e o que se verificará ulteriormente, a utilização cruzada dos meios de cada uma das duas políticas, não estava nem fixada, nem cogitada, não segundo os textos que examinamos.

Um primeiro cruzamento das duas políticas

O relatório geral da comissão do "equipamento do patrimônio cultural" do Quarto Plano marca uma nítida inflexão favorecendo uma solidariedade acrescida entre os dois domínios se comparados às exposições de Pierre Moinot e de Michel de Saint-Denis. Pois esse relatório não se contenta em proclamar "a fusão orgânica entre o local teatral e o local de encontros culturais", assume-a nas operações que preconiza. Um financiamento de 57,6 milhões de francos novos é previsto, distribuído em quatro anos, para a criação de vinte casas da cultura (das quais 12 compreendiam uma ou duas salas de espetáculo). A comissão assegura também o princípio da criação "a longo prazo" de um TNP para a população parisiense mais desprovida culturalmente. Com 10 milhões de francos novos, prevê apenas o financiamento dos estudos e a compra do terreno. Reconhece, ainda para Paris, a necessidade de teatros populares e reserva um crédito de 4 milhões de francos novos para o primeiro dentre eles previsto para o leste parisiense. Reduz, pois, no curto prazo, os projetos de Pierre Moinot enumerados na sua exposição sobre a ação teatral. O que vale também para as salas municipais e as salas reservadas aos centros teatrais. Mas uma parte do que a comissão corta na política teatral de Pierre Moinot encontra-se no programa de construção das casas da cultura que reassume por sua conta:

> Nenhuma outra construção ou nenhuma renovação de salas de teatro foi prevista, salvo para as casas da cultura, pois são elas que acolherão os centros dramáticos de província existentes ou futuros. As salas municipais atuais são quase sempre inadequadas às necessidades novas que definimos. Algumas podem ser modernizadas, não devem ser reproduzidas. Nenhuma subvenção do Estado foi, portanto, aceita para novas construções[8].

Todavia, malgrado essa fusão orgânica proclamada, malgrado essa integração dos programas de construção, a comissão não confunde casas da cultura e teatros. Três tipos de casas da cultura estão, de fato, previstos, um deles sem sala de espetáculos:

> Quatro salas importantes comportando duas salas de espetáculo e de reuniões, à disposição principalmente de um grupo teatral permanente; oito casas dotadas de salas polivalentes para grupos de passagem e toda sorte de reuniões; enfim, oito casas sem salas de espetáculo.

A classificação utilizada no quadro dos financiamentos no anexo 8 do relatório conserva a mesma tripartição, mas com termos diferentes. Os três tipos são chamados de "complexo teatral e casa da cultura", "salas polivalentes + casas da cultura", e "casas da cultura". Assim do texto para o anexo, surge uma diferença nítida entre uma sala da teatro e uma casa da cultura. Sua relação passa da integração possível para a adjunção possível. A flutuação do vocabulário não mereceria nossa atenção, se não permitisse duas constatações:

1) Se a comissão preconiza uma integração de dois programas de construção que Pierre Moinot havia concebido separadamente, há consenso para não tornar a sala de teatro o equipamento central e indispensável de uma casa da cultura. Para a comissão e a equipe de Moinot, a arte dramática é de fato a arte do encontro por excelência, e é na história recente do teatro popular e da descentralização dramática que encontram imediatamente os exemplos de atividades e de homens capazes de promovê-las. Não obstante, a casa da cultura pode ser concebida sem sala de teatro, qualquer que seja a primazia da arte

---

8 Relatório geral da comissão do "equipamento do patrimônio cultural" do Quarto Plano, p. 57.

dramática. É possível também que considerações econômicas tenham sugerido aos membros da comissão associar uma sala de espetáculos apenas às grandes casas da cultura, as do primeiro tipo sugerido pelo relatório geral da comissão. 2) É, de fato, com a abertura à multiplicidade das possibilidades, traduzida por essa flutuação do vocabulário, que o período "Biasini" rompe.

O CASAMENTO

A quase totalidade das casas da cultura, projetadas, prefiguradas ou abertas entre 1961 e 1966, tiveram na chefia (ou deveriam ter tido na chefia) o responsável de um grupo de teatro que já tinha ou que tinha obtido simultaneamente a condição de centro dramático ou de grupo permanente. Mesmo se, para algumas dessas casas, os contatos com as cidades e os homens de teatro começaram sob a direção de Pierre Moinot, é realmente sob o impulso de Émile Biasini que o recurso aos homens de teatro se tornou um procedimento quase sistemático. Como e por que tal grau de imbricação entre a descentralização teatral e a política das casas da cultura apareceu a partir da nomeação de Émile Biasini? É preciso evocar quatro fatores: uma equação orçamentária; a disponibilidade de uma herança; a urgência de comprovar o movimento andando; um dispositivo motivacional.

UMA EQUAÇÃO ORÇAMENTÁRIA

A utilização dos grupos da descentralização teatral para animar as casas da cultura é, em primeiro lugar, um expediente orçamentário. Corresponde ao uso, com fins comuns, de duas linhas orçamentárias de que dispunha a Diretoria do Teatro, da Música e da Ação Cultural (DTMAC) a da descentralização teatral e a das casas da cultura. Isso resulta diretamente do fato de, quando das discussões orçamentárias do verão de 1961, o Ministério das Finanças ter revisto para baixo as cifras propostas pela comissão do Plano.

A distância entre o orçamento atribuído à linha "casas da cultura" e aquele previsto pela comissão do Plano persistiu durante os anos seguintes. Até mesmo aumentou em 1963, se tomarmos em conta o orçamento realmente disponível e não o orçamento atribuído. Pois a política de estabilização do governo resulta, em 12 de setembro de 1963, no bloqueio dos 8,8 milhões de francos que haviam sido atribuídos às casas da cultura. As condições da equação orçamentária favorecendo o cruzamento dos meios da descentralização teatral e da política das casas da cultura permaneceram quase idênticas durante todo o período de execução do Quarto Plano e sem dúvida além dele.

A DISPONIBILIDADE DE UMA HERANÇA

Se a imposição orçamentária só podia inspirar a tentação de utilizar a rede dos centros teatrais e dos grupos permanentes para criar as casas da cultura, era ainda mais fácil ceder a essa tentação considerando que esse procedimento não entrava em contradição com a concepção que a administração possuía das casas da cultura, bem ao contrário. Permitia mobilizar imediatamente homens cujos talentos, ideais e experiências anteriores estavam em harmonia completa com os projetos da Rue Saint-Dominique. Vimos o lugar privilegiado que a arte dramática ocupava na concepção das casas da cultura e a da sala de teatro na sua arquitetura. Ademais, os homens da descentralização eram, eles também, os militantes de um novo relacionamento entre as obras e o público, e isso muito antes do nascimento do Ministério. Por fim, o trabalho que já haviam realizado com seus grupos fornecia as premissas da prefiguração exigida pelo Ministério para preparar a criação de uma casa. O relacionamento com o público e também com os representantes locais havia sido experimentado e preparado pela rede da descentralização dramática. É sobre o interesse e a necessidade de utilizar esse ganho de experiência que Émile Biasini insistia, um ano após a nomeação, para explicar sua política:

> o Ministério escolheu conduzir empiricamente sua ação ao implantar as primeiras casas da cultura onde uma situação cultural profundamente preparada assegura sua plena utilização imediata, principalmente onde o público é levado por uma ação anterior a entrar no jogo. E é incontestavelmente lá onde os centros dramáticos atingiram sua plenitude que essas condições estão no presente mais bem preenchidas... As primeiras casas da cultura serão, pois, realizadas onde se encontram preenchidas as condições de animação e de clima; é certo que as municipalidades assim descritas encontram-se obviamente já preparadas para a política que as casas implicam[9].

A URGÊNCIA DE COMPROVAR O MOVIMENTO CAMINHANDO

A experiência da descentralização teatral e a imposição orçamentária tiveram assim um efeito convergente no favorecimento da identificação ulterior das casas da cultura à descentralização teatral. Essa convergência foi igualmente alimentada por outro fator: a urgência. Sem o sentimento dominante, no seio da administração, de ter que dar urgentemente uma realidade

---

9   *Ação Cultural*, ano I, p. 5. Biasini considerava então o recurso à descentralização teatral como provisório. Só se mostrava indispensável nas primeiras casas, como indica outro trecho da mesma página: "Outros animadores vão agora se revelar, outras situações locais manifestar-se, pois que não se trata absolutamente de limitar as casas da cultura apenas às regiões onde a descentralização teatral já fincou raízes..."

tangível às casas da cultura, sem esperar que todas as condições financeiras e humanas ideais fossem satisfeitas, o adiamento de sua construção poderia ter sido considerado. E se o projeto tivesse sobrevivido a uma demora certamente importante, o que é improvável, nada implica que o teatro tivesse desempenhado o papel central que realmente teve no destino nas casas da cultura.

O sentimento de urgência não se prendia apenas à política das casas da cultura, era próprio do conjunto do Ministério por causa da sua precariedade, de sua falta de credibilidade externa e das incertezas que pesavam sobre o seu futuro. A luta contra a lentidão era indissociável da batalha que travaram Pierre Moinot e Émile Biasini para fazer emergir políticas com uma administração e meios muito limitados, e malgrado a má vontade da Educação Nacional ou o parco zelo de outras instâncias administrativas. Mas o sentimento de urgência possuía motivações suplementares no caso das casas da cultura. Tratava-se de tornar crível, a partir da possibilidade de mostrar alguns dos seus exemplares reais, um projeto de equipamento cuja necessidade, por um lado, não era óbvia aos olhos de todos e cuja especificidade, por outro lado, em face de outros equipamentos existentes, MJC ou centros culturais, tampouco era evidente para todos. Já evocamos o cuidado em evitar a confusão com as MJC e de modo mais geral com a política do Alto-Comissariado para a Juventude e os Esportes.

A associação da pressa e do anseio de distinguir a política do Ministério estava presente já antes da saída de Pierre Moinot, quando a vemos aparecer na ocasião dos primeiros relatórios, rapidamente conflituosos, que a Rue Saint-Dominique manteve com a Federação Nacional dos Centros Culturais Comunais (FNCCC). Federação que desejava impor-se como intermediária entre o Ministério e as cidades. Um membro da DTMAC participou, como observador, do segundo congresso dessa Federação em março de 1961, e redigiu uma nota com comentários anexa à minuta fornecida pelos organizadores do congresso. Após ter reconstituído o clima de hostilidade contra o Ministério dos Assuntos Culturais e exprimido suas dúvidas sobre as competências e as motivações da Federação, sublinha que, se a Federação conseguisse desempenhar o papel que reivindicava, o Estado seria transformado em mero fornecedor de subsídios sem influência. De onde a lição prática que conclui a nota: o Ministério deve caminhar mais rápido do que a Federação.

> Mas paralelamente – e é apenas sob esta condição que evitaremos concorrência e graves problemas – é preciso que instalemos as casas da cultura e que funcionem rapidamente (acertando de outra parte firmemente a questão das terminologias tendenciosas).

É, segundo penso, indo mais rápido do que ela e agindo melhor do que ela que faremos entrar no bom caminho da propagação da cultura uma Federação que possui alguns elementos dinâmicos e desinteressados que não devem ser sufocados, mas, ao contrário levados a compreender que o que é feito pelos Assuntos Culturais é bom – melhor do que o que é feito em outro lugar.

Na conjuntura atual, trata-se de uma corrida – uma oposição brutal só nos desserviria, dando mais força ao *slogan* cultura de Estado = cultura autoritária e dirigida.

A degradação crescente das relações com a entrada de Émile Biasini e a multiplicação das iniciativas da Federação só puderam reforçar o papel dessa concorrência no sentimento de urgência dos membros da administração.

De maneira geral, a urgência se prendia ao anseio de criar o irreversível e à necessidade de antecipar nas condições plenamente otimizadas de realização das casas. Antecipação que não se deu sem algumas manobras. O ano de 1964 marca, quanto a isso, uma virada: o de uma antecipação e de uma manobra exitosa e decisiva. À véspera da abertura do TEP[10] e da casa da cultura de Bourges, o Ministério não tinha as subvenções para pôr os equipamentos em funcionamento. Guy Brajot contou recentemente esse episódio:

Em seu desejo de correr, e de mostrar o mais rapidamente possível resultados concretos, o Ministério procedera aos trabalhos de instalação sem ter a certeza de obter, quando chegasse a hora, os meios de funcionamento correspondentes. Não dispunha efetivamente, em 1964, dos 3 MF considerados necessários para o andamento normal desses dois estabelecimentos.

A credibilidade de sua política estando em risco nesse domínio, André Malraux recorre a uma iniciativa urgente da parte do general De Gaulle. E este, que não tinha todavia o hábito de tais intervenções, no decurso do exercício, no Ministério das Finanças, fez imediatamente desbloquear os créditos necessários, mostrando assim o valor que dava ao sucesso das casas da cultura[11].

Um ano mais tarde, o presidente da República visitava a casa da cultura de Bourges, e os créditos suplementares cedidos no curso do ano anterior

---

10 Théâtre de l'Est Parisien (Teatro do Leste Parisiense): adquirido pelo Ministério dos Assuntos Culturais no início dos anos 1960 e transformado em casa da cultura em 1964, foi subvencionado pelo governo até ser substituído em 2011 por outro teatro, o Tarmac. [N.T.]
11 G. Brajot, *As casas da cultura*, colóquio "De Gaulle em seu século", organizado pelo Instituto Charles de Gaulle na Unesco, 19 nov. 1990.

foram automaticamente reproduzidos pelo Ministério das Finanças. A administração havia, assim, adquirido, de um lado, um aumento substancial da linha "casas da cultura", e do outro, um precioso crédito político, perante o resto da administração e dos representantes locais, graças à intervenção direta do general De Gaulle.

Essa corrida para atingir um grau de irreversibilidade é igualmente sensível em 1966, retrospectivamente, quando Émile Biasini demonstra a satisfação de ver esse primeiro objetivo alcançado. Quando abre, em 18 de fevereiro de 1966, a primeira reunião dos presidentes das casas da cultura reunidos na Rue Saint-Dominique, suas primeiras palavras de boas-vindas expressam certo alívio. "Ele se regozija por constatar que o número de casas da cultura é suficientemente importante para que tal conferência se torne possível[12]." Afirma, então, a irreversível ação cultural tal como foi definida e posta em prática pelo Ministério e seus parceiros, felicita-se pelo "clima de compreensão" no qual as discussões orçamentárias aconteceram e pelo relatório positivo feito pela inspeção das Finanças.

UM DISPOSITIVO MOTIVACIONAL

Imposições financeiras, presença oportuna da rede de descentralização teatral e sentimento de urgência combinaram-se, assim, para associar estreitamente o novo equipamento ao prosseguimento da política de Jeanne Laurent. Um quarto fator deve ser mencionado para explicar essa imbricação. É indissociável dos três outros, representando, de alguma forma, a face dinâmica de sua combinação. O teatro, mais exatamente a sala de teatro, esteve no centro daquilo que, à falta de expressão melhor, chamaremos de dispositivo motivacional. Os três fatores já vistos definem as imposições que pesavam sobre a DTMAC e o recurso disponível, mas só descrevem o problema e a solução teóricos da administração. Ora, as casas da cultura só puderam ser reformadas ou construídas, e depois abertas, porque a administração conseguiu "interessar" representantes eleitos locais e diretores de grupos de teatro a se tornar parte motivada de sua edificação e de sua animação. De modo espontâneo, ambos os grupos raramente se mostravam interessados pelo projeto de uma casa da cultura. É a perspectiva da construção de uma sala de teatro no seio da futura casa da cultura que ganhou o assentimento mais sólido dos representantes eleitos e dos artistas do que a adesão aos princípios ligados aos novos equipamentos.

---

12 Ata da reunião dos presidentes das casas da cultura de 18 de fevereiro de 1966, 13 p., AN, dep. 840754, art. 1.

Inútil insistir sobre esse ponto no que se refere aos representantes locais. Sabe-se que as candidaturas das municipalidades eram o mais das vezes motivadas pela preocupação em receber créditos do Estado para a reconstrução do teatro municipal destruído durante a Segunda Guerra Mundial ou para a reforma de uma sala antiquada[13]. O trabalho da administração foi convencer os prefeitos de que podiam construir, no lugar de um teatro, uma casa da cultura (compreendendo uma ou duas salas de teatro). A paixão de Émile Biasini e dos seus colaboradores pôde certamente suscitar cá e lá a adesão intelectual aos princípios da ação cultural. Mas havia também, como o confirmam os conflitos surgidos uma vez construídas as casas, uma parte de interesse financeiro. Para um teatro municipal, uma cidade podia esperar do Estado uma ajuda correspondente a 30% do custo da construção e quase nada para o custo do funcionamento. Para uma casa da cultura, o Estado garantia 50% do custo da construção e 50% do custo do funcionamento. A comparação era vantajosa para a casa da cultura.

É menos comum considerar a posição dos artistas sob o ângulo do cálculo, pois somos quase naturalmente levados a considerar que os políticos eleitos perseguem "interesses" e que os artistas são inteiramente conduzidos por suas "paixões". Os conflitos que, a partir de 1967, opuseram as municipalidades aos diretores de casas da cultura e ao Ministério reforçaram essa tendência. Por um lado, sublinharam a força dos interesses eleitorais dos prefeitos e, por vezes, contribuíram para levantar suspeitas de duplicidade contra alguns dos eleitos[14]. Por outro lado, puseram em evidência a aliança e o prisma comum dos homens de teatro e da administração do Ministério. Essa aliança contra algumas autoridades locais era bem real, mas mascarou divergências de concepção e de interesse não menos reais. Os homens da descentralização encontravam-se bem longe de possuir opiniões unânimes diante da questão das casas da cultura. Entre a recusa clara de Hubert Gignoux, diretor do Centro Dramático do Leste, que era então quem mais recebia subvenções e equipamentos entre todos os diretores de grupos de província, e a adesão entusiasta de Gabril Monnet, houve certamente toda uma gama de atitudes intermediárias, ou até mesmo ambivalentes. Podemos encontrar um indício da reserva de uma parte dos homens da descentralização teatral em duas obras sobre o teatro e os poderes públicos, escritas antes dos acontecimentos de 1968, cujos autores, Denis Gontard e Jack Lang, adotando por empatia a posição

---

13 Vide, para exemplos numerosos, a tese de J.-J. Queyranne, *Les maisons de la culture*, Paris: LGDJ, 1975.
14 Teriam aceito subvenções do Estado sabendo que não respeitariam os princípios de funcionamento das casas da cultura.

daqueles homens, duvidam da validade da política iniciada em 1960[15]. Não se pode concordar completamente com Jean-Jacques Queyranne quando explica que os prefeitos de Lyon e de Saint-Étienne negaram uma casa da cultura, o primeiro a Roger Planchon e o segundo a Jean Dasté[16]. Pois se a recusa dos representantes locais é notória, só mencioná-la deixa entender que os dois diretores desejavam de fato o que não se queria dar a eles. Guy Brajot pôs em dúvida o pressuposto no que diz respeito a Roger Planchon (cf. sua comunicação no colóquio do trigésimo aniversário do Ministério, já citada). Quanto ao caso de Saint-Étienne, pode-se ler agora as explicações do próprio Jean Dasté:

> Em princípio, como o Ministério havia anunciado, desde o início, a construção da casa da cultura decidida em Paris porque a Comédie de Saint-Étienne [a companhia teatral] havia realizado um trabalho importante nessa cidade, deveria tornar-me seu diretor. Ator e diretor de companhia, possuía alguma competência para o teatro, mas nenhuma para assegurar a vida cultural de uma cidade. Não tinha a menor vontade de aceitar o cargo; todavia, quanto a Paris, não podia ainda declarar minha posição: isso poderia ter questionado ou atrasado o financiamento da casa que devia fornecer à companhia um teatro[17].

Uma página mais adiante expressa as mesmas reservas comuns a uma parte dos seus amigos e aos livros já citados de Jack Lang e Denis Gontard, segundo as quais a política das casas da cultura fizera-se às custas de uma boa política de descentralização teatral:

> O mais grave, sem dúvida, foi que os poderes públicos de Paris e das regiões, demasiadamente absortos pelos problemas colocados por essas casas da cultura, desinteressaram-se da vida interna e do desenvolvimento dos grupos de província, embora fosse necessário repensar tudo[18].

A maior parte dos centros dramáticos e *a fortiori* dos grupos permanentes não dispunham, em 1962, de uma sala de teatro. A aceitação da direção de uma casa da cultura outorgava-lhes uma subvenção dita de "ação cultural"

---

15 D. Gontard, *La décentralisation théâtrale*, Paris: Sedes, 1973, pp. 358-60, e J. Lang, *L'État et le théâtre*, Paris: LGDJ, 1968, pp. 306-11
16 J.-J. Queyranne, intervenção no colóquio do 30º aniversário do Ministério dos Assuntos Culturais, 30 de novembro de 1989.
17 Jean Dasté, *Jean Dasté, qui êtes-vous?*, Lyon: La Manufacture, 1987, p. 40.
18 *Ibidem*.

para as atividades de prefiguração, a perspectiva de um equipamento novo, bem planejado, e a gestão de um duplo orçamento, o do funcionamento da casa da cultura somado à subvenção recebida correspondente ao seu grupo permanente ou ao seu centro dramático. Havia aí, para homens que tinham firmado sua vocação à custa de pesados sacrifícios e com meios derrisórios, um forte motivo de "motivação interessada". Ao fazer o balanço da política do Ministério após os acontecimentos de 1968, Francis Raison lembrará o fator de motivação interessada dos artistas para detectar aí uma das causas das divergências surgidas a partir de 1967:

> Se os homens de teatro, em sua maioria, sentiram-se, é certo, envolvidos por esse objetivo – o que aliás os obrigava a renúncias ou a escolhas às vezes dolorosas –, não puderam deixar de ver finalmente, na construção das casas da cultura, a concretização ao seu alcance do equipamento que tanta falta lhes fazia. Graças ao aparecimento, no horizonte cultural, de uma simbólica nova, iriam enfim construir-se na França – e sem pechinchar – essas salas de teatros modernas e bem equipadas encontradas na Alemanha, nos Estados Unidos, em alguns países atrás da cortina de ferro, ou em outros lugares... Infelizmente, essas casas da cultura iriam rapidamente parecer, para os criadores que pretendem ser diretores de centros dramáticos, armadilhas temíveis e mais ou menos esterilizantes[19].

Logo, é de fato a sala de teatro da casa da cultura que permitiu ou pelo menos facilitou a participação dos prefeitos tanto como a dos homens de teatro no projeto do Ministério.

* * *

Tudo, as imposições da administração, a solução que se encontrava ao alcance imediato, tanto quanto a maneira de operacionalizá-la, concorreram para situar o teatro – a sala e o homem de teatro – no coração da implantação das casas da cultura. E isso num grau que sua proximidade de concepção podia facilitar, mas não determinar. São as condições de implantação e as escolhas de execução feitas por Émile Biasini que asseguraram a passagem do estágio das afinidades eletivas entre o teatro e as casas da cultura ao do seu casamento quase sistemático.

---

19 F. Raison, *L'action culturelle. Bilan et perspectives*, out. 1968; documento atenciosamente cedido pelo autor.

Estavam assim colocados os fermentos de uma tensão que afetará o funcionamento das casas da cultura desde 1967 e que contribuirá para a crise que sofrerão após 1968: o cargo de diretor da casa da cultura, esmagador e multiforme, confiado a homens de teatro, diretores, já totalmente atarefados pelo seu trabalho artístico e a vida de sua companhia.

IV
O TEMPO DOS BALANÇOS

Após o tempo das escolhas, veio o tempo dos balanços. Se há um fato surpreendente na história que nos interessa, é a rapidez com que a política das casas da cultura desequilibra-se, em alguns meses, do tempo dos pioneiros ao das desilusões. De 1961 a 1966, o Ministério vê-se lançado numa corrida, é preciso dar existência o mais rapidamente possível às casas da cultura e vencer os numerosos obstáculos que atrasam sua multiplicação. As catedrais dos tempos modernos têm um presente difícil, mas o futuro é promissor. Após 1966, já têm um passado e são objeto de avaliações pouco lisonjeiras que, na sequência dos acontecimentos de maio de 1968, quase levaram ao seu desaparecimento.

Em fevereiro de 1966, Émile Biasini sente que ganhou a aposta. Sua estratégia de exemplaridade venceu. Varias casas da cultura estão funcionando bem, sem muitos obstáculos e com um real sucesso de frequência. O relatório da inspeção das Finanças sobre as casas da cultura, entregue em 1965, é muito favorável à sua política e à sua pessoa. A política das casas da cultura parece ter vencido as principais resistências ao seu desenvolvimento. Não obstante, dois anos e meio depois, em outubro de 1968, seu sucessor na Diretoria do Teatro e das Casas da Cultura elabora um balanço devastador: as casas da cultura são, escreve, "lugares de consumo cultural desprovidos de alma, entregue às inspirações as mais contraditórias e finalmente sem alcance verdadeiro[1]". Em 1969 e 1970, as casas da cultura são severamente criticadas pela direita como pela esquerda: é preciso o respaldo de Edmond Michelet[2], primeiro sucessor de André Malraux, para que os ataques dos partidos de direita e de alguns representantes locais se mostrem inúteis. Em 1971, com a nomeação de Jacques Duhamel para a chefia do Ministério, as casas da cultura escapam de uma eventual revanche política, mas perdem a sua exemplaridade no seio da política cultural.

Que se passa de 1966 a 1971, entre o *satisfecit* de Biasini e o fim da exemplaridade das casas da cultura? Evidentemente, os acontecimentos de maio de 1968 constituem o fato mais importante que precipita as criaturas de Malraux na desgraça. Todavia, se Maio de 68 é um choque terrível para a política cultural, como também para toda a sociedade francesa, não perturba o desenvolvimento das casas da cultura à maneira de uma bola de sinuca que desvia a trajetória de outra bola ao bater nela. As consequências de um fenômeno social tão maciço sobre aquilo que, afinal das contas, não passa de uma pequena parcela da ação pública, arriscam ser superestimadas

---

1 F. Raison, *L'action culturelle. Bilan et perspectives*, p. 13.
2 Edmond Michelet, nomeado ministro em 20 de junho de 1969, sob a presidência de Georges Pompidou.

ou subestimadas. É prudente contornar o fenômeno para apreciar mais exatamente seus efeitos. Examinaremos em primeiro lugar as evoluções internas da política das casas da cultura imediatamente anteriores a 1968 (capítulo 8), em seguida a avaliação e a reconsideração dos primeiros efeitos dos acontecimentos pela equipe de Jacques Duhamel (capítulo 9). Veremos assim que os efeitos de Maio de 68 não são mecânicos: a brutal perda de legitimação da democratização cultural foi preparada por uma evolução visível desde 1965; e o fim da política das casas da cultura, entendido como o fim de sua exemplaridade pelo conjunto da política cultural, é ligado à adoção da filosofia do "desenvolvimento cultural"[3].

Mas, previamente, é preciso dar ao leitor uma visão do conjunto da evolução de 1966 a 1971 sob dois ângulos, o da doutrina da administração e o da invocação da educação popular na avaliação da política das casas da cultura.

UMA INFLEXÃO E TRÊS DESESTABILIZAÇÕES

Nesse período, a doutrina da administração sofre sucessivamente uma inflexão e três desestabilizações. Cada uma é associada a uma avaliação implícita ou explícita das casas da cultura.

A inflexão segue-se à saída forçada de Gaëtan Picon e de Émile Biasini, no verão de 1966, por motivos alheios aos que nos ocupam aqui. O primeiro é substituído na Diretoria-Geral das Artes e das Letras por Pierre Moinot, que volta assim aos Assuntos Culturais. Traz consigo seu amigo e colega do Tribunal das Contas, Francis Raison, que sucede a Émile Biasini. Raison e Moinot prosseguem na política anterior, mas consideram as casas da cultura custosas demais, imponentes demais para atrair os que mais sofrem das desigualdades culturais e, finalmente, expostas demais a conflitos com os representantes eleitos locais. Inventam, assim, os centros de animação cultural (CAC), menores, com financiamento de dois terços feito pelas municipalidades e cuja programação cultural é deliberadamente mais aberta às iniciativas locais do que era a das casas da cultura (o primeiro CAC é aberto em 1º de abril de 1968, no Creusot). Apoiam igualmente a experiência dos equipamentos integrados.

Independentemente dessa inflexão, Pierre Moinot e Francis Raison chegam à Rue Saint-Dominique no momento em que novas tensões aparecem. Os meios do teatro popular e da descentralização dramática, nos quais o Ministério se havia apoiado, evoluem: alguns diretores preferem as

---
3   F. Raison, *op. cit.*, p. 13.

exigências da "criação" à ética do público reunido própria da geração precedente. Paralelamente, os representantes eleitos locais descobrem o peso dos custos do funcionamento das casas da cultura. Esses fatos novos, de que Biasini não tinha ainda sentido os efeitos, vão preparar as duas primeiras desestabilizações que sobrevêm simultaneamente em 1968. A primeira é ideológica. Com os acontecimentos de maio, as ideias e as crenças que acompanhavam a ação do Ministério são postas em xeque. Reunidos em Villeurbanne, os responsáveis das casas da cultura avaliam como fracasso a experiência de que eram os pilares. A segunda desestabilização é política e quase concomitante. Consideradas como centros de contestação, as casas da cultura desencadeiam o rancor de uma parte da direita e, aproveitando o endurecimento das oposições políticas, alguns prefeitos municipalizam equipamentos que toleravam até então só pelas vantagens do cofinanciamento estatal. O mesmo endurecimento induz uma maior intervenção do gabinete do ministro à custa da aliança até então recorrente entre a administração central e os diretores das casas da cultura contra os representantes eleitos locais[4].

É Francis Raison que, à frente da Diretoria do Teatro e das Casas da Cultura, sofreu de modo mais acentuado essas duas estabilizações, ideológica e política. Pouco após os acontecimentos, em outubro de 1968, redige o "balanço da ação cultural" de que citamos, acima, um trecho. Próximo de Pierre Moinot, ou seja, do homem da primeira formulação da política das casas da cultura, Francis Raison imputa o fracasso dessas ao fato de terem sido concebidas como locais de encontro final entre a população e a excelência artística, em vez de preparar essa confrontação final pela educação e o apoio do amadorismo. O que significava avaliar os efeitos práticos da doutrina fixada em 1962 por Émile Biasini segundo as duas primeiras etapas de sua formação[5]. A ruptura com a educação popular tornava-se retrospectivamente o pecado original e fatal das casas da cultura.

A terceira desestabilização, ao mesmo tempo ideológica e administrativa, está diretamente ligada à adoção de uma nova filosofia de ação do Ministério por Jacques Duhamel. Afetará Guy Brajot, que se tornou por sua vez responsável pelo teatro e as casas da cultura em 1971. Sendo próximo a Émile Biasini, prepara uma avaliação oposta à anterior: a escolha de fazer dos artistas profissionais e da excelência artística os eixos das casas da cultura não poderia, por si só, provocar a democratização esperada, estima Guy Brajot; mas essa escolha teve a vantagem de delimitar claramente a

---

4 O peso crescente do gabinete e das arbitragens levando mais em conta as pressões dos prefeitos de direita explicam, em parte, a volta ao Tribunal de Contas de Moinot e Raison, antes mesmo da saída de Malraux em 1969, após a renúncia do general De Gaulle.
5 Cf. capítulo "As três origens da doutrina", p. 51.

especificidade do Ministério, especialmente face a face com a administração para a Juventude e os Esportes.

O FIM DE UM ESPELHO

Francis Raison e Guy Brajot inauguravam assim um debate do qual as avaliações contemporâneas da ação do Ministério não saíram ainda completamente. Expunham os dois termos a partir dos quais seriam pensadas as relações entre o Ministério da Cultura e os "filhotes" da educação popular, uma vez posta em dúvida a eficácia da democratização por acesso: ou bem recolher a ação do Ministério à sua especificidade artística, aceitando, mais ou menos explicitamente, a diminuição de suas ambições sociais; ou bem conservar a democratização como bússola e integrar o apoio à criação e à difusão artísticas a uma paleta mais variada de ação (educativas e associativas), a sinergia das diferentes componentes da ação cultural devendo suprir as insuficiências da confrontação com as obras como único parâmetro.

A primeira opção, que conserva a rejeição da herança associativa da educação popular, terá como vantagem a simplicidade do dispositivo administrativo que pressupõe; o Ministério irá privilegiá-la a ponto de se tornar explicitamente, durante os anos 1980, o ministério dos artistas. A segunda opção será ainda repleta de esperanças, mas suas realizações, sempre frágeis e minoritárias, só aparecerão como contraponto da primeira tendência, dominante.

Não se estranhará que a segunda opção tenha seduzido preferencialmente os homens do Ministério que possuíam maior simpatia pela educação popular. São eles que, no seio da administração, contribuirão para a substituição da doutrina da ação cultural pela de "desenvolvimento cultural", pouco mais de dez anos depois que Povo e Cultura fez desse conceito seu eixo central de reflexão.

No término desse percurso, a multiplicação das linhas de fratura e o deslocamento dos fatores em jogo enfraquecem a pertinência da oposição entre educação popular e ação cultural. O "mundo" da ação cultural divide-se entre criadores e animadores, enquanto, do lado dos organismos e dos movimentos que permaneceram sob a competência do Alto-Comissariado para a Juventude e os Esportes, a "animação sociocultural" e a "educação permanente" se livram do próprio termo de educação popular, passando a considerá-lo como relíquia do passado. A persistência da disputa opondo criadores e animadores entre os "clientes" do Ministério instala no interior de sua esfera de influência a antiga oposição entre ação cultural e educação popular e manifesta a autonomização da administração da Rue de Valois:

doravante seus "subvencionados" podem encontrar no seu próprio universo e entre os seus mais imediatos concorrentes os espelhos e os bichos-papões que servirão para guiar a definição de sua identidade profissional.

8. Maio de 68 ou a falsa desilusão

> Quarta-feira, 21 de abril 1954... Nessas horas de melancolia, as cifras e os resultados são a melhor receita médica. Tenho diante de mim o relatório referente aos nossos três anos de atividade, de 1951 a 1954. Leio, consulto esses extratos, esses números, essas colunas, essas estatísticas, e não sei me defender da emoção que de repente se apossa de mim. É preciso registrar aqui: choro. Egoísmo, egocentrismo? Não sei. Esses números são minha vida, minhas doenças, minhas brigas, nossas dúvidas, nossas vitórias. Mas por que chorar?
>
> Jean Vilar, *Memento*, p. 201

> Essa "obsessão" pelo público e pelo número de espectadores, critério essencial aos olhos dos órgãos públicos, pode, aqui também, minar a força do criador, e aqui também a democracia toma o caminho errado, quando pretende tornar o criador um produtor desenfreado de espetáculos, cuja qualidade importa menos que sua difusão maciça. O resultado dessa situação é a autocensura praticada pelo criador.
>
> Jack Lang, *L'État et le théâtre*, p. 334

Este capítulo não restitui o conjunto dos fatos que, em maio de 1968, afetaram a política cultural e as casas da cultura em particular. Lembremos a ocupação do Odéon, onde Jean-Louis Barrault havia sido instalado a partir de 1959; a declaração de Villeurbanne na qual os responsáveis das casas da cultura e dos teatros da descentralização denunciaram os princípios da democratização cultural de que eram os principais instrumentos; Vilar escarnecido em Avignon e a ocupação das casas da cultura pelo seu pessoal, para participar do movimento e para protegê-las do vandalismo; Malraux ausente. Para além desses fatos, importa sublinhar as consequências imediatas dos acontecimentos de maio. A política cultural e sua encarnação exemplar, as casas da cultura, ficarão situadas doravante entre dois fogos, entre duas críticas diametralmente expostas, mas convergentes em seus efeitos: de um lado, uma crítica cuja forma mais acentuada é de inspiração esquerdista radical, que denuncia o caráter mítico ou mesmo hipócrita do ideal de democratização cultural; de outro lado, uma crítica de direita, que considera que as casas da cultura foram centros de agitação e que se opõe a que um governo gaullista tolere e mesmo subvencione artistas que põem sua arte e os equipamentos públicos a serviço de uma ideologia hostil.

É contra essa crítica de direita que André Malraux deverá defender as casas da cultura diante da Assembleia Nacional no outono de 1968. É igualmente em nome dessa crítica que os diretores das casas da cultura, em conflito com o prefeito de cidade antes mesmo de maio de 1968, serão enfraquecidos, e mesmo dispensados, nos meses que seguem. Mas a crítica de esquerda é muito mais importante para o nosso propósito. A brutal deslegitimação da missão de democratização é um momento-chave da história da política cultural francesa. A partir de maio de 1968, a democratização cultural se tornou uma "crença".

Em vários dos capítulos precedentes, descrevemos as crenças positivas e normativas presentes na política cultural associada ao nome de Malraux, assim como o contexto e as situações que facilitaram sua mobilização e credibilidade. Mas tivemos muito cuidado em não abordar o período feliz da política cultural, digamos de 1959 a 1966, como se coubesse perguntar por que vias altos funcionários do jovem ministério haviam podido "crer" na democratização pela oferta artística, tratando esse prisma como mera ilusão. Temos aqui um ponto crítico, já que a história da sociologia francesa cruza aí a história da política cultural: a sociologia, pelo menos uma sociologia, a de Pierre Bourdieu e a dos seus colegas, reforçou alguns dos protagonistas da política cultural pelos quais Maio de 68 foi o momento de uma brutal desmistificação. Reiterar essa posição impede a compreensão de Maio de 68 e também do que vem antes. Os que aceitam a ideia de uma tomada de consciência, da dissipação de uma "crença", colocam fora do campo da análise essa denúncia da democratização. Todo nosso esforço tende, pelo contrário, a reintroduzi-la aí, em vez de assumi-la como ponto de partida ou como postura de sociólogo. A segunda razão advém da nossa visão sociológica das crenças: não podem ser nem descritas nem explicadas a partir da oposição entre cegueira e revelação ou entre racionalidade e irracionalidade. Em primeiro lugar, nossas crenças podem ser motivadas positivamente ou negativamente: uma ideia nos parece muito mais aceitável quanto mais for congruente ou não se chocar com nossos interesses ou ambições; inversamente, admitimos mais dificilmente argumentos cujas implicações contrariam manifestamente esses interesses e essas ambições. Em segundo lugar, o crédito que damos a ideias é o mais das vezes racional, numa aceitação fraca desta palavra: ou seja, temos "boas razões" de considerar verdadeiras ou falsas essas ideias. As imperfeições dos raciocínios que fundamentam nossas crenças explicam-se pelas nossas disposições ou pelo contexto no qual se efetuaram, sem que o recurso à irracionalidade seja necessário. Assim, temos "boas razões" de ter fé "em ideias falsas, frágeis ou duvidosas", para retomar a expressão de Raymond

Boudon. Mas também acontece aderirmos a ideias verdadeiras, que o observador objetivo considerará válidas, por razões "falsas, frágeis ou duvidosas"[1]. Trinta anos de dados estatísticos estabeleceram claramente que a maior facilidade de acesso à oferta artística de qualidade não podia, por si só, contrapor-se aos elos entre a estratificação social e a distribuição das "práticas culturais". Consideramos, portanto, errônea a ideia que deu base, com outras, ao modelo de democratização preconizado por André Malraux. Isso nos levou a procurar as "boas razões" pelas quais a administração foi posteriormente denunciada, "razões" eventualmente afastadas da crítica racional das ideias de Malraux.

O objetivo deste capítulo é mostrar o papel da evolução das concepções e das preferências dos artistas da descentralização cultural na denúncia do ideal da democratização. Tenta-se dar fundamento às três afirmações seguintes:

– a emergência dessa denúncia tem por mola principal a evolução das maneiras de pensar as relações entre o Estado, os artistas e os públicos, entre 1965 e 1968. Não é reduzível a uma tomada de consciência. Não houve primeiramente ilusão e posteriormente clareza permitida por uma melhor apreensão dos fatos. As relações entre os públicos e as obras não evoluíram sensivelmente, mas sim as experiências sobre as quais se fundava a problematização das relações arte-públicos-Estados que mudaram;
– essa dupla mudança tem uma dupla origem: a evolução das aspirações e das ambições dos homens de teatro no comando das instituições da descentralização cultural, e as características da política das casas da cultura;
– enfim, a crítica das ilusões da democratização vai de mão dada com o destaque dado, no universo da descentralização teatral, ao tema da "criação" e da ideia de um crédito dos "criadores" com o Estado.

A DEMOCRATIZAÇÃO DENUNCIADA

A fórmula da democratização pelo apoio à oferta artística de qualidade foi a verdadeira carta fundadora do Ministério. A democratização cultural

---

1 O sociólogo mostrará, todavia, que se trata, em face da situação e das disposições dos atores, de "boas razões". É neste ponto que nós nos afastamos de Boudon, a que devemos grande parte de nosso entendimento do que sejam crenças. Ele reserva o termo "crença" a crenças falsas; cf. R. Boudon, *L'art de se persuader*, Paris: Fayard, 1990, p. 64. Certamente motivada pela oposição ao relativismo cognitivo, essa posição tem o inconveniente de não distinguir as razões da validade de uma ideia e as razões eventualmente imperfeitas e até mesmo errôneas pelas quais se crê uma ideia efetivamente válida. Essa distinção é por vez necessária; a noção de crença verdadeira pode ter um sentido. É notadamente o caso da denúncia como ilusão da democratização artística pela mera oferta artística.

passava, segundo o novo ministério, não por uma educação especificamente cultural ou pela aprendizagem das práticas artísticas, mas por uma apresentação física da arte – obras e artistas – aos públicos que não tinham o hábito de tal encontro. Em outros termos, a democratização cultural não consistia numa formação da demanda, mas num aumento da oferta cultural de qualidade e na organização de sua acessibilidade, pelo preço dos ingressos, os horários de abertura e a funcionalidade dos novos equipamentos. A noção de acesso à cultura tinha, nesse sentido, quase um sentido físico, e as casas da cultura deviam ser o local desse encontro. O Ministério aproximava-se, assim, de uma parte das ideias dos organismos cuja responsabilidade lhe cabia: o TNP e os grupos da descentralização teatral criadas desde a Libertação e apoiadas, com vigor desigual, pelos governos da Quarta República. Os pioneiros da descentralização teatral tinham a convicção de que era preciso oferecer a um público popular as obras da mais alta cultura.

Essa política cultural teve alguns anos felizes. Entretanto, os obstáculos, financeiros ou políticos, não faltaram. Os representantes eleitos relutavam em colaborar com o Ministério e em satisfazer as exigências de liberdade artística que a administração central associava ao respaldo financeiro outorgado às coletividades locais. O Ministério das Finanças tardou em ceder os meios que, aliás, mal bastavam. Mas nenhuma dessas dificuldades ameaçava a natureza dessa política minando seus princípios fundadores. Houve a suspeita, durante um momento, de que se corria o risco de um dirigismo cultural de Estado. Mas as primeiras nomeações dos diretores das casas da cultura, tal como as afirmações de Malraux e seus colaboradores, dissiparam rapidamente as suspeitas que poderiam ter contrariado a unanimidade em favor da ação do novo ministério.

Quando sobrevieram os acontecimentos de maio de 1968, a política das casas da cultura havia vencido boa parte dos obstáculos que conhecera no seu nascimento. Sete já estavam funcionando, seis estavam em construção e nove em projeto. Foi um verdadeiro choque, um traumatismo que sofreram os membros da administração do Ministério quando o conjunto dos responsáveis das instituições da descentralização cultural questionaram os fundamentos dessa política. Reunidos numa espécie de comitê permanente que se congregou em Villeurbanne, acolhidos por Roger Planchon, os diretores das casas da cultura, dos centros dramáticos e dos grupos permanentes adotaram uma declaração, que ficou famosa, tornada pública em 25 de maio de 1968. Ela rompia radicalmente com todas as convicções sobre as quais repousava a política de democratização de que as casas da cultura constituíam a joia mais preciosa, como ilustra o trecho seguinte:

Até recentemente, a cultura na França só era questionada, pelos não cultivados, sob a forma de uma indiferença com que os cultivados, por sua vez, pouco se preocupavam. Cá e lá, entretanto, algumas inquietações assomavam, alguns esforços eram empreendidos com o desejo de sair da difícil situação, de romper com o anseio platônico por uma repartição mais equitativa do patrimônio cultural. Pois a mera "difusão" das obras de arte, mesmo que adornada com um pouco de animação, já parecia cada vez mais incapaz de provocar um encontro efetivo entre essas obras e grandes quantidades de homens e mulheres... De fato, a brecha não cessava de se aprofundar entre uns e outros, entre esses excluídos e nós todos, que, de um jeito ou de outro, estávamos nos tornando a cada dia mais responsáveis por sua exclusão.

De um só golpe, a revolta dos estudantes e a greve dos operários vieram projetar, sobre essa situação costumeira e mais ou menos aceita, uma luz particularmente brutal. O que alguns dentre nós vislumbravam, sem querer se deter muito no fato, tornou-se para todos uma evidência: a violação do acontecimento pôs fim às incertezas [...]: a brecha cultural é profunda, [...] é – no plano que nos concerne – a nossa própria atitude em face da cultura que é questionada da maneira mais radical. Qualquer que seja a pureza de nossas intenções, essa atitude aparece de fato a uma quantidade considerável de nossos concidadãos como uma opção feita por privilegiados em favor da nossa cultura hereditária, particularista, isto é, muito simplesmente burguesa. Há de um lado o público, nosso público, e pouco importa que seja, conforme o caso, atual ou potencial (isso é suscetível de ser atualizado à custa de alguns esforços suplementares relativos ao preço dos lugares ou ao volume do orçamento publicitário); e há do outro, um não público: uma imensidade humana composta de todos aqueles que não têm chance alguma de aceder proximamente ao fenômeno cultural sob as formas que persiste em se revestir na quase totalidade dos casos[2].

Assim, os que tinham o encargo da democratização cultural questionavam a possibilidade e a validade de sua tarefa. Para melhor compreender a ruptura introduzida por esse texto, lembremos os ideais da Educação Popular e o credo do progressismo cultural que o Ministério dos Assuntos Culturais partilhava e que, além das subvenções, facilitavam a colaboração entre um ministro gaullista e equipes artísticas, geralmente de esquerda.

---

2   Essa declaração foi reproduzida em numerosas obras. Por exemplo, *L'action culturelle dans la cité*, Paris: Seuil, 1972, de F. Jeanson, que é o inventor da noção de não público e que inspirou uma parte importante dessa declaração.

Foram resumidos em três pontos:

1. o anseio de lutar contra a desigualdade de acesso à cultura;
2. a confiança na universalidade e a validez intrínseca da cultura que deve ser partilhada;
3. a crença na possibilidade de progredir na direção de uma democratização cultural independentemente da luta política, isto é, a crença numa autonomia relativa do setor cultural em relação à política.

Fazia-se possível pensar num progresso em direção a uma maior igualdade cultural sem esperar que as relações de força econômicas e políticas permitissem a transformação social que, aos olhos dos militantes desse ideal, constituía a condição de sua realização ideal. Havia, pois, a ideia de uma eficácia social própria da ação cultural que tornava concebível uma ação militante cultural independente de uma militância política, mesmo que lhe pudesse ser associada.

Inversamente, os signatários da declaração de Villeurbanne negavam a universalidade da cultura que haviam procurado expandir e, com a confissão de sua cumplicidade passada, tal como em outra passagem do texto ligando todo esforço cultural a uma tentativa de politização, rompiam com a crença numa autonomia possível da ação cultural em relação à política.

Retrospectivamente, uma parte dos signatários lamentou a utopia das reivindicações associadas a esse diagnóstico radical e a falta de habilidade de sua atitude diante do Ministério. Mas a declaração de Villeurbanne continha pela primeira vez todos os germes destruidores de um ideal de democratização que permaneceu, até 1982, o lembrete obrigatório de toda declaração sobre a política cultural, embora se tornasse cada vez menos crível. Um charme fora rompido. Suspeitou-se da eficácia dessa política como também de sua validez ideológica. Das estatísticas de frequência das instituições artísticas, deduziu-se que tornar as obras artísticas mais facilmente acessíveis, por uma política de preço baixo, por arranjos de horários e pelo aumento da oferta, não conseguia diminuir as desigualdades culturais. Chegou-se mesmo eventualmente a considerá-la nociva ou condenável. Nociva, quando se afirmou que poderia aumentar as desigualdades que pretendia dissipar; condenável, quando se percebeu por trás do anseio igualitário de seus militantes a imposição de uma cultura específica com pretensão a ser universal e a legitimação do seu próprio papel e privilégio cultural. A democratização cultural tornou-se aos olhos de alguns, inclusive entre os seus antigos defensores, uma ilusão ingênua, mas não inocente[3].

Por certo, a ideia de democratização cultural ainda possuía anos prósperos diante de si. Mas o tema do seu fracasso se tornou dominante no meio das ciências sociais, fortemente presente até mesmo no seio das instituições culturais e convenceu até alguns membros da administração central sob cuja tutela as casas da cultura e os teatros provinciais se encontravam. A política cultural não perdeu de um só golpe sua legitimidade, mas foi atingida nos seus princípios. Continuou, em seu conjunto, a se desenvolver durante todos os anos 1970 (as casas da cultura não foram abandonadas, mas nenhum projeto novo foi criado). Porém sua continuidade acompanhou-se da suspeita crescente, no melhor dos casos, de sua inutilidade, no pior, de sua malignidade ideológica.

Desde então, a política cultural conheceu uma tensão entre a exigência de atingir, de uma maneira ou outra, o mais amplo público e o de apoiar a criação artística. Pois a justificação dos recursos cedidos às instituições da descentralização cultural só podia ser prejudicada pela dúvida pesando sobre a eficácia da democratização cultural. A ajuda financeira às instituições artísticas de qualidade profissional conseguiu ser julgada elitista, enquanto as ações tendendo atingir prioritariamente um público desfavorecido puderam ser taxadas de populismo ou de demagogia. Em resumo, um hiato apareceu entre duas finalidades julgadas não somente legítimas, mas também da competência do Estado. Ao passo que fora possível acreditar na possibilidade de seguir conjuntamente os dois projetos, os observadores e vários dos seus protagonistas veem-se diante da política cultural defrontada por uma escolha cujas alternativas eram dificilmente conciliáveis: favorecer a vida artística ou bem democratizar a cultura.

A HISTÓRIA DE UMA FALSA DESILUSÃO

Esta parte tenta reconstituir os principais fatores e etapas de uma progressão das ideias e das preferências dos responsáveis pelas instituições da descentralização cultural que foram determinantes na brusca reviravolta operada sob o choque de Maio de 68.

---

3   Assim G. Leclerc, crítico teatral de *L'Humanité* [diário comunista], defensor entusiasta do TNP até 1968, publica em 1971 *Le TNP de Jean Vilar* (col. 10/18), no qual condena a "ilusão lírica" de que toda a esquerda francesa teria sido vítima a propósito do teatro popular.

A EVOLUÇÃO DAS AMBIÇÕES DOS HOMENS DA DESCENTRALIZAÇÃO TEATRAL

A ironia da história das casas da cultura consiste no fato de que, no mesmo instante em que o Ministério e sua administração faziam do espírito e da ação dos homens da descentralização teatral o modelo e o primeiro suporte da ação cultural, as aspirações e os conceitos desses homens e dos seus sucessores encontravam-se em plena mutação.

Esta se manifesta por uma mudança que anuncia, de fato, o fim de um movimento teatral nascido com Jacques Copeau no início do século XX, marcado por uma estética e uma relação com o público que se esgota com a terceira geração. É principalmente essa terceira geração que irá se beneficiar com a política de Jeanne Laurent, criadora dos centros dramáticos nacionais, e com a de André Malraux, criador das casas da cultura. Surgidos no imediato pós-guerra, os grupos de Jean Dasté, Hubert Gignoux, Maurice Sarrazin, Guy Parigot e Georges Goubert tinham uma atividade itinerante. Desde 1952, dois terços do território francês eram percorridos pelas turnês dos centros teatrais[4]. Uma companhia como a Comédie de l'Ouest, por exemplo, criada em 1949, cobria os cinco departamentos bretões e uma grande parte da Normandia. Ensaiava em Rennes, onde ficava sua sede, mas só representava aí de três a cinco vezes cada um dos seus espetáculos, ao passo que, durante a temporada 1961-2, oferecia de 200 a 250 representações em todo o Oeste. Porém, no início ou em meados dos anos 1960 – informação que varia de pessoa para pessoa –, esse último ramo da família dos Copiaux e dos Routiers e os que lhe sucedem são tentados, contrariando as práticas anteriores, pela sedentarização.

No mesmo momento, abre-se outra evolução que diz respeito ao teor do seu repertório. Até então, dominavam entre as obras representadas os clássicos e as obras modernas reveladas durante os anos 1930 pelo Cartel dos Quatro (Charles Dullin, Louis Jouvet, Gaston Baty e Georges Pitoëff). Como observava um dos seus membros, desde 1964, os grupos da descentralização estão, na época, mais atraídos pela criação contemporânea:

> Parece-me que a descentralização, nas suas relações com o público, conheceu dois períodos. No primeiro, foi preciso "pôr em dia" a informação teatral dos espectadores provinciais, não tanto no que concerne aos clássicos, mas quanto à produção do entreguerras, mais exatamente à produção do que chamamos o Cartel. Isto é, dar a conhecer primeiramente à nossa clientela as obras e a estética ilustradas por Jouvet,

---

4 Sobre toda a história dos grupos da descentralização teatral, o livro de D. Gontard permanece indispensável: *La décentralisation théâtrale*, op.cit.

Dullin, Baty e Pitoëff. Esse período corresponde mais ou menos, no que se relaciona comigo, aos oito anos que passei em Rennes. Em seguida, numa segunda fase, a que está em curso atualmente, a província tendo recuperado seu atraso quis viver em sincronia com o movimento teatral, ou até mesmo assumir a dianteira. Abria-se a era das pesquisas e das criações provinciais[5].

Gombrowicz, Genet, Frisch, Gatti, Brecht e outros autores contemporâneos apareceram nos cartazes dos teatros de província, às vezes antes de chegar aos palcos parisienses. Essa dupla mudança, associando sedentarização e abertura à criação contemporânea, teve em Roger Planchon seu modelo. Com dez anos a menos que os pioneiros da descentralização ainda em atividade, abandona rapidamente as turnês de que não gosta e procura se instalar em Lyon e em seguida em Villeurbanne no fim dos anos 1940. Inventa aí um novo tipo de teatro de província, um pequeno teatro-laboratório de criação à imagem de alguns teatros da *rive gauche*[6], que certamente conheceu durante o ano passado em Paris, em 1947. Rapidamente, atrai alguns meios intelectuais lioneses aos quais consegue juntar um público operário e, o que era fora do comum para um teatro de província, uma parte da crítica parisiense. Planchon criou alguns êmulos entre os homens que haviam levado uma vida nômade durante uma ou duas décadas e que, até então, só haviam sentido a necessidade do reconhecimento da crítica de maneira muito moderada. Forçosamente, essa mutação levava a outro tipo de relação com os públicos.

Os grupos da descentralização, não contentes em sulcar seu território, haviam acertado métodos de prospecção do público, "associações dos amigos do teatro", correspondentes em cada comuna visitada, conferências, visitas nas fábricas e nas escolas. A própria escolha das peças era por vezes acertada em combinação com esses mediadores do público[7]. Tal esforço em direção ao público, assim como os constrangimentos materiais da turnê, não deixava de ter influência sobre a escolha do repertório. Foi, pois, a uma libertação em benefício da criação que foi associada a fixação do grupo numa capital provincial,

---

5 H. Gignoux, "La décentralisation théâtrale et les centres dramatiques nationaux", *TEP*, abr. 1964, nº 7.
6 Bairro parisiense, na margem esquerda do Sena, onde se encontram os grandes liceus, universidades e, de maneira geral, os artistas e a boemia intelectual. [N.T.]
7 Cf. D. Gontard, *op. cit*. Quando Dasté declarou, a respeito do público dos trabalhadores: "Nós nos esforçamos em ir ao seu encontro e é nesta medida que ele chega a nós", não eram só palavras, mas a referência a uma maneira muito concreta e forçada de orientar sua atividade teatral. Cf. J. Dasté, "Le théâtre pour le peuple", *La Table Ronde*, nº 184, maio de 1963, p. 99.

permitindo que não se sacrificassem mais as "exigências artísticas", concebidas de modo autônomo, às exigências do encontro com novos públicos.
Seria possível reproduzir a evolução que acabamos de esboçar servindo-se daquela da revista *Teatro Popular*, criada em 1953 e encerrada em 1964. Essa revista, reunindo críticos de teatro tais como Roland Barthes, Bernard Dort e Émile Copfermann, teve como primeiro modelo inspirador o TNP de Jean Vilar. Ela o substituiu por Bertolt Brecht após a passagem por Paris, em 1956, do Berliner Ensemble. Se essa revista pode representar um bom espelho da mutação anteriormente descrita, é porque o brechtismo foi o seu suporte intelectual. A crítica que a revista fez em 1958 à encenação de Jean Dasté de O círculo de giz caucasiano é, deste ponto de vista, extremamente expressiva. Censurava-se um dos pioneiros da descentralização teatral, para os quais o teatro possuía o privilégio de unir, em razão de uma encenação "psicológica" autorizando uma neutralização da obra de Brecht por sua transformação em instrumento de comunhão estética:

> A crítica burguesa encontrou, em *O círculo*, o ponto de apoio para uma operação de envolvimento que lhe permite anexar, digerir, neutralizar Brecht. Não há mais amigos ou inimigos: estamos todos juntos para comungar no amor ao bem e ao belo, os corações expandem-se, as pupilas também... Não vejo como – acrescenta o crítico André Gisselbrecht – o Azdak (personagem principal da peça) que Dasté encarna pode perturbar as boas consciências [...]. Era preciso mencionar isso, porque deve ser factível celebrar aqui Brecht, como o fez Dasté à sua maneira "bem francesa", sem que seu gume afiado, inquietante, e a alavanca que "levanta o mundo" lhe sejam retiradas, sem que sobre ele se opere essa reconciliação interessada dos lobos e dos carneiros, com que o dramaturgo se teria espantado, e que certamente não precisava[8].

O ano de 1968 poderia ser o momento em que se generaliza a mudança dos argumentos justificando os privilégios do teatro. Era a primeira das artes a acordar as mentes unindo o público, permaneceu a primeira favorecendo a tomada de consciência por uma dramatização das contradições.

A implantação numa capital provincial permitia a um grupo teatral encontrar no meio dos profissionais do ensino, dos estudantes e de diversas profissões intelectuais, um público interessado pelas obras contemporâneas ou pelas encenações modernas, que os homens de teatro sedentarizados

---

8 *Théâtre Populaire*, mar. 1958, nº 29, pp. 108-10. Inversamente, Planchon terá o respaldo elogioso da revista.

desejavam experimentar. Mas essa liberdade adquirida teve como contrapartida uma segmentação do público mais acentuada. Pois, ao lado desse público intelectual mais aberto às novidades, subsistia outro, mais tradicional, o dos teatros municipais, onde dominavam a opereta e as peças ligeiras. À época dos grupos itinerantes, as vantagens da novidade eram de algum modo partilhadas pelos artistas e pelos espectadores. Os segundos, privados de teatro, encontravam-se mais abertos ao que lhes era proposto e menos sujeitos às exigências dos *habitués*, enquanto os primeiros encontravam a cada deslocamento, graças à mera presença dos espectadores, a caução tangível da validez de sua missão na conquista de um público novo. O sedentarismo interrompeu esse círculo virtuoso. Pois não somente aumentava o problema da fidelização do público, como deixava o homem de teatro muito mais exposto aos efeitos da estratificação social. A conquista geográfica não podia mais suprir a conquista social. Esse risco de choques com e entre diferentes frações do público potencial, devido ao sedentarismo gradual e à abertura criativa, foi agravado pelas características da descentralização cultural iniciada por Malraux, fatores de dramatização dos conflitos.

A DRAMATIZAÇÃO PELAS CASAS DA CULTURA

Os homens de teatro, diretores de centros dramáticos e das casas da cultura, reunidos em comitê permanente em Villeurbanne, em maio de 1968, retomaram uma concepção brechtiana do papel social do teatro: "Uma certa dramatização ou teatralização, não mistificadora, das contradições que habitam o homem pode favorecer consideravelmente a consciência que dela é tomada no seio de uma dada sociedade[9]". Entretanto, se houve de fato uma "dramatização das contradições" durante o período que nos interessa, proveio menos do teatro do que das casas da cultura. Excetuando o caso de *Os biombos*, de Genet, no Teatro Nacional do Odéon em 1966, a quase totalidade das polêmicas e conflitos surgidos entre o Estado, as autoridades locais, os artistas e diversas associações tiveram por quadro casas da cultura. O tema da polêmica tinha de fato como suporte o teor ideológico de uma peça de teatro ou do repertório escolhidos pelo responsável da casa da cultura. Mas o desencadear ou a amplificação do conflito eram o mais das vezes causados pelas próprias características que as casas da cultura punham em pauta. Com estas, não houve como deixar de evidenciar as divergências de interesses e de concepção dos representantes eleitos locais, do Estado, dos homens de teatro e de certas franjas da população que, até então, não haviam tido muitas ocasiões de se confrontar.

---
9   Cf. a declaração de Villeurbanne, *apud* F. Jeanson, *op. cit.*

De fato, as modalidades da descentralização anterior à criação do Ministério não se prestavam, ou pelo menos não em tal grau, a semelhantes conflitos. Os centros dramáticos ou os grupos da descentralização recebiam do Estado a quase totalidade de seus recursos públicos. Nenhuma parte e menos ainda paridade das subvenções respectivas do Ministério e das coletividades locais era exigida. Além disso, esses grupos se viam mais indicados para uma área geográfica do que para uma cidade. Principalmente itinerantes, só ofereciam uma parte reduzida e às vezes marginal de suas representações na ou nas capitais regionais do seu território de irradiação. Quatro ou cinco dos centros dramáticos existentes em 1958 não possuíam sala de teatro própria.

As modalidades de implantação das casas da cultura mudaram radicalmente a situação local dos grupos de teatro aí instalados. Sua existência estava subordinada à paridade das subvenções do Estado e da coletividade local de implantação. A construção da casa da cultura substituía muitas vezes o teatro municipal destruído durante a última guerra ou resultava da reorganização dos locais preexistentes incômodos ou antiquados. Equipamento novo, incluindo muitas vezes duas salas de teatro concebidas segundo as técnicas mais recentes e numerosos locais anexos, constituía quase sempre a única sala de espetáculos que a cidade possuía. De tal modo que, substituindo uma sala municipal que havia conservado sua clientela, tinha também o monopólio de fato, na comuna, das representações de espetáculos ao vivo. Só poderia atrair, portanto, a cobiça de uma parte da população que queria assistir a seus espetáculos habituais e preferidos, entre os quais as operetas e peças ligeiras tinham primazia, e a das associações culturais da região a quem faltavam locais para suas atividades ou que julgavam merecer, em razão de sua implantação e de sua irradiação, o seu direito à palavra em relação às manifestações de uma casa que absorvia grande parte do orçamento cultural da comuna.

Ora, o Ministério concebeu os estatutos das casas da cultura com a preocupação de proteger a liberdade de seu diretor, mormente para a programação das atividades e o uso dos locais, contra as intervenções dos representantes eleitos e das associações locais: contra os representantes eleitos, com intenção de obstar toda orientação partidária das casas e com receio de uma gestão clientelista; contra as associações culturais locais, por rejeitar o amadorismo e o particularismo local. Se a administração central do Ministério foi algumas vezes constrangida a aceitar algumas conciliações, sua atitude primeira e constante consistia em tentar manter o respeito absoluto dos princípios de funcionamento das casas da cultura que havia definido.

Vê-se assim em que sentido elas foram um fator de dramatização das divergências dos gostos artísticos e de interesses locais: suas modalidades operacionais só podiam mobilizar os interesses contraditórios opondo-se, diante dessa mobilização, aos ajustes. As casas da cultura contribuíram para exacerbar os conflitos cuja ocorrência o sedentarismo e o encorajamento à criação haviam facilitado. Mais exatamente, e essa nuance permite situar melhor sua influência malgrado o seu pequeno número, as casas da cultura puseram em cena esses conflitos. Os grupos da descentralização podem ter conhecido problemas semelhantes ao chocar ocasionalmente sensibilidades inclinadas à censura moral – inclusive no caso de peças clássicas – nas comunas que atravessavam. Mas tais tensões se viam atenuadas pela presença efêmera do grupo, a antecipação e o tratamento dessas tensões por intermédio das associações dos amigos do teatro popular ou correspondentes. Inversamente, o peso financeiro, o monopólio de equipamento e a visibilidade das casas da cultura puseram em cena os conflitos estéticos e políticos que tal obra dramática podia suscitar, fazendo pesar sobre eles os riscos dos jogos eleitorais. Essa encenação involuntária encorajou também a análise das clivagens estéticas do público em termos de classes sociais, atribuindo a cada uma das suas frações uma espécie de paradigma caricatural: o prefeito ansioso unicamente por sua "pesca de votos", o intelectual de esquerda ávido pelos últimos achados do diretor de vanguarda, o pequeno-burguês, comerciante ou tabelião, amador de operetas e das turnês Karsenty, o operário hesitando em transpor o limiar do templo da cultura.

Uma ilustração anedótica dessa encenação "dramatizante" das divisões do público é trazida por Hubert Gignoux, que explica, num livro de memórias e de história da descentralização teatral, como foi encenada em 1967 uma criação coletiva de todo o pessoal do Centro Dramático do Leste que ele dirigia e cuja primeira representação teve lugar numa data duplamente significativa, 1º de abril de 1968. Ele devia desempenhar seu próprio papel de diretor enquanto os atores representavam na sala

> o papel de espectadores representativos de nossas diversas clientelas. Um casal de intelectuais de esquerda, os bolsos cheios de *Le Monde*, de *Nouvel Observateur* e de revistas progressistas, pensava me ser útil convidando-me a levar em frente conjuntamente a conquista do público popular e a pesquisa de vanguarda, contradição habitual entre seus congêneres; um frequentador abastado das turnês Karsenty-Herbert, amador de peças leves, visitando-nos pela primeira vez reclamava sem cessar por um teatro "de diversão e seriedade moral", timidamente imitado por um operário que uma entrada gratuita atraíra para lá, em agradecimento por não sei que serviço na construção...[10]

---

10 H. Gignoux, *Histoire d'une famille théâtrale*, Lausanne: Éd. de l'Aire, 1981, p. 365.

A EMERGÊNCIA DA OPOSIÇÃO ENTRE CRIAÇÃO E ANIMAÇÃO E A RUPTURA DE 1968

A preocupação com a emancipação das condições tradicionais da descentralização, que uma nova geração de responsáveis de grupos sentia, pôde ocorrer mais fortemente e mais explicitamente ao chocar-se com a orientação de outros diretores de casas da cultura de perfil singular. A administração havia procurado implantar casas da cultura nos locais onde o trabalho anterior de um grupo de teatro havia preparado os representantes políticos locais, assim como a população, a acolher tal equipamento. Mas, conforme acasos, algumas das casas foram criadas sem que se pudesse nomear no comando um chefe de grupo, seja porque a casa da cultura encontrava-se desprovida de sala de espetáculos (Le Havre), seja porque nenhuma companhia de teatro havia até então frequentado a cidade e a região de implantação (Amiens, Thonon-les-Bains). Os diretores foram então escolhidos principalmente entre os administradores talentosos dos centros dramáticos mais antigos. Nomeados sucessivamente em Amiens, Jean-Claude Marrey havia sido secretário-geral do Centro Dramático do Leste e Philippe Tiry, administrador da companhia de Jacques Fabbri durante doze anos antes de assumir a Diretoria do Centro Dramático do Sudeste. Nomeado para o Havre, Marc Netter, antigo aluno de Jean Dasté, havia sido membro do serviço da pesquisa da ORTF. Não eram diretores e não dispunham de uma companhia, mas sua experiência profissional estava estreitamente ligada à escola da descentralização teatral. Esses diretores, mesmo que igualmente preocupados com a criação, não tinham que defender uma expressão artística pessoal. Por isso, encontravam-se mais inclinados em privilegiar o acolhimento de um público amplo e certo ecletismo artístico. É exatamente quanto a isso que uma forte polêmica entre dois partidários dessas orientações opostas instaurou-se em 1967. Em 31 de março, *Le Monde* publicou "as melhores páginas" de um livro de André de Baecque sobre as casas da cultura[11]. Este defendia uma casa da cultura-laboratório de pesquisa, apoiando-se sobre uma equipe de criação que reivindicava as mesmas posições. Ao espírito de pesquisa e à busca de novos autores, opunha uma concepção timorata, garantindo economia e segurança, de uma casa da cultura-garagem, que acolheria diferentes manifestações artísticas. Para sustentar sua tese, citava o trecho seguinte de um texto reflexivo escrito pela equipe de Roger Planchon, sobre o projeto de uma casa da cultura, prevista então para Lyon, que o diretor deveria dirigir e que no final das contas não foi criada:

---

11   A. de Baecque, *Les maisons de la culture*, op. cit.

Devemos conceber a casa da cultura como um centro de criação onde se produz arte num nível muito exigente. A casa da cultura não poderá ser um quadro das tendências do estado da arte hoje, onde se apresentariam todas as tendências. Deve ser estritamente orientada por uma equipe. Deve defender certa direção, possuir sua linha pessoal. A hipótese de ver uma revista literária defender toda a literatura [...] é uma brincadeira. É, todavia, o que pensam futuros animadores das casas da cultura: publicaremos uma revista que defenderá toda a literatura. Desafiamos qualquer um a alcançar o intento. Pelo contrário, sustentamos o ponto de vista que uma forma artística é discutível e que exatamente essa discussão pelo público é fundamental[12].

Em 18 de abril do mesmo ano, *Le Monde* publicava uma reação vigorosa de Marc Netter, diretor da casa da cultura do Havre, casa, lembremos, desprovida de sala de espetáculos e de equipe de criação. O antigo membro do serviço da pesquisa da ORTF recusava que se "opusesse a casa da cultura-garagem à casa da cultura-redoma" e manchava com a pecha de academismo "início do século" uma ação cultural confinada, à hora da comunicação de massa, da busca de uma estética. Lembrava o trabalho dos pioneiros da descentralização indo para a província "não para encontrar teatros confortáveis; antes, para encontrar aí, inventar aí um novo público. O instrumento desse encontro era, certamente, uma arte viva, exigente, anticonformista, mas a meta era de fato o encontro". Antecipando por alguns anos uma problemática da comunicação que iria desabrochar durante os anos 1970, notadamente com o Centro Beaubourg, Marc Netter designava como tarefa prioritária da ação cultural o estudo da recepção das obras e a descoberta de "dispositivos de comunicação [...] portadores de formas novas" mais urgentes que a fabricação de novos produtos. Taxava finalmente as convocações de André de Baecque em prol de uma criação provocadora de forma larvar de conformismo e de intolerância artística:

> E o que há de mais difícil, de mais arriscado até, pergunto: desencadear em tal subprefeitura uma pequena revolução favorecendo uma estética, guerrear durante dez anos, impô-la e fruir trinta anos deste êxito, ou então, pela criação de obras novas (evidentemente) confiadas aos artistas autênticos de nossa época, questionar tudo a cada espetáculo e dar ao público a multiplicidade de referências que lhe permitirá fazer uma

---
12 Esse trecho citado por A. de Baecque foi tirado de "A casa da cultura, museu, escola ou laboratório de pesquisa?", *Cité Panorama*: dez. 1965, nº 7.

escolha, sua escolha? O que é melhor: impor a arte do senhor X... ou a curiosidade de espírito[13]?

No fim do artigo, uma frase assassina denunciava de passagem as motivações escondidas que acreditava adivinhar por detrás da reivindicação em prol da criação:

> Finalmente, para voltar a esta vontade do autor de confundir a ação da casa da cultura com aquela de um grupo de teatro (de fato, a metade de sua página é consagrada a um panegírico do novo teatro), ousaria dizer o seguinte, que talvez surpreenda: não é aceitável que as casas da cultura sejam a forma assumida em 1967 dos centros dramáticos fartos de percorrer o interior e confortavelmente instalados[14]

Não se poderia ser mais claro na denúncia de um desvio do papel inicial das casas da cultura e do abandono, pelos homens de teatro, de uma missão de democratização. A ação cultural que, para os idealizadores das casas da cultura como também para os herdeiros de Copeau, integrava indistintamente o que se iria separar, encontrava-se, e por muito tempo, nitidamente cindida em duas opções: uma orientada para alcançar o público; a outra para as exigências da criação.

Esse debate persistiu e deve ter causado impressão o suficiente para que, durante um colóquio ocorrido na casa da cultura de Bourges, em abril de 1968, pudesse evocar-se a separação entre a missão de criação e a da difusão. É, aliás, o que se fará implicitamente nos anos seguintes com a criação de centros de ação cutual, geralmente desprovidos de equipe de criação, com o abandono progressivo da fórmula das casas da cultura e com a manutenção dos centros dramáticos.

É notável que nenhum membro da terceira geração dos Copiaux ainda em atividade, tal como Hubert Gignoux ou um Jean Dasté, tenha tomado parte dessa polêmica. Tinham certamente alguma dificuldade em situar-se num debate que separava o que nunca conceberam como distintos. É preciso principalmente observar que as partes adversas tinham em comum, na sua oposição, a mesma ruptura com a concepção das relações entre as obras e o público à qual aderiam, pelo menos implicitamente, esses pioneiros da descentralização[15].

---

13 M. Netter, "O papel das casas da cultura", *Le Monde*, Paris, 18 abr. 1967, p. 13.
14 *Ibidem*.
15 As concepções dos responsáveis pelas casas da cultura e dos centros teatrais e outros grupos da descentralização podiam assim distribuir-se, com nuances e variações, em três polos: os "criadores", os "animadores" e os "pioneiros da descentralização".

De um lado, a "comunicação" invocada por Marc Netter enfatizava a "relação" e anunciava as posições de Francis Jeanson, depois de 1968, e também as dos animadores socioculturais dos anos 1970, para quem a obra artística poderia constituir no máximo o suporte de uma relação. Por outro lado, a adoção, pelos jovens diretores, do historicismo artístico das teorias da vanguarda, fazia da distância entre o gosto do público e o dos artistas a manifestação do atraso dos primeiros em reconhecer uma verdade que os segundos anunciavam. Tudo isso estava muito distante dos herdeiros do Cartel, cuja preocupação consistia em partilhar obras com novos públicos. Essas obras poderiam ser contemporâneas; nem por isso beneficiavam-se de uma legitimidade histórica que merecesse sacrificar o público se tivesse dificuldade em aceitá-las. Podiam incluir uma crítica social, e a formação de um espírito crítico não estava ausente da missão que se davam os pioneiros da descentralização; mas o caráter contestatório de uma peça ou o reboliço provocado por uma encenação não garantiam o seu valor.

Essa demarcação comum em face da herança da descentralização teatral selou um frágil consenso entre os diretores de teatro e de casas da cultura em 1968. A declaração de Villeurbanne não une senão de maneira retórica os partidários da animação cultural e os da criação, como ilustra o trecho seguinte:

> Nós nos comprometemos, pois, a manter em todas as circunstâncias este laço dialético entre a ação teatral (ou mais geralmente artística) e a ação cultural, para que suas exigências respectivas não cessem de se enriquecer mutuamente, até nas próprias contradições que não faltarão entre elas.

Uma leitura atenta do texto mostra que ele, pelo contrário, acentua a oposição surgida publicamente em 1967 entre uma ação cultural que não se refere a nenhum conteúdo preexistente, "mas que espera unicamente do encontro dos homens a definição progressiva de um conteúdo que possam reconhecer", e uma criação teatral que, pela dramatização, facilita a tomada de consciência das contradições. As duas opções só possuem em comum a denúncia de uma cultura particularista porque burguesa e, o que constitui a verdadeira novidade trazida por Maio de 68, o esfacelamento da ideia de uma possível autonomia, no mínimo relativa, da cultura em face da política.

Viu-se que essa autonomia era uma das convicções que fundava o ideal da democratização cultural. Era ela que facilitava a adesão e a participação de artistas de esquerda (a que praticamente todos os homens da descentralização aderiam) à política cultural de um governo gaullista. A principal mudança sobrevinda em 1968, que a declaração de Villeurbanne firma, é a ruína dessa convicção. Os diretores das instituições da descentralização cultural afirmam não poder mais colaborar com uma política de democratização, que, a seus olhos, os torna cúmplices das desigualdades que supostamente deveriam combater. Também, para todos, o segundo ponto é a afirmação que todo esforço cultural deve "ser um empreendimento de politização".

É uma banalidade dizer que 1968 foi um choque político; mas é menos banal defender que, para o setor da sociedade que nos interessa aqui, não foi isso. Se colocarmos a declaração de Villeurbanne na perspectiva dos anos que a precedem, aparece em primeiro lugar como uma ruptura de aliança entre os homens da arte e a gestão Malraux. Aliança antinatural considerando as etiquetas políticas, mas que se tornou possível pelo compartilhamento de ideias semelhantes sobre o papel da cultura na transformação da sociedade.

Mas se, como transparece nessa declaração, Maio de 68 foi mais do que um choque político, é porque juntou, num só precipitado, ao mesmo tempo essa ruptura de aliança e todas as inflexões que suas ambições e concepções haviam sofrido, de 1964 a 1968. O termo "não público" é este precipitado que, de repente, escamoteia os novos públicos conquistados em vinte anos de teatro itinerante.

A EMERGÊNCIA DE UMA TENSÃO: O PÚBLICO OU A CRIAÇÃO

Resta compreender por que os signatários da declaração conferiram a uma ilusão, de que se teriam libertado de repente, o que parece ter sido antes de tudo o fruto da evolução progressiva de suas atitudes e de suas preferências. Não tinham eles fundamentos suficientes, qualquer que fosse a mutação de suas ambições e de suas condições de trabalho examinadas anteriormente, para atribuir a Maio de 68 a virtude de um desvelamento? Haveria ocorrido uma ilusão, um mito, até mesmo uma mistificação no núcleo do empreendimento de democratização cultural? Para responder a essas perguntas, começaremos por perguntar se os signatários tiveram acesso a um novo saber quanto às possibilidades reais da democratização cultural. Indagaremos em seguida rapidamente quanto ao lugar exato da ilusão ou da utopia no ideal recusado em 1968. Isso feito, será mais fácil compreender por que, desde essa época, a tensão entre as exigências da criação e as do mais vasto público possível não cessou de atormentar a política cultural.

CRENTES E INCRÉUS DA DEMOCRATIZAÇÃO CULTURAL

O tema do fracasso da democratização cultural tornou-se tão dominante nas ciências sociais no curso dos anos 1970 que é tentador atribuir à objetivação sociológica das práticas culturais um papel esclarecedor da mistificação. Teriam os sociólogos ensinado aos artistas que apenas sua ação, os meios que lhes eram cedidos pelo Estado e as coletividades locais não podiam lutar contra os efeitos da estratificação social sobre as práticas culturais? A resposta deve ser negativa. Se a sociologia pôde eventualmente desempenhar esse papel mais tarde, o exame das datas e das conclusões dos primeiros trabalhos sociológicos mostra que seu impacto só pôde ser marginal no período que nos concerne. De fato, estatísticas e estudos qualitativos sobre os públicos dos teatros e das casas da cultura encontravam-se disponíveis desde 1964: já as representações como também as práticas dos operários em matéria cultural haviam sido analisadas com apuro. Esses estudos já mostravam o caráter expressivamente minoritário da parte dos operários e das classes desfavorecidas no público dessas instituições. Mas, se esses resultados e sua interpretação designavam a amplitude da tarefa e das dificuldades a superar, eles não diagnosticavam o seu impasse. Nem os sociólogos autores desses estudos, nem os artistas dirigindo os equipamentos haviam concluído pela inanidade da política cultural.

Só podemos mencionar aqui um ponto que mereceria um longo desenvolvimento: as ciências sociais conheceram uma evolução que, sem ser paralela ou ligada à dos artistas que descrevemos na parte anterior, irá contribuir para fortalecê-la, trazendo-lhe uma caução científica retrospectiva. Até 1966, uma parte importante da pesquisa científica interessada pelo público das manifestações culturais está estreitamente ligada à educação popular. Para esses pioneiros da sociologia das práticas culturais, quase tanto pesquisadores quanto militantes culturais ou o inverso, pesquisa e ação cultural eram complementares. Sua relação podia se tornar difícil, até mesmo periclitante, em razão de mal-entendidos, mas não havia antagonismo de princípio entre os dois, graças a uma divisão de trabalho mais ou menos implícita que Jacques Charpentreau expôs claramente em 1964: o pesquisador tinha o encargo de estabelecer os dados factuais, mas o animador, porque agia, possuía, de sua parte, o direito de pronunciar o seu juízo. Em tal concepção, a ação cultural do animador tinha, de fato, o encargo da "causalidade social". E se pudesse haver suspeita, era a do animador em relação ao pesquisador, que, pela sua preocupação louvável com a objetividade factual, arriscava caucionar uma realidade social que era mister questionar.

> Não se exclui, por causa do jogo sutil da publicidade e da informação, que a mera descrição não seja no final das contas um fator de integração. A objetividade que impõe ao pesquisador uma espécie de descrição gélida não lhe dá a oportunidade de manifestar suas tomadas de posição. Neste domínio, não condenar é admitir, dirão alguns animadores. Não é porque um fato

permanece um fato que adquire uma imunidade sagrada contra a denúncia. Os mesmos animadores podem da mesma maneira lamentar, em algumas descrições, aparentemente objetivas, dos meios de massa, a simpatia que nasce frequentemente no sociólogo pelo objeto de sua pesquisa (quer se trate de uma pobre tribo indígena ou dos "ídolos" do teatro de variedades). Desejam que esta simpatia não mascare insuficiências. Mas não estarão mais uma vez exigindo que o sociólogo saia do seu papel[16]?

Segundo esta concepção, o pesquisador constatava, enquanto o animador, apoiado no levantamento dos fatos, contestava e tentava transformar esses últimos.

Em 1966, Pierre Bourdieu e Alain Darbel publicam O amor da arte, de que uma segunda edição sai em 1969. Mas o sucesso das conclusões desse livro é posterior à primeira edição. Para além de uma pesquisa sobre o público dos museus, os autores pretendiam desvelar "leis da difusão cultural". Utilizando-se da contribuição da teoria da comunicação, equiparavam a relação do público com a obra exposta a um ato de decifração. Sem a posse do código, que só poderia ser adquirido, segundo os autores, numa escola igualmente sujeita a reforma, toda ação cultural mostrava-se vã ou de uma eficácia marginal. Assim, lá onde os seus predecessores mostravam a amplitude dos obstáculos que a democratização devia superar, Pierre Bourdieu e Alain Darbel afirmavam uma impossibilidade.

> Só se pode duvidar da eficácia de todas as técnicas de ação cultural direta, desde as casas da cultura até os empreendimentos de educação popular, os quais, enquanto se perpetuam as desigualdades diante da escola, a única capaz de criar a atitude cultivada, só fazem compensar (no sentido exato de dissimular) as desigualdades culturais que não podem realmente, e antes de tudo duravelmente, reduzir. [...] Mas têm em todo caso por efeito convencer os que os intentam da legitimidade do seu projeto[17].

Agindo assim, rompiam com a divisão do trabalho esboçada por Jacques Charpentreau – os sociólogos apropriavam a "causalidade social", às expensas do animador, cuja ação servia ainda de alavanca em 1964-5 – e deslocavam o ponto de incidência de uma eventual democratização

---

16 J. Charpentreau, "L'animateur culturel face à la recherche", contribuição ao colóquio intitulado "Recherche scientifique et développement culturel", organizado na casa da cultura em Bourges, 2-3-4 nov. 1964.
17 P. Bourdieu, A. Darbel, L'amour de l'art. Les musées d'art européen et leur public, Paris: Ed. de Minuit, 1969, p. 151.

das instituições culturais e da educação popular para a escola. No mesmo movimento, invertiam o sentido da suspeita que, sempre segundo Jacques Charpentreau, o animador podia nutrir contra o pesquisador. Era agora o animador que deveria correr o risco de legitimar as desigualdades sociais e – circunstância agravante – justificar seu próprio papel e seus privilégios de homem cultivado.

Independentemente das intenções dos dois sociólogos, seu decreto de inanidade da ação cultural como também a denúncia de sua função legitimadora ecoavam, no meio das ciências sociais, a ostentação do "não público" e à confissão pública dos signatários da declaração de Villeurbanne. Essa conjunção reforçou a interpretação do choque de 1968 em termos de desvelamento de uma ilusão. Interpretação que projeta atitudes e análises cristalizadas em 1968 sobre o período que precedeu. Se nos libertarmos dessa visão retrospectiva, é possível dar conta da formação dessas atitudes e análises, como o tentamos aqui, em vez de tomá-las como chaves interpretativas.

Este questionamento de uma leitura "pós-68" da política de André Malraux e do seu contexto permite um olhar diferente sobre a suposta "crença" na democratização cultural de que os homens de teatro se teriam livrado de maneira súbita. Não podemos sobre este ponto ir além da formulação de uma pista a pesquisar. Talvez seja possível agora, em retrospectiva, avaliar melhor a parte de utopia vigente no intento de democratização cultural que lança nas estradas, já no pré-guerra ou na Libertação, a terceira geração de um movimento teatral iniciado por Copeau e que André Malraux retomará com inflexões significativas. Parece que os signatários de Villeurbanne e esses que retomarão mais tarde os argumentos da declaração superestimaram essa parte de utopia.

Se o ideal do teatro popular incluía de fato algumas esperanças que retrospectivamente podem ser julgadas ilusórias, como a do povo congregado em espectador, que apenas a televisão realizará, os homens da descentralização, em graus variados, certamente não ignoravam sua face utópica. Estavam cientes, dentro do próprio ideal, dos fins mais *militantes* de que realizáveis e das exigências práticas que esses fins induziam. Por exemplo, Jean Vilar, se acreditarmos em Alfred Simon, não se deixava iludir. A partir de 1949, já não acreditava numa comunhão através da arte dramática transformada "para ele mais uma nostalgia do que uma certeza[18]". Huber Gignoux, por sua vez, embora defendesse outra opinião sobre o caso Vilar, aproxima-se quanto à essência da posição de Alfred Simon em relação à parte de "ilusão cívica" do teatro popular que praticava:

---

18 A. Simon, *Jean Vilar*, Paris: La Manufacture, 1991, p. 101.

> Há três posições possíveis em face de uma ilusão: não a reconhecer, e a tomar como verdade, como Vilar, Copeau ou Chancerel, cada um com suas diferenças; rejeitá-la em bloco sem nada conservar, como os censores mais radicais; ou bem procurar no meio desses logros uma virtude, aquela, por exemplo de expressar um apelo que seria bom em si, mesmo se remeter a uma meta inatingível, simplesmente porque determina uma orientação justa dos pensamentos e dos atos. É minha posição, e não é mais utópica do que se dirigir com uma bússola para um ponto cardeal que permanece fora de alcance[19].

Se essa hipótese sobrevivesse a uma pesquisa mais aprofundada, poder-se-ia dizer que as miragens do teatro popular tiveram mais infiéis do que fiéis. Ficou, de qualquer maneira, mais bem assegurado que a recusa pronunciada em maio de 1968 foi antes a marca do esgotamento progressivo de uma exigência, a de um público novo, e a legitimação de uma nova, a da criação, do que a revelação espetacular de uma ilusão.

A TRANSFERÊNCIA DE UMA CARGA

Jean Vilar, que chegou a emocionar-se até as lágrimas ao consultar as estatísticas de frequência do TNP, não considerava ilegítima a obsessão das cifras cujo efeito sobre a energia criativa Jack Lang temia. Não estamos aqui opondo a encarnação mítica do teatro popular ao ministro da Cultura para condenar o passado recente em nome de um passado mais antigo e glorioso. A aproximação, posta no cabeçalho deste capítulo, do trecho do diário de Jean Vilar e o de uma tese sobre o teatro e o Estado publicada em 1968, intenta ilustrar a mudança das concepções dos homens de teatro que se opera entre 1964-5 e 1968, cujos motivos tentamos mostrar anteriormente. O que ainda foi possível escrever em 1964 sobre o teatro e suas relações com o Estado e os públicos não tem mais nada a ver com o que se pode ler após 1968. O diretor do TNP, que se definia como administrador e não como diretor e que teria *a fortiori* recusado o título de criador, reservado por sua geração aos autores, estava bem ciente das imposições do público sobre o repertório.

O TNP não foi um teatro de vanguarda. Jean Vilar tentou impor *Nucléa*, de Pichette. Teve que desistir em consequência da defecção persistente do público. A obrigação do sucesso mostrava-se particularmente forte no caso dele pelo tamanho da sala do *palais* de Chaillot (cerca de 2 mil lugares), como também pelo contrato de concessão que o ligava ao Estado. Mas, de qualquer maneira, para ele como para todos os homens da descentralização

---
19 H. Gignoux, *op. cit.*, p. 386.

teatral que cruzavam a França desde a Libertação, o teatro popular supunha ao mesmo tempo a qualidade das obras encenadas e a recepção dos novos públicos. Nenhum dos dois objetivos podia ser seguido separadamente, nenhum dos dois podia ser sacrificado em benefício do outro. Isso não significa que esses líderes de grupos teatrais não percebessem uma distância entre suas preferências estéticas e as do público. Mas sua missão consistia exatamente em "negociar" essa distância, em tentar reduzi-la progressivamente. Isso supunha que o "criador" não pudesse ter o estatuto de um polo fixo do qual, unilateralmente, o público deveria se aproximar. Vilar suspendeu as representações de *Nucléa*. Praticou, pois, a autocensura, mas isso não lhe parecia como contrário à democracia. A autocensura fazia parte do teatro popular.

A tensão que todo artista conhece entre suas preferências, a dos seus pares e as do público tinha de ser administrada pelo próprio artista. Era de certa forma sobre ele que pesava a carga do dilema e o cuidado em encontrar o equilíbrio entre as exigências de sua arte e a aclimatação do público. Carga pesada e equilíbrio delicado. E entre os grupos da descentralização, sempre em situação de crise financeira, o fiel da balança tendia frequentemente a pender em favor do público, como o sublinharam aqueles que procuravam preencher melhor as exigências artísticas. Eram essa carga e esses riscos que Maurice Sarrazin evocava, desejando aliviar seu peso:

> Tínhamos que escolher o repertório fazendo acrobacias, astúcias, para responder à necessidade de uma política cultural que satisfizesse menos nossas próprias exigências do que as exigências de uma cultura em curso. Era preciso também ter em conta as possibilidades de recepção das cidades que frequentávamos, quando boa parte delas recebia o teatro de um modo completamente inusitado, pelo menos esse tipo de teatro.
>
> Qualquer gesto excessivo do ponto de vista da cultura (por exemplo, escolher um autor desconhecido nessas cidades) constituía um gesto que podia condenar o conjunto do intento. As receitas baixavam de modo alarmante para a vida da empresa, mas de modo alarmante também para o gesto teatral; pois o teatro é um grupo de atores representando diante de um público reunido. Se o público não vem, o gesto teatral não acontece, ficando de lado quaisquer preocupações financeiras e técnicas[20].

* * *

---

20 M. Sarrazin, "Le théâtre est une démocratie", *Affrontements*, out. 1964, nº 29, pp. 20-1.

O cuidado em difundir o que as associações dos amigos do teatro popular chamavam de a "mais alta cultura", isto é, basicamente os clássicos do teatro, aos quais se juntavam os autores revelados pelo Cartel, facilitava sem dúvida a gestão dessa distância, conferindo uma aura de respeitabilidade escolar que os homens da descentralização escolhiam para alcançar públicos novos. Inversamente, as obras contemporâneas, buscando muitas vezes uma ruptura estética e/ou social, possuíam maiores chances de chocar os gostos ou as opiniões de certas frações desses públicos.

O alívio da carga suportada pelos artistas supunha que lhes fossem destinados, por um lado, recursos financeiros suplementares, por outro, uma legitimidade acrescida atinente tão somente à sua atividade e menos dependente da recepção do público. O Estado e as coletividades locais cederão as subvenções e em troca todo mundo, ou quase, lhes concederá o estatuto de "criador". O primeiro foi a vítima anuente e as segundas as vítimas mais reticentes dessa transferência de carga. Acentuando a distância entre os dois termos da evolução da justificação do apoio público aos grupos de teatro, pode se dizer que, ao cumprimento de uma missão de democratização, sucedeu a ideia de um crédito dos "criadores" em relação aos poderes públicos e à sociedade.

9. O fim da exemplaridade

> Permitir-me-ei uma comparação que clareie meu pensamento: ao lado das catedrais, igrejas são necessárias; do mesmo modo, se é verdade que a casa da cultura mostrou seus méritos, não esgota todos os níveis da animação que deve ser também, em nossos dias, mais difusa e, em suma, mais modesta.
>
> Jacques Duhamel

> O ministro exprimiu claramente sua vontade de não fazer da casa da cultura o começo e o fim da animação cultural.
>
> Jacques Rigaud

O período Duhamel compreende um bom número de fatos e de acontecimentos que envolvem direta ou indiretamente as casas da cultura: a evocação da necessidade das igrejas ao lado das catedrais, diversas denominações, a preparação de uma convenção coletiva para o pessoal das casas da cultura, a criação de um "terceiro círculo" de estabelecimentos culturais etc. Todavia, o conjunto desses acontecimentos que partilham o fato de sobrevirem durante o mandato de Jacques Duhamel tem um interesse limitado. Vários só são compreensíveis quando relacionados ao período que os precede, outros têm um aspecto significativo mais tardio. Por isso, longe de ser exaustivo, este capítulo tenta apenas cercar a particularidade desse período em relação à história da política das casas da cultura. Sob esse ponto de vista preciso, nossa tese é dupla: de 1971 a 1973, as casas da cultura perdem sua exemplaridade para o conjunto da política cultural do Estado; em consequência, é também, a partir de um viés peculiar que esclareceremos, o fim da política das casas da cultura. Jacques Duhamel e seu gabinete fizeram das casas da cultura simples instrumentos entre outros de sua política. Depois de 1973, tornam-se apenas "equipamentos" culturais, que de fato têm sua particularidade, mas que não são mais concebidos pelos ministros sucessivos como as instituições exemplares e vetoriais da política cultural do Estado. A história do Ministério torna-se mais complexa e não pode mais, nem mesmo de modo metafórico, identificar-se com a evolução da política das casas da cultura. Será preciso concluir que essa política atinge, então, o seu término? Sim, se considerarmos que não se reduzia a uma só medida, a implantação de equipamento, e se admitirmos que a exemplaridade era componente determinante de sua identidade.

Em 1969 e 1970, a política das casas da cultura fica em suspenso. Pierre Moinot e Francis Raison deixam a Rue Saint-Dominique. O fim da Diretoria-Geral das Artes e Letras (DGAL) e a criação da Diretoria dos Espetáculos, que não tem a responsabilidade das casas da cultura, deixam a tutela destas à espera da criação de uma Diretoria da Ação Cultural, que não acontecerá. Após a saída de André Malraux, Edmond Michelet e, posteriormente, André Bettencourt não têm tempo de redefinir orientações firmes.

Que sorte seria reservada a essa política no momento em que, um ano e meio após Maio de 68, um novo ministro assumia os Assuntos Culturais, apenas algumas semanas após a nomeação de Guy Brajot para a Diretoria do Teatro, das Casas da Cultura e das Letras? A adoção pelo primeiro de uma nova filosofia de ação e a experimentação pelo segundo da última desestabilização da doutrina acertada por Émile Biasini permitem alcançar melhor o significado e as consequências das medidas tomadas a partir de 1971.

UMA NOVA FILOSOFIA DE AÇÃO

Desde a sua posse, Jacques Duhamel adota uma filosofia de ação – isto é, uma definição da missão do Ministério e das grandes orientações de sua ação – que rompe com a de André Malraux, mas de modo sutil, seguindo a sua máxima favorita: "Primeiro continuar, depois começar"[1]. Após o exame dessa filosofia, relacionaremos sua adoção, primeiro à personalidade política do novo ministério e ao contexto de sua posse, em seguida, à existência prévia de uma temática do desenvolvimento da cultura exposta com brilho enfático pelo Sexto Plano.

A RUPTURA DENTRO DA CONTINUIDADE

O desenvolvimento cultural torna-se, com Jacques Chaban-Delmas[2] e Jacques Duhamel, a palavra-chave do discurso sobre a política cultural no plano do executivo governamental. Constitui, de fato, a terceira vertente do discurso sobre a sociedade nova de Jacques Chaban-Delmas[3], é o tema dominante e global dos discursos de Jacques Duhamel, e designa o Conselho que ambos instalarão em dezembro de 1971. O desenvolvimento cultural sucede, assim, à ação cultural, palavra-chave do Ministério à época

---
1 Duhamel tomava este lema emprestado de William James.
2 Jacques Chaban-Delmas (1915-2000) ocupou o cargo de primeiro-ministro (1969-72) sob Pompidou. [N.T.]
3 J. Chaban-Delmas, "Jalons vers une nouvelle société", *La revue des deux mondes*, jan. 1971, pp. 6-16, cf. anexo 5.

de André Malraux. A emergência de um novo vocábulo-estandarte põe a questão de uma eventual demarcação, e da sua verdadeira natureza, diante da concepção de política cultural do fundador do Ministério.

Nesse ponto, Jacques Duhamel adotou uma atitude que conciliava a homenagem a André Malraux e Edmond Michelet, a modéstia e a ausência de proclamação de qualquer ruptura com a afirmação clara de uma ação própria que superaria os limites das iniciativas anteriores. Nesse duplo movimento, o líder centrista definiu sua identidade e sua missão de ministro dos Assuntos Culturais. E, desde a sua posse, afirmando que não poderia "jamais pensar no mesmo nível que Malraux", nem "jamais viver no nível de Michelet", mas que tentaria administrar. Por humilde que fosse, sua posse atribuía ao novo ministro um papel positivo e original fundado sobre o diagnóstico das insuficiências da ação dos seus predecessores. A promoção do "desenvolvimento cultural" em lugar da "ação cultural" de André Malraux não reproduz o duplo movimento, mas tem a mesma função. Fornece, assim, em dezembro de 1971, três definições do desenvolvimento cultural, que, segundo ele, ao mesmo tempo complementares e contraditórias, devem nutrir uma "verdadeira política cultural"[4]. A primeira definição remete explicitamente a André Malraux e à primeira formulação da missão do Ministério: "Tornar acessíveis ao maior número [de franceses] as obras capitais da humanidade". Essa tarefa, cuja dimensão religiosa de que se revestia para o o seu predecessor Jacques Duhamel sublinha de passagem, deve ser mantida, mas, pois que insuficiente, deve ser completada. De fato, o crescimento do público das instituições ou manifestações culturais não pode levar a esquecer que, para uma maioria da população, "a cultura é uma terra estrangeira". Por isso, a segunda vertente do desenvolvimento cultural amplia o campo de ação da política cultural para a melhoria das condições gerais de vida, para a "vida cultural primária" (englobando arquitetura, *design*, meio ambiente natural, mídia, publicidade) e para a criação espontânea e popular. Finalmente, a terceira definição do desenvolvimento cultural é o apoio à criação e sua proteção.

Englobando a ação cultural de André Malraux, o desenvolvimento cultural de Jacques Duhamel parece prosseguir no mesmo caminho completando-a. Isso certamente não é falso, na medida em que os objetivos iniciais de democratização são mantidos e as instituições culturais criadas não serão postas em risco, mas, no que concerne ao quadro normativo e intelectual da política cultural instituída pelo autor de *A esperança* [Malraux], o discurso de Jacques Duhamel significa uma profunda ruptura. A cultura evocada por

---

4   Conclusão de seu discurso de inauguração do conselho de desenvolvimento cultural, sessão de 22 de abril de 1971, *Discours et* écrits, pp. 119-30.

Jacques Duhamel distancia-se, choca-se e contradiz uma série de vetores da definição cunhada por André Malraux e Gaëtan Picon. Isso se tornou perceptível logo na sua entrada no Ministério. Quando do seu primeiro pronunciamento diante da Comissão dos Assuntos Culturais, Familiares e Sociais da Assembleia Nacional, ele adianta as seguintes definições:

> É preciso que, em nossos dias, essa possibilidade de conhecimento, de percepção, de reação, de diálogo e de alegria possa ser oferecida às maiorias, o que coloca de antemão o problema dos mecanismos de transmissão, de educação, de difusão da cultura...
>
> O problema essencial talvez seja o da unidade da comunicação, não só com o passado, mas com o contemporâneo, não somente com as disciplinas literárias tradicionais ou artísticas, mas ainda com as disciplinas científicas e técnicas, pois a cultura não deve ignorar esses domínios[5].

Anulam-se assim as fronteiras separando a cultura da educação, do conhecimento e da ciência que definiam uma especificidade sobre a qual André Malraux havia assentado a missão própria de seu ministério. A recorrente invocação dos problemas comunicacionais e do diálogo é essencial, pois transforma fundamentalmente a natureza do problema que o Ministério havia-se proposto resolver: não se trata apenas de dar acesso à "alta cultura" cuja universalidade de direito permitia pensar que poderia ser partilhada de fato; o ponto de partida é doravante a constatação do que Jacques Rigaud chamará mais tarde de "cisma cultural[6]", isto é, o fosso entre grupos sociais possuindo "linguagens" diferentes cuja comunicação se trata de facilitar. A ausência de uma garantia de universalidade dos "conteúdos" culturais tem uma dupla consequência. Introduz, pela primeira vez nos discursos do Ministério, a aceitação antropológica da cultura como capacidade ou competência permitindo situar-se no mundo[7], à qual remete a segunda definição do desenvolvimento cultural, mencionada anteriormente, referente à "vida cultural primária" e à "criação espontânea e popular". Por fim, coloca a ação cultural sob o signo da experimentação e, consequentemente, da diversidade das vias seguidas. Essa experimentação diz respeito tanto, almejando atingir

---

5 *Ibidem*, pp. 21 e 31.
6 J. Rigaud, *La culture pour vivre*, Paris: Gallimard, 1975.
7 "Uma ação de ordem cultural é claramente aquela que permite a cada indivíduo desenvolver sua capacidade de situar a si próprio no seu tempo e no seu mundo, julgar, escolher, expressar-se e comunicar, reatar com o seu patrimônio acedendo ao mesmo tempo ao da humanidade": intervenção do ministro no colóquio europeu, realizado entre 7 e 11 de abril de 1972, sobre o tema "Prospectiva do desenvolvimento cultural".

a maioria da população, aos esforços em prol da comunicação e do diálogo, quanto, para a elite artística, à criação considerada como pesquisa.

Finalmente a tríade "alta cultura", "público reunido" e "acesso às obras" – que, no mínimo até 1965-6, selou o acordo ideológico entre a administração de André Malraux e os homens da descentralização teatral – é substituída pela tríade "criação", "multiplicidade dos grupos" e "expressão-experimentação-diálogo". Assim sendo, a democracia cultural como processo sucede à democratização como organização de acesso às obras.

Um político

A missão de reforço administrativo que Jacques Duhamel reivindicou não pode levar a esquecer uma importante característica que o distingue de André Malraux: é um político. No pós-guerra, Malraux havia-se engajado, por certo, na política, mas exclusivamente na esteira do destino nacional do general De Gaulle. Recusou candidatar-se a qualquer cargo eletivo. Inversamente, Jacques Duhamel tinha como profissão a política. Era, além do mais, o líder de uma componente-chave na eleição de Georges Pompidou à presidência da República e na maioria política que dali adveio. Com Jacques Duhamel, a política entra explicitamente na Rue de Valois. Resultam daí três características que só puderam favorecer a adoção das ideias e dos discursos ligados ao tema do desenvolvimento cultural e que esclarecem a maneira pela qual será "retomada" a política das casas da cultura.

Em primeiro lugar, Jacques Duhamel é, ao mesmo tempo, europeu e prefeito de uma cidade de tamanho médio, Dole; ou seja, terá pouca inclinação para atribuir ao Estado a exclusividade do impulso e da norma em matéria de política cultural[8]. A ação cultural do ministro de De Gaulle era estatal, voluntarista e unitária. As casas da cultura inventaram certamente um modo de cooperação entre as cidades e o Estado, mas o acordo e a convenção assinados com a municipalidade tinham, o mais das vezes, a forma de uma adesão a um projeto oriundo de um modelo concebido na Rue Saint-Dominique. Jacques Duhamel nem contestava o Estado-nação tampouco pensava em reduzir as prerrogativas do Ministério, mas não reservava ao Estado a exclusividade da função normativa e a iniciativa. Duas orientações rapidamente anunciadas correspondem a essa disposição: o processo de contratação das relações com as coletividades locais (supondo uma maior reciprocidade) e a diversificação dos projetos de equipamentos culturais. É evidentemente essa dupla inflexão que, na ocasião do seu discurso

---

8   Anotemos de passagem que a terceira via entre o americanismo e o sovietismo, que a universalidade francesa constituía para Malraux, encontra-se para Jacques Duhamel na Europa.

pronunciado diante da Assembleia Nacional, para o exame e a adoção do orçamento de 1972, precede a famosa frase preconizando a necessidade de igrejas ao lado das catedrais:

> Tal é a nobreza deste ministério: está a serviço permanentemente da cultura mais do que constitui um serviço público da cultura.
> Segue daí certo número de comportamentos diante das coletividades locais. A experiência me trouxe a convicção: é antes de tudo em seu meio natural, isto é, a cidade, o departamento, a região, que a exigência de cultura se enraíza e se desenvolve. [...] Tais contratos consistiriam em partilhar entre as comunas, os departamentos, as regiões e o Estado, as ideias, os meios e os homens, que permitiriam um verdadeiro desenvolvimento cultural, amplo, harmonioso e contínuo. [...]
> A ação cultural deve antes de tudo repousar sobre realizações locais, e, portanto, revestir-se de formas variadas.
> Num domínio em que a vida é mais forte que o sistema e onde a liberdade é a condição da troca, a proliferação das formas de animação cultural é a prova de sua vitalidade. A normalização seguirá, mas não saberia preceder a emergência das realidades[9].

Em segundo lugar, tanto pelas suas convicções políticas quanto pelo papel axial do polo centrista no seio da maioria governamental de então, Jacques Duhamel desempenha uma posição central na gestão política e "cultural" do pós-68. Ora, os homens tanto quanto as instituições ligadas à ação do Ministério do qual assume a responsabilidade foram profundamente questionados pelos acontecimentos de maio de 1968. Homens como Jean Vilar, Jean-Louis Barrault e o próprio André Malraux, e instituições, na linha de frente das quais as casas da cultura, foram pegas entre os fogos cruzados da crítica extremista de esquerda e de uma direita exigindo a volta da ordem. As iniciativas e os discursos de Jacques Duhamel na chefia do Ministério são indissociáveis de uma vontade de distensão política. Ora, o desenvolvimento cultural, enquanto diagnóstico dos males da sociedade francesa e dos caminhos da cura, é um instrumento cognitivo e normativo dessa distensão. Procura notadamente conter três tensões criadas ou, o mais das vezes, exacerbadas por Maio de 68: 1) entre políticos eleitos e artistas, pelo reconhecimento dos direitos da criação sem deixar de amaciar essas provocações

---

9 Discurso reproduzido em *Notes d'informations du Ministères des Affaires Culturelles*, nº 14, 4º trimestre de 1971, p. 4.

invocando a temática da pesquisa e do seu direito ao erro[10]; 2) entre criadores e animadores, que se opõem desde 1967, reconhecendo ao mesmo tempo a especificidade e a complementaridade de seus papéis; 3) relacionada à contestação da cultura dita falsamente universal e realmente "burguesa", a homenagem prestada à criação associada à "antropologização" da cultura não deixa de contemplá-la, mas sem comprometer o patrimônio das obras passadas e vindouras. O desenvolvimento cultural é, por excelência, um discurso da negociação e do compromisso; o "todo cultural" pretende reunir na preocupação com o diálogo e na ideia de um processo sem fim o que o "todo político" de Maio de 68 tornava inconciliável.

Em terceiro lugar, Jacques Duhamel é um ministro politicamente forte. Não precisa temer, por isso, as decisões interministeriais que a criação do FIC[11], assim como a atenção dada à coordenação relacionada ao desenvolvimento cultural, não deixam de multiplicar. O Ministério dos Assuntos Culturais, frágil desde a sua criação, tivera que definir sua especificidade e mostrar sua necessidade diferenciando suas iniciativas daquelas da Educação Nacional e, prioritariamente, do Secretariado para a Juventude e os Esportes. Inversamente, Jacques Duhamel será partidário dos equipamentos polivalentes nas cidades médias e pequenas, pressupondo a colaboração dos três ministérios.

Tais são as razões que, relacionadas ao contexto político do pós-68 e ao perfil de Jacques Duhamel, favoreceram a adoção, no topo do Ministério, do discurso do desenvolvimento cultural. Era preciso, por outro lado, que tal discurso estivesse disponível. A Comissão dos Assuntos Culturais do Sexto Plano encarregara-se disso.

A COMPORTA DO SEXTO PLANO

De fato, o essencial dos temas e dos argumentos dos discursos de Jacques Duhamel sobre o desenvolvimento cultural foram manifestamente tomados de empréstimo das ideias e dos textos provenientes da Comissão dos Assuntos Culturais do Sexto Plano, presidida por Pierre Emmanuel. Os relatórios e as reflexões que a nutriram e que suscitou serviram de "comporta de saída do reino de André Malraux[12]". Está fora de questão restituir o conteúdo desses relatórios, pois que o exercício seria parcialmente redundante com a explicitação

---

10 Isso se acompanha, em face dos eleitos, de uma exortação em prol da tolerância. Logo no seu primeiro pronunciamento diante dos deputados, Jacques Duhamel insiste reiteradas vezes sobre esse ponto e define a política cultural como uma política social e liberal, o problema da tolerância mostrando-se tão atual que já se preparava uma reforma da censura em matéria de cinema.
11 Fundo de Intervenção Cultural. [N.T.]
12 Retomo a expressão de J. Rigaud.

anterior das ideias adotadas por Jacques Duhamel. Contentar-nos-emos em lembrar as orientações muitos gerais que esclarecem porque o relatório da Comissão do Sexto Plano pôde desempenhar o papel de "comporta" para o novo ministro, bem como suas implicações para as casas da cultura.

O relatório da Comissão do Sexto Plano é, em primeiro lugar, uma interpretação de Maio de 68 e da situação social e política imediatamente posterior, identificada como "crise cultural" caracterizada por três sintomas: a dissociação da convivência social em razão das desigualdades culturais e o impacto nefasto das técnicas e da industrialização sobre os valores. O complemento desse diagnóstico cultural é a suspeita levantada contra a cultura "culta": apreciada unicamente pelos "iniciados", deixou de ser garantia dos valores e da integração da sociedade[13]. Mas é também uma severa crítica da ação anterior do Estado que, ansioso demais em acompanhar o desenvolvimento econômico, não controlou a concentração urbana, que limitou sua ação anterior "aos domínios consagrados do 'cultural'" e que mantém segmentações administrativas aberrantes como aquela que termina por "distinguir a ação cultural da ação socioeducativa ou 'sociocultural'". O complemento das censuras endereçadas ao Estado é o reconhecimento da necessidade de autonomia, tanto dos indivíduos quanto das associações, comunas e regiões. Com isso, o Sexto Plano manifesta os primeiros indícios da valorização das comunas e das associações, consideradas particularistas e retrogradas pelos "modernizadores" de antes de 1968 e logo investidas com uma missão de democracia de proximidade. Como a centralização e a segmentação se opõem à autonomia, o relatório preconiza a descentralização e a abertura administrativas.

No tocante à política das casas da cultura, duas questões merecem uma menção. Em primeiro lugar, as casas da cultura são severamente criticadas, explícita e implicitamente. Não aparecem mais como os instrumentos privilegiados da ação cultural. Além do fato de nenhuma subcomissão lhes ser destinada, o relatório julga prioritária uma política de animação em função da qual os equipamentos devem ser mais bem adequados e afirma que as casas da cultura, tal como as casas de jovens, "em razão de sua especialização e das condições de seu funcionamento [...] cristalizam os sentimentos de isolamento e de frustração, e se tornaram muitas vezes guetos de insatisfação"[14]. Em segundo lugar, o relatório mostra-se em plena harmonia com

---
13 Significativa, sob esse aspecto, é a citação posta no cabeçalho do relatório: "É na Europa culta que nasceu o nazismo com o seu escandaloso desprezo pelo homem", Fernando Debesa, Unesco, 1970, relatório da Comissão dos Assuntos Culturais: a ação cultural. Comissariado Geral do Plano, preparação do Sexto Plano, 1971.
14 *Ibidem*, p. 19.

as ideias daqueles que tiveram o encargo da política das casas da cultura de 1966 a 1969, Pierre Moinot, Francis Raison, André Rollier, aos quais é preciso juntar, pelos estudos apoiando essas ideias, Augustin Girard. Quer se trate da condenação do corte entre o "cultural" e o "sociocultural", que retoma com novas palavras a ruptura desejada por André Malraux e Émile Biasini entre ação cultural e educação popular, ou da crítica da ineficácia social das casas da cultura, o relatório da Comissão retoma os argumentos, quase *ipsis litteris*, desses homens do Ministério. Ademais, as alternativas que haviam imaginado, como os centros de ação cultural e os equipamentos integrados, anunciando o cuidado de desencravamento e de polivalência dos equipamentos preconizado pelo Sexto Plano, são alçadas ao estatuto de modelos a seguir.

Assim, via Sexto Plano, as ideias dos homens que haviam reorientado a política das casas da cultura após a saída de Émile Biasini encontravam o seu prolongamento em termos do ministro e do seu gabinete.

A ÚLTIMA DESESTABILIZAÇÃO DA DOUTRINA BIASINI

Qual é a situação da administração, encarregada das casas da cultura, no momento em que Jacques Duhamel toma posse? Alguns meses antes, em outubro de 1970, Guy Brajot fora nomeado por Edmond Michelet à frente da Diretoria do Teatro, das Casas da Cultura e das Letras (DTMCL). Ora, no momento em que, com a posse de um novo ministro, as decisões em suspenso poderiam ser tomadas, as reflexões da Comissão Cultural do Sexto Plano inscrevem o encaminhamento da política das casas da cultura num contexto intelectual muito diferente. Acontece, por outro lado, que Guy Brajot não compartilha de algumas das opções do Sexto Plano e, em especial, dos termos do diagnóstico crítico referentes às casas da cultura. Tendo sido o mais próximo colaborador de Émile Biasini de 1962 a 1966, ausente ou com uma presença mais discreta no tratamento direto dos assuntos da diretoria comandada por Francis Raison de 1966 a 1969, sua percepção da situação, dos problemas encontrados e das soluções a oferecer é mais orientada pela doutrina e pela experiência dos anos "Biasini" do que por aquelas de Pierre Moinot e de Francis Raison. Essa configuração singular tem a vantagem de tornar manifesta a confrontação entre a doutrina inicial da política das casas da cultura e o contexto do seu encaminhamento, exatamente no momento em que Jacques Duhamel assume suas funções.

Essa primeira oportunidade é duplicada por uma segunda. À entrada de um ministro encarregado de retomar uma administração e uma ação de alguma sorte "suspensa" desde a saída de André Malraux, o diretor do Teatro, das Casas da Cultura e das Letras (DTMCL) informa seu novo responsável político em relação às dificuldades encontradas, solicita instruções para enfrentá-las e sugere quatro opções. As quatro notas enviadas por Guy Brajot, de janeiro a abril de 1971, ao ministro dos Assuntos Culturais e ao seu gabinete oferecem assim o rastro de sua percepção da situação administrativa e da política das casas da cultura. Vamos rapidamente resumir o conteúdo dessas notas antes de explicitar o que manifestam: a última desestabilização da doutrina de Émile Biasini.

Quatro notas para o ministro

A primeira nota, datada de 15 de janeiro de 1971, ou seja, uma semana após a posse do novo ministro, tem como assunto a competência da DTMCL em matéria de ação cultural. Lembra em primeiro lugar a história das mutações da diretoria desde a sua criação em 1961. Chamada então de Diretoria do Teatro, da Música e da Ação Cultural, tinha o encargo da Ação Cultural, isto é, "duma missão de coordenação das iniciativas almejando 'colocar à disposição das maiorias... as maiores obras da humanidade[15]', e isso em todos os domínios da arte: teatro, música, artes plásticas etc." "Essa missão", acrescenta Guy Brajot, "realizava-se exemplarmente no seio das casas da cultura, ponta de lança da ação do Ministério." O decreto de 1966, retirando dessa Diretoria o encargo do setor musical, não modificou seu equilíbrio administrativo. Em contrapartida, a reorganização de 1969 instituía uma Diretoria dos Espetáculos, da Música e das Letras que, ao se tornar estritamente setorial, não possuía mais a responsabilidade das casas da cultura. A "setorialização" da Diretoria tinha um sentido na medida em que se inseria numa reestruturação mais geral da administração central do Ministério: supressão da Diretoria-Geral das Artes e das Letras de que dependia até então, projeto de criação de uma Diretoria da Ação Cultural que tivesse por competência as casas da cultura, a ação regional e a coordenação das iniciativas de todas as direções do Ministério. Em 1970, o gabinete abandonava o projeto de uma Diretoria da Ação Cultural e um novo decreto criava a diretoria confiada a Guy Brajot. Reunia novamente as casas da cultura e o teatro, mas conservava uma função estritamente setorial. Simultaneamente, o governo de Jacques Chaban-Delmas declarava que a Ação Cultural era essencialmente interministerial e criava, em 1º de janeiro, o Fundo de Intervenção Cultural (FIC), fundo sob a tutela do primeiro-ministro, assegurando o financiamento de operações culturais por vários ministérios. Guy Brajot herdava, assim, uma

---
15 A nota retoma um trecho do decreto Malraux definindo a missão do ministério.

situação em que casas da cultura e ação cultural pertenciam a instâncias administrativas diferentes. O primeiro risco de incoerência resultava daí: uma diretoria vertical possuía a responsabilidade de instituições que, em razão de sua vocação polivalente, supunham um mínimo de coordenação horizontal. Acrescentava-se outro risco, pois a distribuição das tarefas anunciadas pelo primeiro-ministro estava confusa. Em parte porque, desde a sua criação, o FIC parecia orientar-se mais para uma missão de incitação do que de coordenação. De outra parte, porque a Diretoria do Teatro, das Casas da Cultura e das Letras era solicitada por municipalidades ou associações para assumir tarefas de coordenação. Assim, Guy Brajot colocava duas questões para o seu ministro: quem tinha a responsabilidade da ação cultural entendida como ação de coordenação entre diretorias do Ministério, relação com os outros ministérios e a apoio a ações ou organismos ultrapassando o quadro estrito das competências de uma diretoria setorial? Quais eram os limites de competência de sua diretoria em matéria de ação cultural? Sublinhando que não reclamava nada, nem redução nem extensão de suas competências, senão um esclarecimento, sugeria todavia, sob forma de hipótese, que as casas da cultura podiam permanecer sob a sua responsabilidade, malgrado sua vocação interdisciplinar, pois que um grupo teatral lhes tinha, o mais das vezes, sido alocado. Pensava também, mas por razões que julgava menos evidentes, poder conservar o encargo dos centros de animação cultural, desprovidos de células de criação e de vocação polivalente muito nítida, já que suas estruturas e modalidades de gestão inspiravam-se nas das casas da cultura. Em contrapartida, sugeria, sempre de modo hipotético, não conservar nenhuma outra atribuição cultural:

> Para além, quer se trate de associações culturais locais ou de ações interministeriais, pode-se muito bem conceber que a DTMCL não tenha nenhuma competência especial. Suas atribuições poderiam, pois, ser estritamente limitadas à tutela das casas da cultura e dos estabelecimentos assimilados, tudo o que não concerne a este setor específico e que tem parte com uma ação cultural de caráter geral, implicando a colaboração de outras diretorias ou de outros ministérios, seria assumido em outro nível.

A segunda nota, datada de 18 de março de 1971, refere-se à situação, no seio da Diretoria, do Serviço das Casas da Cultura e da Ação Cultural, examinado do "triplo ponto de vista de seus meios financeiros, de seus recursos de pessoal e do seu domínio de intervenção". A dotação orçamentária para o ano em curso mostra-se insuficiente. A Diretoria teve que renunciar à majoração da subvenção das casas da cultura enquanto as municipalidades, que asseguram a metade do seu financiamento, estavam prestes a aumentar sua cota-parte. Pelas mesmas razões, a distância entre as subvenções do Estado e as das coletividades locais aos centros de animação cultural aprofundou-se e os estudos favoráveis a novos projetos não podem levar a uma previsão certa. Finalmente, embora o Serviço só disponha de dois quadros, sua carga de trabalho aumentou, pois que está na origem da diversificação do Ministério externamente às casas da cultura. Além do mais, os pedidos de apoio das municipalidades para operações supondo uma diversificação suplementar das ações da Diretoria são encorajadas pela publicação das propostas de ação do Sexto Plano que rumam no sentido de tal diversificação. O Serviço se encontra então espremido entre a estagnação financeira, a sobrecarga de trabalho e a demanda por uma diversificação mais ampla. Em consequência, Guy Brajot pede novamente um esclarecimento quanto ao domínio de competência dos seus serviços:

> Torna-se urgente, por um lado, definir o domínio e as modalidades de intervenção do Ministério, por outro, definir as responsabilidades de cada uma das diretorias ou serviços, a fim de ajustar, no prazo necessário, a execução desta política aos meios financeiros de que se poderá razoavelmente prever a outorga.

A terceira nota, datada de 20 de abril, tem como tema o projeto de criação da associação Annecy Action Culturelle. A nota acompanha, comenta e apoia as conclusões do relatório estabelecido por Catherine Tasca, na época chefe do escritório das Casas da Cultura, no término de uma missão efetuada em Annecy. O relatório preconizava um apoio moderado, em conjunto com o da cidade de Annecy, ao projeto de federação de numerosas associações locais, com o objetivo de promover uma ação cultural sobre o conjunto da cidade. Guy Brajot, em concordância com o relatório, é favorável ao respaldo de um encaminhamento estimado original considerando a política seguida até então pelo Ministério. Lembra, todavia, que uma resposta favorável empenharia uma nova ação quando a sua diretoria não tem os meios de manter, de maneira satisfatória, aquelas já em andamento. Julga, então, não poder dar uma resposta ao pedido das associações de Annecy, apoiadas pela prefeitura, tampouco ao de outras municipalidades enquanto não tiver obtido resposta às duas notas anteriores, assim como à quarta que envia no mesmo dia.

A última nota, datada igualmente de 20 de abril, comenta longamente o relatório redigido por André Rollier – superior hierárquico de Catherine Tasca – sobre o colóquio de Châteauvallon, que reuniu, de 29 a 31 de março, os diretores de estabelecimentos culturais (essencialmente casas da cultura e centros de animação cultural), com exceção dos diretores de grupos de teatro. Esse colóquio, destinado a obter a participação desses diretores no exame dos problemas de formação dos animadores e dos respectivos equipamentos, foi consagrado essencialmente à definição de sua missão: a ação cultural. Guy Brajot, que participou da primeira jornada, imediatamente constata o que a nota desenvolve em quatro páginas, sob a forma de advertência:

> Pareceu-me muito claramente que à concepção "estética" da ação cultural que fora a de André Malraux desde 1959, e depois das comissões do Quarto e Quinto Plano, e do conjunto deste Ministério há quase 12 anos, opunha-se, incorporada pela maioria dos animadores presentes, uma concepção de caráter nitidamente "social" ou pelo menos socioeducativa.

A concepção da ação que, segundo ele, era a do Ministério desde a sua criação, decorre diretamente de sua missão tal qual foi definida pelo decreto de 24 de julho de 1959. Associada à conduta natural do artista para com o seu público, tornando inútil a noção de "animador-mediador" entre um e outro, essa concepção da ação cultural conduziu, lembra Guy Brajot, à nomeação, para a chefia das primeiras casas da cultura, de praticantes de uma disciplina artística.

A segunda parte da nota empenha-se em mostrar em que a concepção dos animadores de Châteauvallon opõe-se à anterior: não procede mais da obra de arte, mas da definição prévia de um objetivo global de natureza social; a ação cultural não é mais uma justaposição de ações almejando levar a conhecer obras de arte, mas uma ação coerente pretendendo atingir o conjunto da população (em vez de um público de iniciados) para a qual a obra de arte é um suporte não exclusivo, selecionado menos por sua qualidade do que por seu significado. Em consequência, o animador deve ser mais "um animador do meio" do que o praticante de uma disciplina artística.

Finalmente, após lembrar a ausência, no colóquio, dos diretores das casas da cultura, em função ou designados, responsáveis por ou oriundos de um grupo teatral, Guy Brajot sublinha os três riscos que introduziria a adoção dessa nova concepção da ação cultural. A especificidade do Ministério até então ligada a "ações de referência e de nível cultural muito alto" arrisca desaparecer se for substituída por ações "banalizadas" mais próximas da educação popular. A nova concepção, menos preocupada em tornar acessível à maioria a obra de arte do que na tomada de consciência de todos os aspectos da vida cotidiana e no engajamento livre em um projeto de transformação do mundo é "politizante". Mais gravemente, arrisca tornar-se política, seja pela escolha dos objetivos ou das obras selecionadas, seja pelo anseio de "globalização", que pode culminar, segundo Guy Brajot, em uma forma de totalitarismo ou de terrorismo intelectuais. Finalmente, a concepção dos animadores reunidos em Châteauvallon substituía a noção de estabelecimento (casa da cultura ou centro de animação cultural) pela de ação cultural global no plano de uma coletividade local.

Guy Brajot concluía que nenhuma política de formação se tornaria possível enquanto uma doutrina para a Ação Cultural não fosse claramente definida e adotada pelo Ministério.

A DESESTABILIZAÇÃO DE UMA DOUTRINA

O resumo dessas quatro notas era necessário para reconstituir a análise de Guy Brajot e mostrar seu interesse e pertinência para nosso propósito. As notas mostram como a evolução das ideias e das práticas dos interlocutores da Diretoria do Teatro acabou por desestabilizar a doutrina que orientava a ação da administração. No momento em que escreve as quatro notas, a concepção que Guy Brajot tem da ação cultural e das condições de desempenho da diretoria de que foi encarregado há poucos meses são postas em xeque pelas concepções provindas das ideias emitidas pela comissão cultural do Sexto Plano, das iniciativas de algumas municipalidades e associações e da visão dos animadores. Elas ameaçam o modelo de ação da política das casas da cultura em execução desde 1961 e, assim, permitem compreender melhor, *a posteriori*, a sua depuração. Esse modelo pode ser caracterizado pelas quatro características descritas a seguir.

1. O diretor da casa da cultura é um animador que reúne o domínio da arte e a capacidade de convidar o público a compartilhar de seus benefícios. O animador é, na origem, aquele que favorece o choque cultural entre o público e as obras. É o instrumento e a encarnação da missão do Ministério: tornar as obras acessíveis a todos, unicamente pelo impacto da arte, sem o recurso a uma pedagogia ou a uma prática de amador. O próprio termo de animador opõe-se, então, ao de mestre ensinando o conhecimento ou a prática, como será o caso mais tarde.

É, pois, de fato um mediador; mas, como o paradigma de um homem assim é então fornecido pelos pioneiros da descentralização teatral e do teatro popular, é também o mais das vezes um artista. É, logo, considerado como um operador direto do encontro das obras e do público, e não como um intermediário entre os dois. É ao mesmo tempo, segundo categorias que lhe são posteriores, "criador", de uma interpretação ou de uma obra, e "animador".

A oposição criação/animação só se afirma fortemente a partir de 1967, isto é, muito depois da concepção das casas da cultura.

A emergência da oposição pesou sobre o trabalho da administração desde 1967. Em 1968, durante o encontro dos responsáveis das casas da cultura e dos centros dramáticos em Villeurbanne, o corte, já nitidamente iniciado entre uns e outros, só fora atenuado de modo puramente retórico no texto da declaração de Villeurbanne. As reuniões mantidas na Rue Saint-Dominique em 1969, almejando uma nova síntese, terminaram pela constatação do caráter irremediável da clivagem. O colóquio de Châteauvallon, suscitado pela administração e animado por André Rollier, marca o remate da diferenciação surgida em 1967. Os responsáveis pelos equipamentos não originários de companhias teatrais são reunidos e tentam definir a especificidade do seu papel e da sua tarefa: a animação.

Só podemos enfatizar a importância desse corte na história da política das casas da cultura. O movimento, ou mais exatamente a família, da descentralização dramática havia fornecido um pessoal de direção provido de três vantagens: um penhor de qualidade pelo profissionalismo adquirido e reconhecido; a partilha de um ideal da democratização cultural; uma neutralização, graças a essa partilha, das clivagens políticas, permitindo a colaboração de um ministro gaullista com homens de teatro de esquerda. A emergência de homens de teatro voltando-se quase exclusivamente para as exigências da criação e de homens reivindicando o papel de animador para os quais a criação artística é um suporte e não um objetivo rompe com tudo isso. Os contornos da ação cultural se tornam incertos e variáveis conforme os indivíduos[16]. Essa incerteza não pode ser ligada unicamente à atitude de Guy Brajot, desfavorável à autonomização demasiada da animação. É percebida também pelos partidários dessa animação. O caráter indissociável, nos debates do colóquio, dos problemas de definição da animação e da formação dos animadores manifesta a fragilidade da identidade e da especificidade de uma tarefa e de um papel tendo por únicos critérios tangíveis apenas os marcos entre os quais navegam: o artista e o animador do "meio". Essa fragilidade não questiona a clareza das concepções de um Jean- Claude Marrey ou de um Francis Jeanson, por exemplo, assentando resolutamente a animação sobre a criação. Ela provém do fato que o recrutamento dos "animadores" não pode mais apoiar-se sobre uma profissão cuja tarefa e cujos modos de reconhecimento próprios, com também a anterioridade em relação à ação cultural, ofereciam critérios de competência e baluartes contra os riscos, como também contra as acusações, de "politização", critérios e baluartes essenciais ao trabalho da administração. Em suma, a emergência

---

16 Eles não tinham dúvidas antes, pois os homens colocados no comando das casas da cultura eram diferentes e adotavam práticas diferentes de direção, mas com uma linguagem comum.

dos animadores externos à descentralização teatral fragiliza um dos pilares da implantação das casas da cultura: uma profissão.

2. O outro pilar é o equipamento. Segunda característica do modelo de ação que descrevemos, é o único local de exercício da ação cultural, isto é, do encontro da arte e do público. A "casa" reúne não apenas todos os locais necessários para a expressão de todas as artes e para suscitar e multiplicar o desejo cultural de todos que nela entram. É também, no plano político, ao mesmo tempo o ponto de articulação e o baluarte que garante uma separação entre o exercício da ação cultural desejado pelo Ministério e o contexto político local no qual ela devia inserir-se de qualquer maneira. Sujeita à colaboração financeira do Estado e das municipalidades (cada um financiando 50% dos custos da construção e do funcionamento), é também uma espécie de zona franca onde se exerce a soberania do diretor, emancipado da pressão dos interesses locais (pressão particularista dos representantes eleitos locais ou das associações). Assim, suporte da cooperação da administração central, dos representantes eleitos locais e do artista, o equipamento constitui também um marcador das fronteiras de seus domínios de competência respectivos.

Essa função de articulação das exigências e de estabilização do ajuste entre representantes eleitos locais e o Ministério, que possuía a casa da cultura como equipamento, é então perturbada de dois modos complementares.

Em primeiro lugar, pelos princípios de definição e de funcionamento dos centros de animação cultural. De fato, com o abandono da paridade dos financiamentos da construção e do funcionamento, dois terços para a cidade e um terço para o Estado, e com a ideia de uma programação conciliando as exigências de qualidade do Ministério e do diretor do centro com as das associações ou dos representantes eleitos, o CAC não é uma casa da cultura menor, é um equipamento de outra natureza. Seus muros não são mais a fronteira tangível da separação das competências resultantes de um ajuste inicial. Doravante o ajuste estético e político entre municipalidades e/ou grupos locais, por um lado, e Ministério ou responsáveis pelo equipamento, por outro, exerce-se dentro dos seus muros.

Em segundo lugar, as ideias de animação global, ligadas à temática do desenvolvimento cultural e reivindicadas por um bom número de "animadores" reunidos em Châteauvallon, têm o mesmo efeito que os CAC, mas segundo uma modalidade inversa: em saindo do equipamento. Neste caso, o equipamento não passa de um suporte, sem dúvida privilegiado, mas um entre outros, de uma ação de animação. Esta estende sua área de exercício ao conjunto da cidade[17]. Não tem outros limites do que as do comportamento do animador e dos grupos da população que consegue encontrar. É nesse sentido que vão as iniciativas de Francis Jeanson em Châlon-sur-Saône, em que dirige a prefiguração de uma casa da cultura, e as concepções da ação cultural dos animadores reunidos em Châteauvallon. Paralelamente, as iniciativas de algumas municipalidades ou associações locais afirmando que a política cultural deve ter como espaço o conjunto da cidade, num momento em que começa uma revalorização do local, quando as associações se tornam menos sinônima de particularismo local do que de iniciativa, tendem a solicitar um novo modo de intervenção estatal no que lhes diz respeito que deixa de ser identificável ao financiamento de um equipamento funcionando segundo as normas definidas pelo Ministério. É o caso notadamente dos promotores do projeto de uma federação de associações encorajando e coordenando as iniciativas culturais sobre o conjunto da cidade de Annecy, Annecy Action Culturelle, apoiada pelo prefeito da cidade, constituindo o assunto da terceira nota de Guy Brajot.

3.Quando permanecia restrita ao equipamento, a ação cultural não criava nenhum problema de coordenação administrativa, malgrado a vocação polivalente da casa da cultura. A vocação transversal da diretoria criada em 1961 era facilitada pela sua integração no seio da Diretoria-Geral das Artes e das Letras e pela estreita cumplicidade entre os diretores de ambas (Picon-Biasini de 1962 a 1966, Moinot-Raison de 1966 a 1969) e pelo fato de que as casas da cultura, então o único instrumento novo do jovem ministério, tinham, elas também, vocação para agrupar em suas paredes a totalidade das expressões artísticas. Todavia, o essencial não reside aqui no problema da coordenação administrativa, mas na articulação do trabalho da administração e dos diretores de casa da cultura com as inevitáveis pressões dos representantes eleitos.
Até 1967-8, o esteio exclusivo da ação cultural baseado no equipamento e nos homens da arte, associado ao apoio e à relativa não intervenção do gabinete do ministro, fazem das relações administração central/diretores de casas da cultura o eixo quase exclusivo da política da ação cultural. Não é de estranhar que esse eixo tenha sido, se não apagado, pelo menos disputado pelo gabinete e por organismos interministeriais como o FIC, visto que o equipamento e também os artistas perderam a exclusividade da ação cultural. Não é de fato um acaso Pierre Moinot ser o mesmo homem que, como diretor-geral das Artes e das Letras de 1966 a 1969, promove a diversificação

---

17 As casas da cultura concebidas por Moinot e Biasini de 1961 a 1962 visavam igualmente à transformação da cidade, mas a partir de uma ação circunscrita ao recinto do equipamento.

dos equipamentos (CAC e equipamentos integrados), uma dissociação parcial entre criação e difusão-animação e propõe, com a dissolução da DGAL, a formação de uma Diretoria da Ação Cultural com vocação horizontal. Isso termina por uma multiplicação das relações de negociação entre aqueles que executam a ação cultural (a administração e os responsáveis por equipamento) e as instâncias de expressão das pressões políticas (gabinete e municipalidades).

4. Uma última característica está presente em cada uma das outras três. As casas da cultura "operacionalizaram" uma oposição entre o universal e a representação política. Da parte da filosofia de ação de Malraux, havia uma correspondência entre sua filosofia estética – apregoando um choque direto da obra sobre o público, sem mediação pedagógica, possibilitada pela universalidade das experiências humanas reveladas pela arte – e uma concepção jacobina fazendo do Estado o fermento da nação francesa e da sua universalidade, concepção que deixava pouca validade à legitimidade dos prefeitos em matéria de política cultural. Tudo isso pode parecer bem abstrato, mas tal visão possuía consequências práticas até mesmo nos estatutos das casas da cultura. O equipamento devia constituir o local do encontro entre as obras e o público sem a mediação de uma pedagogia e sem a prevalência dos "representantes". Associação local alguma devia ser representada como tal. Pierre Moinot e Émile Biasini tiveram, nesse ponto, posições idênticas. A questão foi colocada mais explicitamente para a escolha dos membros da associação gerenciadora da casa da cultura. A "autoridade cultural" foi preferida à "autoridade construída", pois é a "qualidade" das personalidades escolhidas que se quis privilegiar mais do que sua representatividade, por exemplo, como responsável por uma associação local. É também em nome da oposição entre o universal e a representação particularista que foram rechaçadas as pressões em favor de manifestações ou de grupos artísticos locais. Todos tinham, de direito, a possibilidade de se beneficiar dos locais da casa da cultura, diziam Pierre Moinot e Émile Biasini, mas em nome de sua qualidade artística, e não em função de seu enraizamento local. A qualidade artística, associada nos textos à universalidade, era um critério de exclusão das manifestações ou dos grupos reivindicando seu direito sobre o equipamento em nome de sua representatividade no seio da população.

Uma primeira distorção desses princípios, sem grandes consequências para a época que nos concerne, surgiu com a organização dos estatutos em favor da presença dos "representantes dos sócios" da casa da cultura no seio do seu conselho administrativo. Apesar do sentimento, na Rue Saint-Dominique, de que esses princípios poderiam ser modulados, a força deles permanecia grande, como o atesta a nota de Catherine Tasca a propósito do projeto da Annecy Action Culturelle. Lembremos que ela foi, bem como seu diretor, favorável ao projeto, embora sublinhando que este se afastava dos modelos do Ministério. Sua argumentação em favor dessa federação, fundada sobre o encaixe de representações das associações locais[18], se esforça em destacar as características que limitam o domínio daquilo que a administração da Rue Saint-Dominique quis sempre conter: a autoridade por delegação e o particularismo. Assim, ela sublinha que, entre os promotores do projeto, a vontade de preservar a vida associativa se encontra "unida à vontade de ultrapassar objetivos próprios a cada grupo pela promoção de uma verdadeira ação cultural no contexto da cidade", ou ainda, que os grupos de trabalho consultivos setoriais previstos pelo projeto permitem "a participação de pessoas exteriores aos grupos. É, pois, a atenuação da composição federativa da associação[19]". Se o caso e o tratamento da Annecy Action Culturelle manifesta a desestabilização da doutrina da administração, mormente na sua desconfiança diante de qualquer fenômeno de representação, é porque essa federação aparecia aos olhos da Rue Saint-Dominique merecedora de apoio mesmo que transgredisse os princípios de sua doutrina.

Observemos para terminar, e a fim de evitar qualquer mal-entendido, que aquilo que chamamos de última desestabilização da doutrina Biasini não possui nenhuma dimensão psicológica ou individual. Nem Guy Brajot, nem André Rollier ou Catherine Tasca se sentiam "desestabilizados"; é a pertinência de um instrumento de trabalho da administração que, na época, foi questionada. Notemos igualmente que, se pusemos em evidência esse fato por meio das notas de Guy Brajot, a desestabilização era da mesma maneira percebida por aqueles que, como André Rollier, tinham mais simpatia pela evolução em curso, ilustrada pelas ideias do Sexto Plano.

O FIM DA EXEMPLARIDADE

Não encontramos nos arquivos que consultamos as respostas do ministro ou do seu gabinete às perguntas de Guy Brajot. Entretanto, as entrevistas realizadas com os interessados e as medidas tomadas permitem reconstituir a orientação dessas respostas e o tipo de colaboração entre gabinete e administração central que induziram. As notas de Guy Brajot e a adoção pelo ministro das ideias associadas ao desenvolvimento cultural podem nutrir a hipótese de uma contradição entre suas concepções e, portanto, de uma colaboração difícil. Parece que não houve nada disso. A possibilidade de uma colaboração medianamente serena entre um gabinete e um diretor de administração central pode sempre

---

18 Os sócios individuais deveriam ser obrigatoriamente membros de uma associação que participasse da federação.
19 Relatório de missão em Annecy, 27 de março de 1971.

estar relacionada à personalidade dos protagonistas. Mas ela nos interessa aqui naquilo em que manifesta a natureza de uma política.

Até 1969, as relações entre o gabinete e o diretor do Teatro e das Casas da Cultura conheceram, grosso modo, duas formas. A primeira é marcada por uma relativa discrição do gabinete e uma forte autonomia do diretor, garantida pelo acordo sobre os grandes princípios de ação e a confiança pessoal de André Malraux. Essa configuração coincide notadamente com a presença de André Holleaux no gabinete, atarefado com a reorganização administrativa do Ministério. A segunda é, inversamente, caracterizada por uma intervenção mais forte do gabinete nos assuntos da diretoria e coincide com o afastamento do ministro, as tensões políticas do pós-68 e a presença de Antoine Bernard na direção do gabinete (resultando na saída de Francis Raison e Pierre Moinot). As posses quase concomitantes de Jacques Duhamel à cabeça do Ministério e de Guy Brajot na Diretoria do Teatro instauram um novo tipo de relação, menos passional e menos personalizado.

O ministro só precisa de uma lealdade profissional, comum na administração, sem completa comunhão dos espíritos. Tanto o pragmatismo dos envolvidos como a impossibilidade, percebida por todos, de opções abruptas – continuidade rígida da doutrina "Biasini" ou ruptura brutal com o passado – levaram a concluir pela adoção de uma via mediana em que cada um pôde obter ou preservar o que lhe parecia essencial. Essa via mediana, perceptível tanto no que tocava à sorte das casas da cultura quanto na oposição entre animadores e criadores, significava, todavia, modificar profundamente a natureza da política das casas da cultura e seu lugar no seio da ação global do Ministério.

Catedrais e igrejas

Desde a posse, Jacques Duhamel e seu gabinete percebem a fragilidade das casas da cultura. Dezoito meses após Maio de 68, as disputas entre seus responsáveis e os ataques provindos de fora só foram parcialmente apaziguados. Sabem que podem pôr fim à experiência das casas da cultura sem grandes dificuldades e sem grandes riscos. Ficam também rapidamente sabendo dos entraves na gestão dos equipamentos. Têm, por outro lado, poucas afinidades para o que tende a aparecer então como o *pathos* de Malraux e o caráter sistemático e monolítico da política das casas da cultura.

Inversamente, os centros de animação cultural (CAC) criados por Pierre Moinot, Francis Raison e André Rollier têm imediatamente os atrativos de uma alternativa. De tamanho menor que as casas da cultura e menos pesadamente subvencionados pelo Estado, são, está claro, menos custosos em investimento e manutenção. Mas, principalmente, os CAC têm a vantagem de responder melhor à preocupação do novo ministro em considerar as necessidades das cidades médias e pequenas. Menos custosos, podem ser mais numerosos e implantados em cidades médias. Enfim, sua concepção está mais aberta ao ajuste e ao diálogo com os representantes eleitos locais.

Dessas constatações, o gabinete tirou três decisões: a manutenção das casas da cultura em exercício ou em projeto, o reforço da implantação das CAC e a invenção, a partir de 1972, de um novo tipo de equipamento qualificado mais tarde de terceiro círculo. A sequência de decisões obedecia estritamente à divisa de Jacques Duhamel, "Primeiro continuar, depois começar". Apoiava uma inovação, o terceiro círculo, sobre a manutenção do *status quo*. A manutenção das casas da cultura existentes (Amiens, Le Havre, Rennes, Bourges, Grenoble) e a continuação dos projetos em andamento (Nevers, Reims, Créteil, Nanterre, Chalon-sur-Saône) não se tornavam, por outro lado, redutíveis a uma simples preocupação de continuidade, pois nenhum novo projeto de casa da cultura será criado. Os adversários políticos das casas da cultura não haviam triunfado, mas a finalização, por ausência de novos projetos, da política das casas da cultura havia sido iniciada.

Paralelamente, o reforço e a apropriação da política de implantação das CAC – que serão associadas mais tarde às "igrejas" de Jacques Duhamel – oficializam, sob a forma de uma inflexão, uma ruptura operada discretamente pela administração desde 1968. Enfim, a verdadeira novidade é o financiamento pelo Ministério, na proporção de 25% de equipamentos polivalentes, esportivos, educacionais e socioculturais. Evidencia ao mesmo tempo o cuidado com a ação interministerial e o de responder às necessidades das pequenas cidades.

Por parte da administração, essas decisões tiveram significados variáveis. A manutenção das casas da cultura e o prosseguimento dos projetos não constituíam algo garantido, e Guy Brajot pôde se regozijar com a continuidade preservada. Inversamente, o aparecimento de um terceiro círculo de equipamentos não podia senão alimentar seus temores de uma perda de especificidade na ação do Ministério, de um risco de conflito de competência com a administração para a Juventude e os Esportes e de um agravamento no peso dos encargos de sua administração. A obtenção de alguns créditos suplementares e de um novo administrador civil, na pessoa de Bernard Faivre d'Arcier[20], e a capacidade de um ministro como Jacques Duhamel no favorecimento de uma colaboração interministerial sem perder o controle sobre os dossiês acalmarão, sem dissipá-las completamente, as inquietações de Guy Brajot.

---

20 Que se ocupará dos novos equipamentos e de todas as novas funções de aconselhamento e de ação pontual a serviço das comunas de importância média ao assumir a direção de um novo escritório, o das Intervenções Culturais.

Criação e animação

Diante das alternativas separando os responsáveis dos equipamentos, Jacques Duhamel e seu gabinete não adotaram uma atitude inflexível. O fim da crença na suficiência do "choque cultural", que a adoção da temática do "não público" indica, implica então o respaldo simultâneo à criação e à animação, ambas julgadas indispensáveis e complementares. Numerosas tomadas de posição, esparsas em vários discursos, como também as medidas adotadas manifestam ao mesmo tempo a vontade de não exacerbar a clivagem e a ausência de ilusões quanto à possibilidade de encontrar um viveiro de homens capazes de associar estreitamente, em sua prática, as duas exigências.

Continuando a apoiar nos discursos e no orçamento a animação e a criação, o gabinete parece consciente dos limites do seu desenvolvimento unilateral e permanece atento às exigências dos animadores e às dos criadores. O tratamento oferecido às duas figuras emblemáticas da clivagem, Roger Planchon e Francis Jeanson, os dois esteios da declaração de Villeurbanne, ilustra claramente a atitude do ministro e os problemas postos pela sucessão das gerações da descentralização teatral. Ao inventor da fórmula "todo poder ao criador" é confiado o TNP, cujo mais célebre diretor, Jean Villar, definia-se como administrador. E o inventor do "não público" é apoiado em Chalon-sur-Saône contra a UDR[21] e o Eliseu[22], mais por recusa à censura ou à revanche política e para permanecer no controle das decisões do Ministério do que por entusiasmo pelas opções de Francis Jeanson. Entre a recusa de adotar um comportamento de mecenas esperado pelos "criadores" e a rejeição das tentativas de politização, entre a recusa do hermetismo e da lisonja, as margens de manobra do Ministério se tornam mais estreitas pela rarefação do viveiro no qual Pierre Moinot e Émile Biasini haviam pescado. Só pode lembrar os limites prescritos à ação cultural, respaldar os responsáveis locais que não os transgridem em excesso e, finalmente, escolher com prudência, caso a caso, homens e mulheres suscetíveis de dirigir os diversos equipamentos.

Tal atitude prudente do gabinete não corria o risco de chocar o diretor do Teatro, das Casas da Cultura e das Letras, considerando ainda mais que o mesmo gabinete, nada fez, ao que parece, para evitar o arquivamento do projeto, sugerido no colóquio de Châteauvallon, de um Centro de Estudos e de Pesquisas para a Formação e a Animação Cultural (Cerfac). A criação de tal centro, que poderia ter sido o suporte para a autonomização da profissão de animador, fora desejada pelos membros do colóquio de Châteauvallon

---

21 Union des Démocrates pour la République, partido gaullista. [N.T.]
22 Nome do palácio presidencial, designa por metonímia o poder Executivo francês. [N.T.]

novamente reunidos nos dias 22 de maio e 14 de junho de 1971. Porém, por mercê de uma inércia "positiva", o projeto não foi além. O pequeno número de animadores imediatamente necessários tanto quanto a necessidade de utilizar os estabelecimentos culturais existentes como locais de estágio e de formação "em campo" definiram a linha descendente graças à qual o Cerfac foi lançado ao esquecimento: a formação dos animadores foi confiada ao Atac[23], organismo criado por Émile Biasini em 1966 para facilitar a coordenação técnica dos estabelecimentos da descentralização e reunir regularmente seus responsáveis.

O FIM DE UMA POLÍTICA

O término de uma política pública é o mais das vezes difícil de apontar. O gosto de Jacques Duhamel por certa divisa de William James contribuiu certamente para que as casas da cultura não escapassem à regra. Mesmo assim houve, de fato, término, sob duas formas: a ausência de novos projetos, que sem retomada ulterior, leva posteriormente à extinção ou à marginalização; enfim, e principalmente, a transformação das casas da cultura em equipamentos, entre outros, desprovidos da filosofia e da doutrina que as haviam instituído em paradigma da política cultural.

Entre o desenvolvimento cultural, global e a intervenção cultural, pontual, as casas da cultura pareceram doravante "fora de lugar". A utopia comunitária e antinômica que animava sempre os promotores da política cultural mudava de suporte: a cidade inteira tomou o lugar das casas da cultura. Se elas ainda tiveram algum papel, foi mais no seio da política cultural das comunas do que no do Estado.

---

23 Associação Técnica para a Ação Cultural. [N.T.]

V
A POSTERIDADE

Este livro poderia ter terminado quando acaba nossa pesquisa sobre política das casas da cultura, isto é, em 1971-3. Mas não resistimos à tentação de prolongar o estudo, de modo menos aprofundado e com dados diferentes, para responder a duas perguntas: em que os primeiros anos do Ministério ajudam a compreender melhor o período contemporâneo? O que aconteceu com a ação cultural de que retraçamos a invenção? Entre os fatos e as evoluções que, de 1973 a nossos dias, marcaram a política cultural, há dois que merecem atenção: a formação e a generalização das políticas culturais municipais e os efeitos políticos da alternância política de 1981.

A justificação dos "impasses" de uma pesquisa é sempre frágil. Existem, todavia, escolhas melhores do que outras quando é preciso restringir o campo da pesquisa. Excluir a ação do Estado de 1973 a 1981, de Maurice Druon a Jean-Philippe Lecat, tem como explicação menos ruim o fato de, durante esse período, o quadro normativo e conceitual do Ministério não ter sido agitado de maneira significativa. Novas iniciativas e reformas não faltaram, mas nenhuma nova filosofia de ação conseguiu realmente substituir à do "desenvolvimento cultural". Tomemos o exemplo dos dois ministros de Valéry Giscard d'Estaing[1] que, no comando dos assuntos culturais, tiveram tempo de imprimir a sua marca. Michel Guy, no cargo de 1974 a 1976, deixou a marca de um estilo de ação e acentuou fortemente a ajuda do Estado em favor da arte contemporânea, mas não construiu verdadeiramente um discurso sobre a política cultural. Não se pode dizer o mesmo de Jean-Philippe Lecat, no cargo de 1978 a 1981, que tentou uma modificação dos valores associados à política cultural. Quis tomar em consideração o papel das indústrias culturais e desejou reabilitar e encorajar o mecenato privado; mas seu discurso pareceu defensivo, porque seu orçamento estagnava, e meramente sintonizado com a ideologia liberal imputada ao governo Barre. Os debates mais importantes sobre a natureza da política cultural ocorreram no plano das cidades.

Em 1981, o conjunto das comunas francesas gastava mais que o Estado com a política cultural. A descentralização cultural desejada por Malraux encontrava-se amplamente realizada. Mas a influência do Estado está longe de esgotar a explicação do crescimento das políticas culturais no curso dos anos 1970.

No momento em que as comunas se tornavam, no seu conjunto, o primeiro financiador público das políticas culturais, a alternância política trazia Jack Lang ao Ministério da Cultura, cujo orçamento dobrava em 1982. É sempre difícil apreciar corretamente uma mudança maciça. E

---

1 Valéry Giscard d'Estaing (1926-) foi presidente da França de 1974 a 1981. [N.T.]

se tem certamente alguma dificuldade em imaginar a fragilidade política e administrativa do Ministério antes de 1981. A galeria de retratos que toma o lugar por vezes da história do Ministério da Cultura leva a pensar que oferecia aos homens políticos, desde a origem, um cargo prestigioso à altura da importância atribuída à cultura pelos governos sucessivos. É esquecer a parte das contingências pessoais e históricas: Malraux foi levado a criar o Ministério, porque se tornara indesejável no Ministério da Informação; Duhamel desejou e obteve um ministério, cuja importância estava então muito aquém do que seu peso político na maioria governamental lhe destinava, por causa de sua doença. Inversamente, desde Jack Lang, a pasta da Cultura só foi destinada a homens de envergadura política importante. O peso político recentemente adquirido está ligado sem dúvida nenhuma à duplicação do orçamento, que recheou com homens, meios e competência uma administração que permanecera acanhada, e também à visibilidade e à popularidade que Jack Lang soube conquistar. É igualmente nutrido por debates, polêmicas que realçam os problemas da cultura francesa, e pelos significados políticos emprestados à questão cultural.

Quanto a isso, o partido socialista e Jack Lang inovaram. Obviamente, a política cultural possuía uma dimensão política desde 1959. Malraux trouxe uma vertente artística à dimensão social e nacional do gaullismo. Duhamel tentou fazer da política cultural um suporte da distensão política e ideológica no clima do pós-68. Mas, nos dois casos, a dimensão da política cultural foi definida *ex post*. Não constituía a realização de um programa anterior à nomeação desses ministros. Inversamente, a campanha para as eleições presidenciais de 1981 atribuiu, pela primeira vez, um lugar não desprezível à política cultural. Desde então, não há eleições presidenciais ou legislativas sem mobilização de artistas e sem propostas culturais. A construção política, no seio do partido socialista, dos significados associados à cultura e a formulação de uma nova filosofia de ação do Ministério por Jack Lang serão tema do capítulo 10.

No que tange à história do quadro normativo e conceitual da política cultural francesa, o septenato de Valéry Giscard d'Estaing só aparece tracejado. A fraqueza do discurso estatal sobre a política cultura, durante esse período, permitiu que a esquerda retomasse, durante alguns anos, um monopólio que a OPA ideológica de Malraux sobre os ideais da educação popular havia reduzido. André Malraux soube fazer da política cultural uma vertente do projeto social do general De Gaulle. Em 1981, é todo um projeto de sociedade que parece poder se encarnar numa nova política cultural.

10. A bonança da política cultural

É a criação que é preciso privilegiar, é o espírito de conquista que é preciso restabelecer, é o entusiasmo da juventude que é preciso galvanizar, são as energias de todos que é preciso mobilizar para sair da crise.

J. Renard, *L'élan culturel*

As consequências notáveis da alternância política de 1981 sobre o Ministério da Cultura são duplamente interessantes para a história ideológica da política cultural. Esta se beneficiou primeiramente de uma mobilização pré-eleitoral sem precedente. Em seguida, o quadro normativo e conceitual da ação do Ministério foi profundamente transformado.

Em 1982, o orçamento do Ministério da Cultura dobrava, a política cultural, os discursos e as iniciativas de Jack Lang eram manchetes dos jornais. Para além da profusão de ideias e de medidas oriundas da Rue de Valois, a palavra "cultura" nos dizeres dos políticos, bem como nos escritos de uma parte dos jornalistas, parecia ser associada a todos os aspectos da vida social e envolvia todas as ações do novo governo. Como fora anunciado durante a campanha eleitoral, o projeto socialista parecia ser um projeto cultural. Durante alguns meses a "cultura" tornou-se um "significante flutuante", de que falava Lévi-Strauss, desprovido de um significado preciso, mas conferindo a tudo o que tocava uma parte de sua aura.

A primeira pergunta à qual este capítulo tentará responder é a seguinte: como e por que a política cultural se beneficia, pouco antes e pouco depois de 1981, dos favores dos homens políticos de esquerda? Favores manifestados pelo lugar da cultura nos debates políticos, notadamente pré-eleitorais, posteriormente pela duplicação do orçamento. Listemos as respostas possíveis. A primeira é o papel das personalidades e, em primeira linha, de François Mitterrand e de Jack Lang. Não há nenhuma razão para afastar esta hipótese só porque pertence ao senso comum. A validez de uma ideia é independente de sua trivialidade, de sua originalidade ou de sua sofisticação. Não há dúvida de que o interesse de François Mitterrand por variadas artes e sua preocupação, difundida pelo círculo dos seus próximos, em estabelecer para si a imagem de um homem de cultura, além da habilidade e da energia mostradas por Jack Lang durante as arbitragens orçamentárias do verão de 1981, pesam bastante na duplicação do orçamento de 1982. Todavia, as disposições do presidente da República e do ministro da Cultura não esgotam a explicação, porque se exercem num contexto suscetível de reforçá-las ou de contrariá-las. As outras respostas possíveis relacionam-se à articulação entre a vida política e a política cultural considerada como um conjunto de políticas públicas, isto é, como medidas afetando grupos sociais. O deslocamento introduzido pela alternância política leva a examinar o peso das interdependências entre *politics* e *policy*. Três hipóteses não exclusivas podem ser consideradas. A primeira é a existência de uma clientela eleitoral especialmente interessada pelos bens dispensados pelas políticas culturais: desde o fim da Segunda Guerra Mundial, os intelectuais franceses e as profissões intelectuais, principalmente os docentes, são maciçamente de esquerda[1]. A segunda hipótese oferece a iniciativa à *policy*: o estado das políticas culturais, os desenvolvimentos anteriores e a estagnação do orçamento ministerial desde 1977 produzem problemas, demandas e recriminações que podem encontrar um ouvido benevolente na oposição. Esse aspecto manifesta-se no que concerne ao preço do livro e à promessa de elevar o orçamento do ministério para 1% do orçamento estatal. Enfim, terceira hipótese, a *politics* pode influenciar a *policy*, de maneira mais indireta, pelo viés de batalhas ideológicas. Para ponderar o valor dessas explicações diversas, iremos examinar as diferentes articulações entre luta política e luta cultural no seio do partido socialista, de 1974 a 1981.

A segunda série de questões tratada neste capítulo relaciona-se ao impacto da mobilização eleitoral e da exposição daquilo que a cultura põe politicamente em jogo. O quadro normativo e conceitual da política cultural francesa terá sido completamente deslocado, ou a mudança introduzida pelo novo ministro terá sido apenas quantitativa? Uma nova filosofia de ação foi formulada? E já que a resposta é positiva, qual é seu conteúdo e quais são suas fontes de inspiração?

É notável que, para responder a essas duas séries de questões, o exame das políticas culturais lançadas em 1981 seja pouco pertinente. A ação praticada sob a batuta de Jack Lang apresenta características suficientemente contrastadas e diversas para embaralhar as pistas. Curiosamente, embora exposta a enorme publicidade, permanece, de alguma maneira, ilegível. Assim, não se pode encontrar na mobilização midiática, com que essa política foi constantemente envolvida, os rastros da politização de que a cultura foi objeto durante a campanha eleitoral. A visibilidade e o renome que adquiriu puderam ser alimentados pelos significados políticos que lhe foram atribuídos (mormente a afirmação de uma identidade entre projeto cultural e projeto socialista), pelas polêmicas que essas diversas facetas suscitaram e, por vezes, pelos anátemas e o gosto da provocação do ministro da Cultura. Mas, apesar da famigerada fórmula da passagem da "sombra para a luz" e apesar das advertências da nova oposição de direita contra um risco de controle ideológico da cultura,

---

[1] Ver principalmente F. Bourricaud, *Le bricolage intellectuel*, Paris: PUF, 1980.

a politização do próprio conteúdo da política cultural permaneceu nula ou residual. Pois, se as iniciativas associadas ao nome de Jack Lang foram tanto "encenadas" quanto postas em execução, foi mais pela mera multiplicação das iniciativas e dos "eventos" e pela arte do ministro e do seu gabinete em unir a publicidade à habilidade prática do que pelo apelo à união contra quaisquer inimigos ou ameaças, em prol de uma ideologia ou de um campo político. A multiplicação das declarações à imprensa, dos planos e dos balanços, das festas, campanhas, cerimônias e outras pompas não se apoiava num espírito de cruzada. A arte de produzir continuamente o evento repousava antes sobre a produção de "novidades" e de "performances" do que sobre a estigmatização dos adversários. A mobilização foi antes "publicitária" do que política. É, aliás, o que permitirá aos sucessores de direita de Jack Lang retomarem suas inovações.

O exame das orientações do Ministério da Cultura não é mais esclarecedor, à primeira vista, quanto a detectar a emergência de uma nova filosofia de ação. O ministro afirmou publicamente que estava fora de questão privilegiar um domínio[2]. A duplicação do orçamento permitiu assegurar um crescimento dos recursos de todos os setores, embora proporcionalmente a criação tenha sido mais privilegiada que o patrimônio. Mas, para além da ausência de escolha clara entre os diferentes domínios artísticos ou as diferentes funções (educação, difusão, produção) sob a responsabilidade do Ministério, é igualmente a coexistência, nos objetivos anunciados e nas iniciativas tomadas, de opções parecendo até então contraditórias que suscita a perplexidade: defesa das minorias regionais e comunitárias e grandes canteiros parisienses, respaldo e reconhecimento das artes "menores" e reforço dos recursos atribuídos às artes "legítimas", contribuições para as pequenas companhias cuja multiplicação é facilitada e criação ou ampliação das grandes instituições prestigiosas. Por certo, um exame da distribuição do orçamento mostraria enormes desproporções na repartição do maná. O reconhecimento do *rock* é menos custoso que a construção e o funcionamento de um novo prédio para ópera. Todavia, seria errado esperar encontrar escolhas prioritárias, espelhando uma nova filosofia de ação, opondo políticas simbólicas a políticas de apoio financeiro efetivo. Seria perder o essencial. O que torna tão difícil a caracterização das políticas culturais de Jack Lang é que elas tomaram emprestado todo o espectro das opções consideradas até então[3].

É, pois, preferível assumir uma visão global afastando-se do detalhe das políticas culturais (música, teatro, cinema etc.), cujos balanços, publicados

---

2 "Nada sacrificar a nada é a única prioridade", *Le Monde*, Paris, 5 set. 1981.
3 Para um exame exaustivo e analítico dos múltiplos vetores e modalidades da intervenção estatal que foram empregados, cf. P.-M. Menger, "L'État providence et la culture", em *Pratiques culturelles et politiques de la culture*, textos reunidos por F. Chazel, Bordeaux: Maison des Sciences de L'Homme d'Aquitaine, 1987.

em 1984, 1986 e 1991, causariam vertigens ao leitor mais resistente. É, de fato, fora das políticas culturais que se encontra a melhor resposta, em parte comum, a nossas duas séries de perguntas. Uma batalha ideológica externa e interna ao partido socialista é a principal mola que impulsiona o aumento da importância política da cultura: o estigma do imperialismo cultural norte-americano. Este mesmo estigma é a alavanca da subversão completa do quadro normativo e conceitual da política cultural: subversão especialmente aparente no discurso pronunciado por Jack Lang no México, em 1982, durante uma conferência da Unesco.

A CONSTRUÇÃO POLÍTICA DA QUESTÃO CULTURAL

A reflexão, as tomadas de posição e as tentativas de formulação de uma política cultural a ser aplicada, uma vez no poder, foram produzidas no seio do partido socialista por três polos que se sucederam ou coexistiram. O primeiro é o Secretariado Nacional para a Ação Cultural (SNAC) criado em 1973. Quando foi dissolvido em 1979, a tarefa que assumia é retomada por Jack Lang, nomeado pelo primeiro-secretário do partido "delegado nacional para a cultura", e pelos socialistas eleitos responsáveis das políticas culturais das municipalidades conquistadas em 1977. Examinemos cada um dos polos de articulação entre o PS e a questão da política cultural.

O Secretariado Nacional para a Ação Cultural

Ao nascer, em 1971, o organograma do PS não prevê nenhuma estrutura própria ao setor cultural. A cultura está sob a responsabilidade de uma comissão de "educação e cultura" ligada ao Secretariado Nacional para "programas e estruturas associadas" a cargo de Jean-Pierre Chevènement[4]. O partido se mune de um Secretariado Nacional por ocasião do Congresso Nacional de Grenoble, e o confia a Dominique Taddei. Favorecido pela necessidade de formular propostas socialistas para as eleições presidenciais de 1974, e logo mais para a preparação das eleições municipais de 1977, o SNAC será a principal estrutura de reflexão do PS sobre as políticas culturais, até 1977.

A importância do SNAC é, para o nosso tema, secundária já que desaparece três anos antes de 1981. Três características merecem, todavia, ser mencionadas. Em primeiro lugar, é preciso apontar que, inversamente aos dois

---

4   Para a história da formação das concepções e tomadas de posição do PS em matéria de política cultural, utilizamos principalmente o trabalho notavelmente documentado de C. Jung, *Le Parti Socialiste et l'action culturelle. Formation d'un programme de gouvernement. 1971-1981*, Paris: IEP, 1987.

outros polos, o SNAC está plenamente inscrito nas estruturas e no funcionamento do partido. Em segundo lugar, as reflexões desse secretariado, apesar de sua evolução para uma atenção maior prestada a propostas concretas, permanecem marcadas por um alto grau de abstração. É especialmente exato para o primeiro texto intitulado "Orientações gerais para uma política de ação cultural"[5], elaborado entre o Congresso Nacional de Grenoble e as eleições presidenciais de 1974. A orientação principal das primeiras reflexões diferencia-se fortemente tanto da doutrina de Malraux quanto da do PCF, que possuíam em comum a ideia de que a cultura é um patrimônio de obras do passado ou do presente reservado a uma elite e a ser partilhado por todos[6]. Inversamente, o primeiro documento recusa a sacralização das obras e, se admite que é obrigado a partir das "instituições tais como existem", deseja "desprofissionalizá-las". Por outro lado, se rejeita a ideia de extrema esquerda de uma "revolução cultural", recusa também a posição do PCF ansioso, principalmente depois de 1968, por separar nitidamente o trabalho do artista e o do político: segundo o SNAC, o combate cultural deve ser estreitamente associado ao combate político. Resumindo, no tangente à oposição entre "animação" e "criação" surgida no meio dos anos 1960, o SNAC está mais próximo do animador e do discurso sociocultural. Essa primeira tendência é rapidamente atenuada pela multiplicação das reuniões, colóquios e mesas-redondas reunindo socialistas e profissões artísticas. Porém, se essa intensa atividade de reflexão consignada numa massa imponente de documentos reequilibra as propostas do partido socialista em prol dos artistas profissionais, o modo de funcionamento do SNAC não deixa de ter influência, a partir de 1977, sobre as suas propostas de políticas culturais. De fato, e eis uma terceira característica, o SNAC é uma máquina de produzir propostas fundadas sobre o entendimento entre socialistas e profissionais da cultura, próximos, ou mesmo membros, do partido. A tendência dessas reflexões é, pois, cruzar as ideias nas quais o PS reconhece sua especificidade ideológica com as reivindicações dos profissionais dos diversos setores culturais. De tal modo que absorvem pouco da experiência e dos conhecimentos dos problemas daqueles que, no plano do Estado ou das comunas, têm o encargo de tais políticas.

Essa implantação frágil da experiência de execução das políticas culturais é uma das dificuldades que o SNAC encontra após 1977. A doutrina construída até então se revela, de fato, pouco pertinente para os conselheiros

---

5   *Nouvelle Revue Socialiste*, 1974, nº 4.
6   "A cultura é o tesouro acumulado das criações humanas", resolução do comitê central do PCF, em março de 1966, *Les Cahiers du Communisme*, maio-jun. 1966.

culturais das municipalidades da União da esquerda. Esses representantes eleitos ganham pouco a pouco espaço em relação ao SNAC no intento da reflexão do PS sobre a cultura. E com mais facilidade ainda porque o Secretariado tem cada vez mais dificuldade para validar suas prioridades com a direção do partido. Apesar do trabalho realizado, a formulação de uma nova política cultural não ganha, entre os socialistas em geral e a direção do PS em particular, a importância e a premência que o SNAC gostaria que lhe fossem atribuídas. Em 1979, o congresso de Metz põe fim ao SNAC. Quaisquer que sejam os motivos exatos da dissolução do SNAC, a cultura parece recobrar uma importância suficiente para voltar a ficar sob a responsabilidade do primeiro secretário, que nomeia um delegado nacional para a cultura: Jack Lang. A partir daí, uma divisão de trabalho instaura-se de fato: para os representantes eleitos, o essencial do prosseguimento da reflexão sobre as políticas culturais; para Jack Lang, o entrosamento da cultura com o combate político.

Os eleitos socialistas

A conquista de numerosas cidades de mais de 30 mil habitantes cria um novo polo de articulação entre as políticas culturais e o PS: os prefeitos ou seus assistentes é que têm o encargo da política cultural municipal. Esses representantes não formam um grupo homogêneo. Todavia, a experiência comum do exercício do poder e a existência de "fóruns", organizados pelo grupo "ação cultural" da Federação Nacional dos Eleitos Socialistas e Republicanos (FNESR), como também pela Federação Nacional dos Centros Culturais Comunais (FNCCC) e pelos encontros de Avignon facilitam a emergência de uma relativa comunhão de interesses e de concepções. A experiência marca de três maneiras solidárias os representantes socialistas: induz uma mudança de rumo das opções iniciais em favor dos criadores e às expensas das associações locais; leva à descoberta do caráter estruturante das relações com a administração central do Ministério; provoca uma relativa autonomização e distanciamento tanto em relação aos outros eleitos socialistas quanto às posições do partido.

Antes de 1977, as ideias do PS sobre a ação cultural local repousavam principalmente sobre o primado atribuído às associações locais, sobre a rejeição das operações prestigiosas copiando a excelência parisiense e sobre a valorização do concertamento urbano. Este último relativizava o papel do representante político em benefício do animador encarregado de articular democracia e planificação cultural local ao abrigo da intromissão "politiqueira". Após 1977, a prática do poder leva a uma mudança de rumo significativa. Perante as associações e aos animadores, os eleitos afirmam seu papel de responsáveis por uma política, tanto em nome de sua legitimidade eleitoral quanto a título de recurso contra os efeitos corporativistas das associações e dos seus líderes em relação à sociedade civil[7]. Paralelamente, os conflitos de interesses entre associações, instituições e atores culturais locais reclamam a intervenção dos eleitos, que, embora cansados das obrigações do concertamento permanente, descobrem as virtudes da criação. Com a cumplicidade dos serviços do Ministério, descobrem de fato que as instituições e os artistas profissionais, de quem o SNAC pretendia livrar-se e desprofissionalizar, reforçam seu papel de promotores culturais e comportam mais inovação e visibilidade nacional. Os Encontros de Rennes sobre a criação artística, organizados pela FNESR em outubro de 1980, oficializam a conversão dos eleitos socialistas em favor da criação.

O Estado assume, graças à experiência adquirida pelos representantes eleitos, uma figura diferente daquela do governo no poder, mediador dos interesses capitalistas e relegando ao abandono a herança da ação de Malraux. Os eleitos socialistas encontram, no seio da administração central, funcionários que, socialistas ou simpatizantes às vezes, não se furtam a colaborar (conselho ou respaldo financeiro nos limites, então severos, dos orçamentos atribuídos) de tanto que permanece viva a lembrança, no seio da administração central, da resistência dos edis diante da criação e das iniciativas do Ministério. Os eleitos descobrem igualmente o recurso que representa o apoio da administração central diante das reticências do resto do conselho municipal, inclusive dos seus colegas socialistas, para a obtenção dos orçamentos necessários e para a aceitação de projetos culturais audaciosos.

Pois, afinal, o exercício da responsabilidade da política cultural municipal é primeiramente a experiência de uma nova oposição no próprio seio da coalizão majoritária no poder. Os assessores municipais para cultura, mais talvez do que em outros setores, atêm-se a projetos e a uma clientela que não figura entre as prioridades de seus amigos políticos, por acentuada

---

[7] É nessa época que muda a valorização política das associações. Em torno de 1968 aparece o tema das associações como força viva oferecendo uma alternativa pluralista e participativa à representação eleitoral fundada sobre o poder do prefeito e a passividade dos eleitores. Dez anos mais tarde, começa-se a pôr em dúvida o caráter representativo dessas associações, cujos membros pertencem antes de tudo às camadas médias e intelectuais da população urbana. Sobre as legitimidades concorrentes nas experiências de concertamento urbano, cf. S. Dion, "Les politiques municipales de concertation: neocorporatisme et démocratie", *Sociologie du Travail*, 1984.

que tenha sido a ênfase das políticas culturais na agenda municipal[8]. Esses representantes, pela sua atividade, pelos meios profissionais em que convivem e cujas esperanças partilham, se tornam logo, no seio do próprio partido, militantes tão, ou até mais, culturais quanto políticos. Aliás, o pequeno grupo de representantes reunidos na FNESR ou que se encontram em colóquios ou encontros não sofre as clivagens das correntes partidárias, que, em outros domínios, se digladiam.

Essa experiência da conduta das políticas culturais municipais só se presta a uma articulação superficial com a luta política. Os eleitos socialistas têm como crítica essencial a endereçar ao governo o retraimento financeiro do Estado, que deixa para as municipalidades encargos muito pesados, mormente para as instituições custosas em pessoal (museus, bibliotecas, conservatórios, casas da cultura). Certamente, as declarações da FNESR não podem deixar de proferir anátemas contra o capitalismo e a política liberal de Giscard d'Estaing, mas a reflexão dos seus membros é em primeiro lugar orientada pela preocupação em elaborar, domínio por domínio, programas de políticas culturais aplicáveis.

As posições do SNAC, estigmatizando o capitalismo e a sociedade burguesa, fortemente influenciadas pela luta política e pelas propostas de políticas culturais e desconectadas da prática, permaneciam muito abstratas. Inversamente, do lado dos representantes eleitos, a preocupação com a construção pragmática de programas culturais locais abria menos espaço para a luta partidária. Cabia a Jack Lang, mais distanciado do aparelho do partido que o SNAC e pouco preocupado em elaborar programas, unir fortemente o combate político e a política cultural.

Jack Lang e o antiamericanismo cultural

De fato, quando Jack Lang se torna delegado nacional para a cultura ao término do congresso de Metz, está afastado tanto do aparelho do PS, quanto da experiência da política cultural. Se foi muito cedo militante político ao mesmo tempo que militante cultural, seu percurso profissional, paralelamente à sua carreira de jurista, é primeiro marcado pela sua experiência de organizador do festival de Nancy e só assume uma orientação nitidamente política em 1974,

---

8   B. Gilman, assessor do prefeito de Grenoble, responsável pela cultura de 1965 a 1977, declarou durante um seminário da FNSER: "Uma observação geral: os representantes eleitos ligados à cultura sentem-se muito isolados, tanto na equipe municipal quanto em relação aos militantes. Têm o sentimento que o partido se interessa pouco pelos problemas da ação cultural, que sua doutrina na matéria deveria ser mais bem definida. A informação circula mal, os militantes sentem-se pouco mobilizados, faltam equipes de reflexão que poderiam trabalhar com profissionais ou interlocutores não membros do partido sobre temas precisos. E não parece que o projeto socialista atualmente em discussão conceda à política cultural toda a atenção que merece".

quando Michel Guy o expulsa do Teatro de Chaillot. Seus laços com o PS são em primeiro lugar os que o ligam a François Mitterrand. E seu peso político não se deve senão ao peso que o futuro presidente lhe empresta, em 1977, oferecendo-lhe um assento no conselho de Paris, e mais tarde, em 1979, confiando-lhe a organização da campanha socialista para as eleições europeias e, na esteira do congresso de Metz, nomeando-o delegado nacional para a cultura.

Quanto à política cultural, municipal ou nacional, ele a conheceu ao lado dos beneficiários (ou das vítimas), e não do lado dos tomadores de decisão. Jack Lang expressa claramente essa dupla "exterioridade" no livro *Éclats*, escrito com Jean-Denis Bredin e Antoine Vitez, que pontua sua passagem efetiva para a política. "Acredito pouco nos programas culturais", declara. "Acredito, sobretudo, na determinação audaciosa e lúcida dos responsáveis e nas utopias mobilizadoras da imaginação popular." O programa cultural, palavra--chave do SNAC e dos representantes socialistas onde era concebido como a resultante de um concertamento combinando democracia e racionalidade capaz de se antecipar à sociedade socialista autogerida, é rebaixado ao *status* de decorrência técnica, de mediação entre as audácias e a vontade dos responsáveis, de um lado, e a imaginação popular que se trata de mobilizar, de outro[9].

Esta concepção ao mesmo tempo "empreendedora" e "mobilizadora" da política cultural parece diretamente oriunda de sua experiência de organizador de um festival de renome nacional e internacional. Quais são os talentos necessários ao êxito de tal intento? É preciso uma capacidade de detecção dos movimentos culturais e saber cultivar a amizade dos artistas. É preciso em seguida saber animar e mobilizar uma equipe de tal maneira que a organização seja ao mesmo tempo rigorosa e capaz de se adaptar aos múltiplos imprevistos que não podem deixar de surgir em tais manifestações. É preciso, enfim, para a qualidade da cobertura midiática, uma arte da comunicação e da produção de acontecimentos. São esses talentos

---

9 A citação completa é muito mais explícita: "Seria culpado de blasfemar contra a União das esquerdas se afirmar que até hoje os programas respectivos das diversas formações da esquerda não abrem ainda suficientemente a porta para uma renovação cultural do país? [...] Para dizer a verdade, acredito pouco nos programas culturais. Creio antes de tudo na determinação audaciosa e lúcida dos responsáveis e nas utopias mobilizadoras da imaginação popular. O resto advirá: nada mais fácil do que definir um programa dos museus, uma política das bibliotecas, uma política do cinema, uma política das artes plásticas. A audácia e as utopias parecem ainda faltar. A título de um reexame radical de nossa cultura, nós nos refugiamos demasiadas vezes na celebração verbal da descentralização, da autogestão, e – novo vocábulo em moda – da experimentação social. Quem negaria suas virtudes revolucionárias? E, entretanto, se as estruturas que governam a formação dos espíritos não são atacadas com dinamite e continuam a ser confortavelmente mantidas pela aliança do corporativismo e da burocracia, que mudança verdadeira podemos esperar? (J.-D. Bredin, J. Lang, A. Vitez, *Éclats*, Paris: Ed. Jean-Claude Simoën, 1978, pp. 215-6.)

que Jack Lang vai pôr a serviço de sua função de delegado nacional para a cultura. É então encarregado de rejuvenescer a imagem dos socialistas e de reaproximar de François Mitterrand os criadores até então mais atraídos pelo partido comunista. E, de fato, ele organiza de 1979 a 1981 numerosos encontros entre as personalidades do mundo artístico e o primeiro secretário do PS [Mitterrand], e principalmente várias manifestações com a intenção de agrupar artistas e socialistas, notadamente a organização dos Encontros Europeus para o Cinema e a Imagem, que reúnem em Hyères, em junho de 1980, cineastas e homens de televisão para "escapar à lei do lucro e à americanização", e posteriormente, a do Simpósio para a Ciência e a Cultura na sede da Unesco em Paris, em março de 1981. É, principalmente, nessas duas últimas manifestações que se modelam as posições de que vão decorrer logicamente a recusa de assistir ao festival do cinema americano de Deauville, em 1981, e o discurso do México, em 1982. Seria errado, todavia, ver nessas iniciativas apenas uma mera tática de reforço de uma clientela artística do PS em detrimento daquela do PCF e de preparação de uma nova política do cinema e das indústrias culturais.

A ação e as tomadas de posição de Jack Lang inscrevem-se num movimento que ultrapassa os intentos profissionais das políticas públicas culturais: trata-se do despertar – no seio da esquerda francesa, após a ruptura da União da esquerda e do fracasso eleitoral de 1978 – de um antiamericanismo que sublinha a dimensão cultural do imperialismo dos Estados-Unidos.

A condenação do imperialismo cultural norte-americano representa uma peça essencial na partida que se joga sobre a cena política francesa e que mescla estreitamente o problema da identidade do partido socialista e as estratégias eleitorais dos partidos da ex-União da esquerda, do PS e, no seu seio, da coalizão majoritária nascida no congresso de Metz. Permite definir três frentes:

– a crítica a Valéry Giscard d'Estaing, acusado de traição nacional, crítica que se aproveita da brecha aberta desde 1976 no seio da direita entre partidários de Giscard e gaullistas;
– a gestão da ruptura da união da esquerda, do fracasso nas eleições legislativas de 1978 e, mais além, do fracasso intelectual dessa união remetendo à convergência dos intelectuais de direita e de esquerda em torno do antitotalitarismo;
– a luta contra o concorrente de François Mitterrand para a candidatura às eleições presidenciais, Michel Rocard, reforçado pelas sondagens e mais em harmonia com essa evolução dos intelectuais franceses.

É o deslocamento da crítica clássica ao imperialismo americano (militar e econômico) para a sua dimensão cultural e a utilização de um espectro amplo da noção de indústria cultural – que engloba o cinema, as novas tecnologias e as mídias, de que se deplora o domínio e os efeitos funestos[10] – que autorizam essa articulação. Notemos de passagem que ela reconduz a figura do adversário, próprio da esquerda francesa, exterior à nação e intermediado no interior do país por um punhado de traidores[11]. O paradoxo dessa representação do adversário que associa inconsistência social e potência formidável encontra uma solução ideal na condenação e no exagero do poder das mídias.

Qual é o lugar de Jack Lang nessa luta? Homem do primeiro secretário encarregado de atrair os artistas e de rejuvenescer a imagem de um partido quando a modernidade é mais atribuída pela opinião à minoria do congresso de Metz, ele é um dos propagandistas mais ativos do anti-imperialismo americano, não somente nas manifestações que organiza para tratar das indústrias culturais (nas quais as profissões interessadas sofrem muito concretamente os efeitos da potência financeira e industrial dos Estados Unidos) como também nas declarações e artigos de imprensa em que ataca Valéry d'Estaing e Michel Rocard. Pois Jack Lang está presente em todas as frentes citadas precedentemente.

Quando Jack Lang afirma que entre a "direita e a esquerda enfrentam-se, na verdade, duas concepções de vida e de cultura irreconciliáveis" e, um pouco mais adiante, que a verdadeira esquerda deve opor-se "à penetração de uma cultura cosmopolita e pan-atlântica" (8 de novembro de 1980), explicita o significado político da identificação do projeto socialista a um projeto cultural via o bicho-papão americano: trata-se de forjar, evidentemente em torno de Mitterrand e contra Rocard, uma identidade socialista que não seja solicitada por dentro e ameaçada nas suas fronteiras por uma dinâmica liberal e libertária associando aspiração autogestionária, descentralizadora e antitotalitária.

A exposição da participação de Jack Lang no antiamericanismo que penetra então uma parte da esquerda francesa permite compreender melhor a importância da questão cultural na ocasião das eleições presidenciais de 1981. O lugar da política cultural na campanha eleitoral e nos primeiros meses do septenato não é compreensível, como indica o isolamento relativo do SNAC e dos eleitos socialistas, pela importância, real, mas difusa e finalmente

---

10 "Nós conhecemos melhor o rosto de Reagan do que o do locatário de cima", declara F. Mitterrand a propósito do "Burgo planetário", à ocasião do simpósio sobre a ciência e a cultura na Unesco, em março de 1981. Cf. *Le Matin* de 21 de março de 1981.
11 Cf. P. Birbaum, *Le peuple et les gros. Histoire d'un mythe*, Paris: Grasset e Pluriel, 1979, e principalmente A. Bergougnioux, B. Manin, "L'exclu de la nation. La gauche française et son mythe de l'adversaire", *Le Débat*, out. 1980, nº 5, pp. 45-53.

marginal, que o PS no seu conjunto lhe concede. Torna-se mais compreensível se o situarmos numa batalha política que ultrapassa o domínio – restrito – das políticas culturais e que conduz a associar projeto socialista e projeto cultural.

A implicação do futuro ministro da Cultura no anti-imperialismo cultural é igualmente essencial para a resposta à segunda série de questões que nos colocamos. Pois que a cruzada contra esse adversário, retomada na ocasião da conferência da Unesco que reuniu os responsáveis culturais dos Estados no México, tal uma enzima facilitando uma transformação química cujos fatores já estão todos reunidos, irá contribuir para recompor o quadro normativo da política cultural francesa.

MÉXICO: O VITALISMO CULTURAL COMO MATRIZ DA TRANSFORMAÇÃO

De fato, o slogan "economia e cultura, mesmo combate", lançado por Jack Lang no México em 1982, estabelece contra as indústrias culturais norte-americanas um sinal de igualdade entre dois termos até então antinômicos para as políticas culturais francesas. A ação do Estado em favor da cultura tinha por objetivo, até esse momento, lutar contra os efeitos das forças econômicas. Na volta do México, onde pela milésima vez condenou o imperialismo cultural norte-americano, Jack Lang traz dessa vez em sua bagagem um sinal de igualdade entre economia e cultura cujas implicações vão ultrapassar amplamente os efeitos das medidas defensivas contra os grandes americanos. Pois não se trata mais somente de condenar a contaminação da cultura pela economia, mas sua monopolização por uma única nação. Pela primeira vez, medidas protecionistas não bastam, mas se enfrenta o desafio utilizando em parte a arma do adversário, o laço entre economia e cultura. Este sinal de igualdade remodela completamente o quadro normativo da ação cultural pública na França.

Pelo seu conteúdo e também pela situação do governo socialista no momento em que é enunciado, o discurso do México pode ser considerado como a matriz da transformação de um adversário externo, dissolvendo, para uso interno, oposições anteriores. A representação de um adversário externo serve finalmente para liberar-se da hipoteca de um bicho-papão interno, a cultura submetida a imperativos econômicos e industriais, que impedia o reajuste das fórmulas de legitimidade das políticas culturais esgotadas após vinte anos de espera vã pela democratização.

Da conferência do México, conserva-se muitas vezes o *slogan* "economia e cultura, mesmo combate", a condenação do "imperialismo financeiro e intelectual" dos Estados Unidos, não citados mas plenamente reconhecíveis, e seu duplo avesso: o silêncio sobre o imperialismo e o nivelamento cultural do regime soviético associado à benção dada a Cuba e à Nicarágua em nome da declaração política do direito à cultura com "direito a escolher seu próprio regime". Duas críticas alimentam as polêmicas suscitadas pelo discurso de Jack Lang. O primeiro concerne à pertinência da denúncia de um imperialismo cultural americano e o segundo, o silêncio ou a complacência em relação aos regimes comunistas. Mas é outro aspecto que nos prenderá aqui: as duas facetas do tema "economia e cultura, mesmo combate" de que Jack Lang sublinha por duas vezes o caráter "aparentemente contraditório":

> Primeira realidade: a criação cultural e artística é vítima hoje de um sistema de dominação financeira multinacional contra o qual é preciso organizar-se. Segunda realidade ou segundo dado, aparentemente contraditório com o primeiro, paradoxalmente é a criação, a inovação artística e científica que permitirá vencer a crise internacional.

É a passagem da primeira realidade para a segunda que nos importa. Que prisma permite uma transformação da condenação da denominação econômica sobre a cultura em uma aceitação, nova na França, da dimensão econômica da cultura? Para explicitar a filosofia política que autoriza tal mutação, André Malraux, o primeiro a ocupar o cargo de ministro dos Assuntos Culturais, pode ser um guia útil de leitura do discurso de Jack Lang. Os contrastes entre suas respectivas concepções permitem extrair a declaração do México das polêmicas que suscitou e mostram a distância percorrida, um pouco mais de duas décadas após a criação de um ministério autônomo.

Os agradecimentos ao país anfitrião, que abrem a conferência, evocam os laços do México com a "França da Revolução", os enciclopedistas e a bandeira vermelha da Convenção; mas não deve emprestar-se a essas reminiscências o sentido do introito de exaltação de uma universalidade de que a França e sua política cultural seriam detentoras. Malraux juntava mundialismo, nacionalismo francês e exacerbação da questão da cultura pelo privilégio comum dos dois últimos em manifestar o universal. Enquanto os episódios da história francesa designavam o caminho do despertar e do desenvolvimento das nações, a arte cristalizava na imortalidade as experiências comuns – o nascimento, o amor, a morte – da humanidade. A política de Malraux pretendia, pois, duplamente a universalidade, porque era cultural e porque era francesa. Inversamente, para o novo ministro da Cultura, não há mais universalidade possível. "Talvez até fosse preciso desconfiar [...] de certo discurso reivindicando dimensões mundiais", sublinha Jack Lang. Na melhor das hipóteses, não existe outra dimensão possível além da luta de todos os homens pelo reconhecimento de suas diferenças. Assim procedendo e afastando os "sincretismos inconsistentes e vagos", Lang convida o mundo ao jogo das diferenças: "Sejamos orgulhosos de nossas identidades e de nossas particularidades, e olhemos com admiração o espetáculo de nossas diferenças". No tocante ao direito à diferença que fundamenta claramente, nesse texto, a filosofia de Jack Lang, a universalidade é ou bem minimalista na afirmação desse direito, ou bem inconsistente, portanto convencional e até mesmo hipócrita, ou bem ameaçadora, como máscara retórica da imposição de um sistema tão especial quanto dominador. Paralelamente, não há mais história edificante. No mínimo, a capacidade identitária da história é relativizada, pois que é preciso saber "que estamos bem no início, e que no fundo o mundo é um amanhecer e está ainda para ser inventado e criado". Não se faz mais menção à arte ou às obras da humanidade, mas à criação, à inovação ou à invenção.

A condenação do imperialismo financeiro e intelectual não se alimenta, portanto, da exaltação de um universal francês. Não tem tampouco como contrapartida algum tipo de recuo identitário. A denúncia das "produções estandardizadas, estereotipadas que, naturalmente, aplainam as culturas nacionais e veiculam um modo uniformizado de vida" não almeja a preservação de uma cultura específica. O chamado à união dos países mediterrâneos não passa de uma "aliança imediata", um reagrupamento de resistência que só encontra seu fundamento na resistência a um inimigo comum, "a internacional dos grupos financeiros", e não em uma identidade comum[12]. O anseio identitário é sempre passageiro, guiado pelas circunstâncias; não se estabiliza para fixar uma identidade precisa, defende todas as identidades e, logo, as diferenças em primeiro lugar. O direito às diferenças e a luta contra um "colonialismo" cultural não advêm tampouco de uma má consciência ocidental que colore muitas vezes o terceiro-mundismo. Nem gravidade (daqueles que pretendem dar um sentido ao destino do mundo), nem ódio de si: este direito à diferença é positivo e sorridente. Não tem outro fundamento além da afirmação das diferenças e da sua renovação constante. Não se detém sobre o problema de sua eventual contradição. Se a arte só é apreendida através da inovação e da criação é porque manifesta de maneira privilegiada a vida como produção de diferença. As palavras "viver", "arte, maneira ou apetite de viver", "vida" aparecem 14 vezes e Jack Lang acaba seu discurso desfiando a metáfora do sopro. A filosofia política do novo Ministério da Cultura é uma espécie de vitalismo, um "vitalismo cultural".

---

12 A internacional "dos povos de cultura" só se reúne para preservar – contra a "fascinação de um sistema uniformizador" – "a polifonia de nossas culturas".

É à luz desse vitalismo que é preciso apreciar a substituição das "obras da humanidade" evocadas por Malraux pela criação como invenção e inovação em Jack Lang, pois tem como corolário uma nova relação entre a arte, de um lado, a técnica e a economia, do outro, isto é, uma nova percepção dos Estados-Unidos e das indústrias culturais. Com Malraux, a oposição à civilização norte-americana visava mais especificamente o utilitarismo, ao qual faz frente "a ideia menos parcial do homem" do Quarto Plano, e o domínio conjugado da ciência e do mercado. O que não se chamava ainda de "indústrias culturais" dizia respeito ao mesmo tríptico. Assim Malraux, embora sem desdém pela sétima arte, só evocava o cinema como meio de difusão cujo impacto provinha da massa de espectadores que podia reunir. O cinema, como técnica de difusão, podia comunicar ao planeta inteiro uma obra-prima universal como *Anna Karenina* ou, a serviço do lucro, seduzir a parte sombria e orgânica do homem, a violência, o sexo e a morte. A serviço da arte ou do seu oposto, o cinema no que faz o poderio do seu impacto era exterior à arte. Inversamente, a substituição da sacralização da obra pelo apelo à criatividade autoriza um duplo deslocamento: a aproximação semântica entre criação, invenção e inovação relativiza as fronteiras entre artes, ciências e técnicas[13]; o deslocamento do interesse da obra acabada, dispensadora de sentido, para a criação como ato e *"performance"* autoriza o parentesco entre atividade artística, espírito empreendedor e produção.

Se essa filosofia vitalista permite uma aproximação entre economia e cultura, não se deve buscar a origem do seu impacto pelo simples fato de se ter tornado palavra de ministro. Notemos primeiro que, se podemos detectar claramente essa filosofia no discurso do México, ela pode ser encontrada nas declarações e nos textos anteriores de Jack Lang. A mescla de culto à espontaneidade e ao empreendedorismo já é perceptível na experiência e nos dizeres do coautor de *Éclats*; anda de mão dada com a rejeição da burocracia. Notemos igualmente que o valor econômico da cultura é afirmado desde o primeiro discurso do ministro diante da Assembleia Nacional, em 17 de novembro de 1981. Por outro lado, esse reducionismo nietzschiano da exaltação da vida e da criatividade já se encontra difuso na sociedade francesa; certamente, podiam ser encontradas, desde fins dos anos 1960, as marcas do êxito do culto da criatividade. Logo, o discurso do México não importa, porque designaria uma evolução intelectual de Jack Lang, de quem se subestimou certamente a constância e a coerência nas posições. Se houve uma ressonância, deve-se antes de tudo à hora de sua enunciação.

---

13 O Ministério promoverá, aliás, em 1984, uma licitação de pesquisas sobre todas as relações imagináveis entre artes e ciências.

O impacto, na França e em 1982, da associação entre cultura e economia no quadro normativo e intelectual da política cultural, no momento em que é investida de autoridade ministerial, reside nas seguintes circunstâncias:

– sintoniza a política cultural com o início do *aggionarmento* do discurso socialista sobre a economia. O discurso do México, pronunciado em julho de 1982, coincide com a primeira "pausa" consecutiva ao fracasso das eleições cantonais e aos primeiros sinais de fracasso da política de relançamento. A insistência em mostrar a possibilidade de uma solução cultural à crise supõe ademais o reconhecimento de uma crise econômica. O discurso sobre as indústrias culturais, marcando definitivamente a consagração dos laços entre economia e cultura, data de março 1983, isto é, coincide com a virada para a austeridade[14];

– a associação cultura-economia fornece uma legitimidade substitutiva ao apoio financeiro do Estado para as profissões e para as instituições artísticas. Desde o nascimento do Ministério, esse apoio tinha como principal justificativa a democratização cultural. Mas, desde o fim dos anos 1960, a ideia de que uma política da oferta artística poderia assegurar o acesso das maiorias à cultura havia perdido o essencial do seu crédito. A democratização cultural havia permanecido, ao longo dos anos 1970, como referência obrigatória; mas pouco numerosos são aqueles que ainda acreditam nesses argumentos. O discurso do México e seu *slogan* "economia e cultura, mesmo combate" justifica a despesa pública em favor de um setor profissional em nome do seu impacto direto e indireto sobre a economia francesa;

– esta legitimação pelo viés da economia torna-se aceitável para os meios artísticos, durante algum tempo pelo menos, não somente porque está em sintonia com uma transformação concomitante do discurso socialista sobre a economia, mas antes de tudo porque se acompanha de uma supervalorização da política e de uma duplicação do orçamento ministerial. Inversamente, quando Jean-Philippe Lecat, ministro da Cultura e da Comunicação de 1978 a 1981, havia tentado reconciliar economia e cultura, seu discurso que sofrera as piores críticas da "esquerda cultural", pudera ser interpretado como um meio de justificar a retirada financeira do Estado e o abandono da cultura às forças do mercado.

---

14 Em março de 1983, o governo socialista decide dar uma virada radical na sua política econômica e aderir a uma concepção mais liberal, mais aberta ao mercado, cortando também seu subsídio ao consumo. [N.T.]

Mas as consequências dessa renovação da legitimação aparecem como mais importantes se as restituímos na história do ministério. Dissolve o que fazia a especificidade e a razão de ser do Ministério criado por Malraux, ou seja, a diferença entre política cultural e política artística. O discurso do México corresponde exatamente ao momento em que o efeito da invocação do imperialismo cultural norte-americano muda de sentido: após a reativação do peso político da cultura, advém o tempo da dissolução da política cultural. Compreender o impacto desse momento implica a elucidação da articulação entre o pré e o pós-México, entre a ida e a volta, entre a invenção e a dissolução da política cultural.

11. De Malraux a Lang, da invenção à dissolução

> A palavra cultura, que foi útil algum tempo para que o poder nos ouvisse, deve hoje ser abandonada. Justificou demasiados empreendimentos duvidosos que não tinham nada de artísticos...
>
> R. Planchon, *Le Monde*, Paris, 24 de setembro de 1981

Ao término desta obra, é possível entregar-se a dois exercícios complementares: avaliar o impacto do *aggiornamento* do quadro normativo e conceitual da política cultural provocado por Jack Lang em 1982 e retomar o conjunto da história ideológica da política cultural francesa, de sua invenção à sua dissolução.

Ao nascer, a existência do Ministério foi justificada por uma missão de democratização cultural que distinguia sua tarefa daquela de outras administrações. O apoio financeiro aos artistas e às instituições artísticas constituía um instrumento da política de democratização. A política cultural inventada não podia se reduzir a um apoio financeiro sob pena de fazer da nova administração um mero apêndice do Secretariado para as Belas-Artes.

Bem rapidamente, e isso não tem nada de muito original, as condições da ação ministerial – restrições da segmentação administrativa, recursos financeiros insuficientes, comportamento das profissões e instituições artísticas, reações dos públicos almejados – tenderam a restringir a política cultural ao que não deveria passar de ser seu instrumento: construção de equipamentos, financiamento, nomeação de responsáveis, regulação dos mercados das profissões artísticas. A história da política cultural desde Malraux é a de uma luta para que o instrumento não se torne mais importante que a finalidade que o justifica. Considerando essa história, o período associado ao nome de Jack Lang tem de fato as características de uma bonança. Acreditou-se, em 1981, que os limites da ação do Ministério provinham de uma insuficiência de meios. A duplicação do orçamento e o inchaço do peso atribuído à "cultura" pareceram trazer-lhe, enfim, uma maturidade, deixando-o a salvo dos questionamentos ou do desinteresse. Mas, no fim do percurso, descobre-se que o problema principal era o das finalidades da política cultural.

A duplicação do orçamento e a multiplicação decorrente das políticas culturais puseram em evidência a prevalência dos meios, dos repertórios de ações e de grupos de interesses sobre uma orientação a partir dos fins. Ademais, o discurso de Jack Lang sobre a economia e a cultura permitiu indiretamente que as políticas públicas de apoio às profissões e instituições artísticas se emancipassem do véu da política cultural. A ação de Jack Lang pode ser associada ao fim da política cultural e ao triunfo das políticas públicas da cultura. Lembremos que definimos a política cultural, em contraste com as políticas públicas da cultura, como um momento de convergência e de coerência entre, de um lado, representações do papel que o Estado pode atribuir à arte e à cultura no tocante à sociedade e, de outro, a organização de uma ação pública. Há dissolução da política cultural quando não há mais a retomada conceitual possível do conjunto das políticas públicas da cultura, quando um sistema de fins não consegue mais, de modo convincente e operatório, orientar e justificar o conjunto da ação do Ministério da Cultura.

Para retraçar rapidamente a evolução do quadro normativo da política cultural de Malraux a Lang, vamos seguir a história das relações entre a "problematização" e a descentralização cultural, antes e depois de 1981. A escolha da descentralização cultural tem três motivos: até 1972, a descentralização cultural identifica-se quase exclusivamente com a política das casas da cultura[1]; desde o final dos anos 1970, as coletividades locais e, no essencial, as comunas comparecem, desconsiderando algumas flutuações, com a metade das despesas públicas culturais, o que implica, contando com a importância dos financiamentos cruzados Estado-coletividades locais, a interdependência de uma parte não desprezível de suas políticas respectivas; as políticas culturais municipais constituem um dos pontos de articulação do PS com a política do governo via seus representantes eleitos locais, prefeitos e assessores do prefeito indicados para a cultura. Poderemos em seguida alcançar melhor o caráter corrosivo da associação da economia e da cultura sobre as legitimações anteriores da ação cultural pública.

DA AÇÃO CULTURAL AO DESENVOLVIMENTO CULTURAL

A palavra de Malraux, seu lugar junto ao general De Gaulle e a posteridade do Ministério "encarregado dos assuntos culturais" levaram certamente a pensar que o nascimento de um ministério autônomo testemunhava um grande projeto cultural próprio à Quinta República. Sabe-se, na realidade, que esse ministério foi criado, para retirar, sem desonra, a responsabilidade do Ministério da Informação de André Malraux. Mas este conseguiu dar

---

1 É exatamente porque cessa de ser exemplar, para a ação do Ministério, em 1972, que a política das casas da cultura não pode constituir o único suporte da história do quadro normativo da política cultural de Malraux a Lang.

um sentido à bricolagem administrativa preparada especialmente para ele fazendo do Ministério o suporte de um nacionalismo moderado fundado sobre a ideia de uma universalidade francesa oferecendo uma terceira via entre a civilização americana e o regime soviético. Assim, garantido numa dupla oposição externa em harmonia com a política gaullista, seu departamento se fez atribuir, no interior do país, uma missão reservada ao Estado: distribuir, pensando em igualdade e união nacional, essa universalidade por meio do vetor das artes. Essa missão era igualmente definida por uma filosofia da arte e pela retomada do ideal da educação popular. Malraux retomou a concepção kantiana da arte como "comunicação universal sem conceito" para fazer dela um substituto da religião numa sociedade dominada pela racionalidade científica. O choque estético, sem mediação, sem pedagogia, deve supostamente comunicar a todos, não importa a condição social, a universalidade das experiências da humanidade. Malraux assumiu também o ideal da educação popular de dar acesso à "mais alta cultura" a todos os franceses. Definida desse jeito pela conjunção de uma filosofia da arte, de um enraizamento num projeto de reforço da identidade nacional e de um projeto social, a missão do novo ministério o distinguia dos departamentos de que sua administração era oriunda (Belas-Artes, Educação Nacional, Indústria). A invenção da política cultural supunha que ela não pudesse ser incorporada a uma política artística, educativa ou industrial. "Cultura", "ação cultural", palavras estandartes dessa política, não levantavam dúvida quanto ao seu conteúdo, pois que não definiam um domínio mas uma missão: um projeto social e político fundado sobre a potência das obras de arte e a exclusão de toda preocupação pedagógica ou de uma problemática do lazer. A força dessa formulação consistiu em atingir três intentos com um único golpe: fundar a especificidade e a identidade de uma administração compósita; inscrever a política cultural no projeto gaullista de firmar os fundamentos da nação francesa pelo Estado; assumir os ideais culturais da esquerda.

De todas as iniciativas de Malraux, é a política das casas da cultura, associando estreitamente democratização e descentralização, a mais emblemática dessa formulação da política cultural. E isso, não somente porque Malraux fez dela a ponta de lança de sua ação, mas porque também sua vocação polivalente e suas modalidades de financiamento e de direção suscitavam conflitos e debates que punham em jogo a própria concepção da política cultural. Muito rapidamente o peso do seu custo de funcionamento, as tensões entre diretores, representantes eleitos locais, associações e administração central alimentaram as dúvidas sobre suas missões e o problema de sua direção. Assim, as casas da cultura, posteriormente os centros de ação cultural, e depois o que foi chamado, no fim dos anos 1970, de estabelecimentos culturais forneceram a prova viva de que a política cultural não se reduzia a uma política artística. Um traço impressionante da execução dessa política, de 1962 a 1966, foi a sua coerência com a doutrina de Malraux. A casa da cultura foi concebida como o local de reforma de uma comunidade política pelo encontro entre a arte e o público, protegida de toda forma de representação política (eletiva ou associativa) e de todo particularismo local.

Fragilizado desde 1966, esse modelo de ação cultural sofre uma tripla desestabilização, artística, administrativa e política, em consequência dos acontecimentos de maio de 1968.

É no fundo da crise desse modelo da ação cultural que a filosofia do "desenvolvimento cultural" é oficialmente adotada pelo Ministério. Ela é mais difícil de ser apreendida, tanto pelo seu caráter compósito quanto pela multiplicidade de suas variantes, ligada à diversidade dos seus adeptos. Identifiquemos estes antes de lembrar as grandes linhas dessa concepção. Se ficarmos com os atores que tiveram um poder de decisão no seio da administração central, é possível identificar três grupos para os quais o desenvolvimento cultural constitui um consenso: a geração dos pioneiros da administração central, contemporânea do nascimento das casas da cultura, em desacordo com a concepção que Émile Biasini tinha dela[2]; Jacques Duhamel e seu chefe de gabinete, Jacques Rigaud, que fazem do desenvolvimento cultural a doutrina oficial do Ministério, de 1971 a 1973; uma geração do pessoal saído da Escola Nacional de Administração escolhendo fazer carreira no seio do Ministério a partir de 1968.

Após a saída de Jacques Duhamel, substituído em 1973 por Maurice Druon, o tema do desenvolvimento cultural não é retomado pelos ministros ou secretários de Estado para a Cultura que se sucedem até 1981. Os mais importantes dentre eles, Michel Guy e Jean-Philippe Lecat, por indiferença e/ou por insuficiência orçamentária, deixarão como estão os estabelecimentos culturais, cujos orçamentos são renovados sem levar em conta a inflação. Todavia, o conjunto das ideias reunidas sob o vocábulo de desenvolvimento cultural permanece predominante no seio da administração central encarregada dos equipamentos culturais, entre os responsáveis por esses equipamentos, entre os representantes eleitos locais e especialmente entre os representantes socialistas. A rede de atores implicados na gestão dos equipamentos oriundos da descentralização cultural de Malraux ganha visibilidade graças à criação dos *Cahiers de l'atelier* em 1979, que publica durante alguns meses dossiês dirigidos para "parceiros da ação cultural".

---

2 São esses homens que, tais como Moinot, Girard e Raison, pesam sobre a reorientação da política das casas da cultura, de 1967 a 1969.

O coletivo dos autores reúne a quase totalidade de uma das primeiras gerações evocadas acima[3], funcionários saídos da ENA[4] que escolheram seguir carreira no Ministério da Cultura, e um núcleo originário de Grenoble (políticos eleitos, administradores ou animadores que ainda têm ou tiveram responsabilidades culturais em Grenoble). É utilizando principalmente a versão dos *Cahiers de l'atelier*, mais politizada e mais centrada sobre o local do que a de Jacques Duhamel e Jacques Rigaud, que iremos resumir em alguns poucos traços a filosofia do desenvolvimento local[5]. Essa versão merece o privilégio que lhe cedemos aqui na medida em que é essa mesma que será retomada no seio da Diretoria do Desenvolvimento Cultural, criada em 1982 e confiada a Dominique Wallon, antigo presidente da casa da cultura de Grenoble.

Se essa noção de desenvolvimento cultural é difícil de ser apreendida, compósita e sujeita à variação, é porque sua unidade reside num problema, e não nas respostas que são dadas a ele: como dar sequência à ação cultural quando seus fundamentos anteriores desmoronaram? O ponto de partida é, de fato, o sentimento de um fracasso das casas da cultura, isto é, da democratização por meio da facilitação do acesso às obras, a recusa da "religião" de Malraux julgada demasiadamente unanimista, o abandono da afirmação da universalidade francesa. Esta afirmação é substituída por uma busca multiforme de sentido e de identidade, identidade assegurada pela unidade cultural (no sentido antropológico) de "grupos sociais", correspondendo por vezes a comunidades profissionais ou étnicas, por outras a grupos em formação. Ao passo que a ação cultural postulava o impacto das obras sobre a sensibilidade de todos os públicos e considerava a democratização como um problema de difusão e de "circulação" dessas obras, o desenvolvimento cultural parte da constatação do "cisma cultural" entre criadores e população. Em contrapartida, a noção de "cultura plural", emprestada de Michel de Certeau, é enfatizada. Tem a vantagem de conciliar a crítica de uma "cultura dominante" cuja universalidade é contestada, sem rejeitar a arte existente e os criadores profissionais. Permite também considerar os homens que não têm acesso à cultura legítima como "dominados", evitando ao mesmo

---

3 Boa parte deles também começou seu percurso administrativo no "Serviço da Ação Cultural" da Diretoria do Teatro e foi, portanto, encarregada das pastas relativas às casas da cultura, CAC e outros equipamentos no momento, a partir de 1968, em que o primeiro modelo de ação cultural estava em crise. Todos esses administradores, como B. Faivre d'Arcier, J. Clément, M. Berthod, ocuparão cargos essenciais no Ministério da Cultura de Lang após 1981. Quanto a C. Tasca, ela se tornará ministra.
4 Escola Nacional de Administração, uma das ditas grandes escolas onde se forma parte das elites político-administrativas francesas. [N.T.]
5 Utilizo sobretudo *Les Cahiers de l'Atelier*, "Politique culturelle", nº 1, dez. 1978–fev. 1979.

tempo qualificar sua relação com a cultura apenas pelo que lhes falta: têm uma cultura própria de que é preciso facilitar a expressão e a confrontação com outras[6]. A tríade "criação" dos artistas profissionais, "expressão" dos grupos sociais facilitada pelos animadores e "confrontação" entre as duas encorajada pelos mesmos animadores e representantes locais substitui a tríade "alta cultura", "público reunido" e "acesso à cultura" que defrontava apenas o diretor da casa da cultura (indistintamente criador e animador, a distinção inexistente na origem) e seu público. De uma tríade a outra, a noção de "democracia cultural" concebida como um processo substitui a de "democratização" concebida como a organização do acesso às obras.

Como podemos constatar, as ideias reunidas sob a expressão de desenvolvimento cultural não se explicitam facilmente. Mas a dificuldade da conciliação dos contrários é também uma das condições do seu sucesso. O desenvolvimento cultural autoriza um compromisso, um *status quo*, entre aqueles que a emergência do debate animação/criação e os conflitos de maio de 1968 haviam posto frente a frente. Representantes locais, criadores e animadores voltam a encontrar cada um seu papel conciliável com o dos outros no quadro do conjunto da cidade, e não mais no da casa da cultura. Tais eram as concepções de alguns dos futuros diretores de administração central de Jack Lang, concepções que a valorização das indústrias culturais intentada pelo ministro de então não podia deixar de chocar.

A DESCENTRALIZAÇÃO CULTURAL: DO ULTRAPASSADO AO REALIZADO

Em 1979, Jean-Philippe Lecat, secretário de Estado para a Cultura e a Comunicação, pôde declarar que a descentralização cultural constituía "uma ideia ultrapassada". As indústrias culturais, cinema, livros, discos e televisão – dizia, apoiado em números – haviam contribuído, mais do que as instituições da descentralização cultural, para a democratização cultural. Em 1983, Pierre Mauroy, primeiro-ministro, afirmava que a descentralização cultural encontrava-se doravante "realizada". Entre esses dois dizeres, entre o ultrapassado e o realizado, há mais do que a mera proximidade das palavras. Há, certamente, uma alternância política e meios financeiros outorgados pelo Estado às regiões e às comunas em proporção incomparável com aquilo que o orçamento do Ministério permitia durante os três últimos anos

---

6   É com o desenvolvimento cultural e não com a ação cultural que uma vulgata antropológica da noção de cultura é introduzida nos debates sobre as políticas culturais.

de septenato de Valéry Giscard d'Estaing. No entanto, significam o mesmo: o fim da posição central da descentralização cultural na ação do Ministério. Lembremos que essa posição central advém do sinal de igualdade traçado por Malraux, logo no nascimento do Ministério, entre descentralização e democratização culturais, a luta contra a desigualdade social perante a cultura revelando-se indissociável daquela contra a desigualdade geográfica. A partir de 1982, a posição da descentralização no Ministério é prioritariamente ligada à sorte da Diretoria do Desenvolvimento Cultural (DDC) e, principalmente, ao valor atribuído a duas de suas missões principais: a descentralização cultural e as relações entre o Ministério e as coletividades locais e a reforma dos estabelecimentos culturais oriundos da descentralização cultural de Malraux, de que tem a tutela.

A criação da DDC é a realização de um projeto nascido antes de 1968 no seio da administração central: o de uma Diretoria da Ação Cultural. Este projeto resultava de uma reflexão sobre as disfunções da Diretoria-Geral das Artes e das Letras (DGAL), e sobre o problema da tutela, em nível da administração central, das casas da cultura. A DGAL era pesada demais, por demais compósita e por demais segmentada para que seu diretor pudesse lhe dar uma orientação. Quanto às casas da cultura, embora polivalentes por vocação, eram, desde 1962 o mais das vezes dirigidas por homens de teatro. Assim, sua inclusão numa Diretoria do Teatro, da Música e da Ação Cultural não tinha, até então, inconveniente. Mas no momento em que se cogitava reafirmar sua vocação polivalente, criar CACs eventualmente desprovidos de equipes de criação e em que o projeto de uma Diretoria da Música estava para se completar, a permanência de sua inclusão numa diretoria unicamente encarregada do Teatro pareceu ilógica. Cogitou-se, assim, a criação de uma Diretoria da Ação Cultural, sem especialização artística, com vocação de coordenação horizontal perante as diretorias setoriais do Ministério e encarregada de insuflar nestas o espírito e os métodos da ação cultural. As casas da cultura deviam, então, na qualidade de equipamento polivalente, situar-se logicamente sob a responsabilidade dessa diretoria, assim como as relações com as coletividades locais.

São essas exatamente as missões que foram confiadas à Diretoria do Desenvolvimento Cultural (DDC). Ela, como deveria ter ocorrido com a Diretoria da Ação Cultural, era de alguma maneira a encarnação administrativa da existência de uma política cultural, isto é, a resistência à segmentação administrativa desembocando em um agregado de diretorias setoriais absortas em suas relações com clientelas artísticas ou profissionais específicas.

A DDC pareceu exercer, de 1982 a 1984, sua vocação horizontal graças ao procedimento de "convenções culturais". Seus conselheiros encarregados desempenharam um papel determinante na negociação das convenções, comprometendo Ministério e coletividades locais num conjunto de despesas partilhadas igualmente e destinadas a uma lista de operações especificadas. À medida que essas convenções eram, com o reforço das Diretorias Regionais dos Assuntos Culturais (Drac), a componente maior da descentralização cultural de 1982 e que as operações previstas por essas convenções interessavam o conjunto das diretorias setoriais, a DDC pôde associar o processo da descentralização e o exercício de um mínimo de integração da ação dos segmentos administrativos do Ministério. Houve por certo algumas tensões entre a DDC e as diretorias setoriais, mas, à medida que o financiamento das convenções não afetava diretamente o orçamento dessas diretorias, e sim o de um fundo especial do desenvolvimento cultural, permaneceram limitadas. Todavia, já em 1984, o papel de interface Ministério/coletividades locais e de integração no seio da administração central que a DDC pudera desempenhar sofreu uma parada, especialmente em razão dos contratos de plano. De fato, a partir de 1984, a vertente cultural dos contratos de plano assinados entre o Estado e as regiões substitui as convenções regionais de desenvolvimento cultural. O Ministério do Interior, julgando o Ministério da Cultura insuficientemente descentralizador e as convenções culturais por demais diretivas, cuidou para que a DDC não pudesse intervir diretamente na negociação dessas vertentes culturais. Por outro lado, o financiamento das operações culturais previsto pelos contratos de plano era subtraído do orçamento das diretorias pertinentes. A vigilância dessas últimas diminuiu a capacidade de integração, já bastante relativa, da DDC.

A capacidade desta em realizar a missão que seu título lhe conferia aparecia, pois, estreitamente ligada à política das convenções. Uma vez terminada, cogitou-se substituí-la por uma tarefa permanente: assegurar a continuidade e a orientação das Drac pelo conjunto da administração central. Preconizada pelos responsáveis da DDC, essa opção não foi apoiada pelo gabinete do ministro. De tal maneira que, em 1986, ela mesma quase se tornara uma diretoria setorial responsável por algumas ações específicas e da rede de estabelecimentos culturais.

O que acontece com esses estabelecimentos após a alternância de 1981? A criação da DDC, a publicidade dada a um relatório de Paul Puaux (sucessor de Vilar no Festival de Avignon) encomendado a respeito daqueles e o aumento substancial das subvenções deixam entrever o renascimento desses estabelecimentos. A DDC quis dar vida nova e mesmo ampliar a rede das casas da cultura, CACs e outros centros de desenvolvimento cultural[7].

---

7   Em 1986, contavam-se 12 casas da cultura, 27 CACs, 21 centros de desenvolvimento cultural.

Para isso, a administração central encorajou a concentração de suas missões em projetos, permanecendo interdisciplinares, mas fortemente assentados sobre a criação artística, e tentou reformar as estruturas de gestão desses estabelecimentos fundados até então sobre a fórmula da associação de 1901, cuja multiplicidade das partes interessadas (Estado, representantes locais, representantes associativos, diretor) complicava a resolução dos conflitos. A divisão dos responsáveis desses equipamentos, algum desencorajamento, o parco interesse do ministro em relação a esses estabelecimentos e a municipalização de certas casas da cultura em consequência das eleições municipais de 1983 delinearam a tendência mais forte: privilégio da criação, reforço da aliança entre administração central e os diretores de estabelecimentos em detrimento dos representantes eleitos e principalmente das "associações representativas". A situação desses estabelecimentos parece ter reencontrado o marasmo do final dos anos 1970, sem contar dessa vez com a esperança de uma renovação associada à vitória das esquerdas.

Como vimos anteriormente, as casas das culturas haviam cessado de ser exemplares para a ação do Ministério em 1972, mas tinham mantido a condição de faróis das políticas culturais locais ao longo dos anos 1970, e isso muito além das poucas cidades onde estavam implantadas. Perdem esse último brilho pouco tempo depois da posse de Jack Lang[8]. O término da epopeia das casas da cultura encontra-se perfeitamente simbolizado já em 1982: na casa da cultura de Nanterre, transformada em Théâtre des Amandiers por Patrice Chéreau, a companhia de Jérome Deschamps inaugurava uma longa série de sucesso com *La veillée*, espetáculo parodiando a animação sociocultural. O debate aberto em 1967 entre criação e animação que não fora verdadeiramente aclarado, encontrava seu fecho em proveito da criação. O caso de Nanterre era o primeiro de uma série: na década que se seguiu, a maior parte das casas da cultura ainda em atividade mudava de condição e de nome.

Quando François Léotard (ministro da Cultura e da Comunicação do governo Jacques Chirac) extinguiu a Diretoria do Desenvolvimento Cultural – símbolo, para a direita, da política cultural socialista –, ele punha um fim não somente a uma herança dos últimos anos da administração Malraux, mas também a uma estrutura administrativa já esvaziada de tudo o que supostamente encarnava: a própria ideia de uma política cultural. Em 1992, um consultor da Datar[9] constatava, na conclusão de um relatório encomen-

---

8 Este último, em seu livro *L'État et le théâtre* (LGDJ, 1968), no qual tomava o partido dos "criadores", possuía uma avaliação mais para negativa das casas da cultura, principalmente porque arriscavam sobrecarregar de trabalho os homens de teatro que as encabeçavam.
9 Delegação Interministerial para o Ordenamento do Território e a Atratividade Regional. [N.T.]

dado por Jack Lang, que "o Ministério da Cultura é antes de tudo o ministério dos artistas", e observava que "a dimensão cultural" do anseio identitário e social encontrava-se no plano local e não mais na administração central do Ministério ou nas instituições que financiava[10]. A descentralização cultural de fato havia terminado.

DA DESRESPONSABILIZAÇÃO À DISSOLUÇÃO

A associação da cultura e da economia à ideia de que o apoio à cultura produz efeitos econômicos teve, nos discursos e nas iniciativas do Ministério, duas molas propulsoras. A primeira concerne diretamente às indústrias culturais. O cinema, o *design*, a alta-costura, as indústrias de programações, o disco, o livro podem, em termos econômicos, ser considerados como indústrias. O vigor dessas indústrias não deixa de ter impacto sobre o balanço de pagamentos do país. O respaldo do Estado possui, pois, para essas indústrias, uma dimensão de política econômica e industrial. A segunda mola é bem menos tangível, pois é considerada de natureza psicológica. A criação tem uma virtude galvanizadora, eletriza, faz circular a energia. "A cultura são os poetas mais a eletricidade", ousou afirmar Jack Lang no colóquio da Sorbonne em 1983. Essa espécie de mesmerismo é uma constante de sua concepção da criação, claramente afirmada em seu discurso do México. A cultura é uma arma econômica porque pode mudar as mentalidades e porque a crise é tão econômica quanto espiritual. A virtude da criação consiste em suscitar, tal qual a energia transformada em trabalho, uma agitação, um movimento[11].

A legitimação da intervenção pública pelos seus efeitos econômicos (de que se ampliou generosamente o campo de validez das indústrias culturais

---

10 Uma citação mais longa é perfeitamente explícita: "Diante do progresso do individualismo de massa e das exclusões, a cultura aparece cada vez mais como um fator essencial de coesão social e de construção da pessoa: aspiração à identidade [...] necessidade de dar um sentido à experiência da vida [...] Constatou-se, no curso dos nossos levantamentos, que essa nova dimensão cultural das grandes questões da sociedade era mais bem percebida no contato direto das pessoas e das dificuldades do que no plano nacional, onde prevalece naturalmente uma lógica da oferta, da criação, dos grandes organismos de difusão artística. O Ministério da Cultura é primeiramente o ministério dos artistas, porque sem obra, não há cultura". B. Latarget, *L'aménagement culturel du territoire*, Paris: La Documentation Française, 1992, p. 83.
11 J. Lang havia explicado isso aos representantes socialistas em 1979, na ocasião do seminário de Melun: "Jack Lang, conselheiro adjunto nacional do PS para a cultura, lembra que a noção de criação é difícil de definir. Quem designa 'os criadores' enquanto tal? O público, a imprensa, o circuito mercantil ou os próprios criadores? Pode-se, esquematicamente, qualificar de 'criativo' tudo o que, numa cidade, contribui para assegurar uma presença viva e ativa da arte. A parte atribuída à criação mede-se pela agitação que provoca no domínio das formas, dos gostos, das ideias".

ao conjunto das artes") e pela ação psicológica teve um efeito duplo: levou à desresponsabilização dos artistas e dos representantes políticos locais e diminuiu a distância entre o discurso e a prática da administração ministerial; dissolveu a política cultural ao dissipar os fins que faziam do respaldo financeiro às atividades artísticas um instrumento a serviço de uma missão social.

O FIM DOS REMORSOS

"Cultura e economia", as duas palavras e sua relação substituíram nos colóquios um antigo duo: "cultura e política". Reunir o povo, dar acesso ao conjunto dos franceses à "mais alta cultura", as missões de que se haviam incumbido os homens do teatro popular e que Malraux assumira não constituíam mais – aproximadamente desde 1968 – o credo da maior parte dos empreendimentos artísticos apoiados pelo Ministério. Mas permaneciam como uma finalidade que não se podia abandonar, como um horizonte fora de alcance. Tinham finalmente o estatuto de remorso e alimentavam alguma culpa. A invocação da virtude econômica faz tábula rasa do passado.

A desresponsabilização atingia também os representantes locais. Já antes da justificação das despesas culturais pelos seus benefícios econômicos (empregos, atrativos para as empresas), os prefeitos apoiavam o desenvolvimento dessas despesas, seja porque isso os interessava pessoalmente, seja pela fé nas virtudes do desenvolvimento cultural. Mas viam principalmente nessa opção, o mais das vezes, um trunfo para a imagem de sua cidade, permitindo atrair as empresas e os turistas, assim como uma maneira de satisfazer uma parte de seu eleitorado potencial. Mas todas essas motivações não podiam ser declaradas. A política cultural devia possuir os fins nobres da democratização e do desabrochar das pessoas. Logo em 1983, um ano após a conferência do México, cartazes e jornais apresentavam pela primeira vez anúncios publicitários louvando tal cidade, tal região, até mesmo tal departamento, em nome de seu dinamismo cultural atestado pela presença de tal companhia de dança, de teatro ou de uma orquestra. As despesas culturais podiam, assim, valer-se do orçamento da política de comunicação.

A legitimação pela economia permitiu igualmente um reajuste no seio da administração central. Nenhum imperativo de política cultural, isto é, nenhuma missão transversal, vem atrapalhar a segmentação administrativa ligada ao tratamento de clientelas artísticas e profissionais muito diversas. O Ministério da Cultura tornou-se oficialmente o ministério dos artistas e, como tal, a segmentação é exigida pela diversidade das economias e das estruturas profissionais dos diferentes domínios artísticos. A administração beneficia-se, por outro lado, de um novo trunfo que, para os artistas, significa o reverso da medalha da desresponsabilização. A justificativa do apoio público pelo argumento econômico introduz uma exigência de rigor de gestão e um cuidado que se tornou legítimo com o limite dos déficits. Os artistas e suas instituições não têm mais que carregar o peso das ilegalidades sociais, mas devem ser bem-sucedidos. De onde o êxito do tema da avaliação, tanto no plano das coletividades locais quanto no da administração central.

Os sintomas da dissolução

Malraux havia justificado um Ministério dos Assuntos Culturais por uma tripla oposição, às belas-artes, à educação nacional e à educação popular. A associação da cultura e da economia cumpriu o ciclo de vida de tal justificação em benefício da criação justificada por si mesma e pelos seus efeitos econômicos. Ao final do que chamamos a dissolução da política cultural, era possível indagar, no início dos anos 1990, o que diferenciava o Ministério da Cultura de um Ministério dos Artistas, das Instituições e das Profissões Artísticas (o que poderia lembrar o antigo Secretariado de Estado para as Belas-Artes) de um lado, e do Ministério dos Assuntos Culturais, de outro. É no silêncio que se fez diante dessa pergunta que ressoaram com estrondo os ensaios de Marc Fumaroli e Michel Schneider. Esses dois livros podem ser lidos como sintomas da dissolução da política cultural.

De fato, a força de *L'État culturel* e de *La Comédie de la culture*[12], independentemente do talento de seus autores e do fato de cada um enfrentar sua própria família política e ideológica, não advém de uma avaliação acachapante das políticas do Ministério da Cultura, mas do questionamento quanto à pertinência de suas finalidades. Por meio de uma crítica radical das práticas e das clivagens intelectuais e administrativas de que se prevalecem as iniciativas do Ministério da Cultura, esses autores contestam até mesmo a própria validez do uso do vocábulo "cultura". É notável que o questionamento das finalidades do Ministério se apoie sobre uma compreensão afiada de sua instauração por Malraux, no caso de Marc Fumaroli, e dos efeitos de Maio de 68, no caso de Michel Schneider. As duas obras são, aliás, complementares, já que cada uma esclarece o ponto cego da outra. O do *L'État culturel* é a explosiva transformação de Maio de 68. Contrariamente ao que disseram os comentadores, o livro de Marc Fumaroli só é superficialmente um panfleto contra Jack Lang, as políticas culturais e a ideologia acrobática que lhe são associados. Trata-se antes de tudo de uma crítica implacável da fundação do Ministério dos Assuntos Culturais por André Malraux. As duas personagens, o ministro e seu retalhador, são antitéticos a ponto de se

---

12 M. Fumaroli, *L'État culturel. Essai sur une religion moderne*, Paris: De Fallois, 1991; e M. Schneider, *La comédie de la culture*, Paris: Seuil, 1993.

esclarecerem e se compreenderem mutuamente, com três decênios de intervalo. Não se pode imaginar nada mais antagonista do que, de um lado, o escritor autodidata, revolucionário, que se tornou panegirista do gaullismo, ilustração modelar do intelectual francês, e do outro, o professor do Collège de France, universitário erudito, especialista das letras dos séculos XVII e XVIII. Pode-se dizer que Marc Fumaroli compreendeu André Malraux por antipatia. Era preciso um campeão da ideia de universidade, cultivando o *otium*, o lazer estudioso, para lembrar que a política cultural de Malraux tinha tido como bicho-papão não somente o divertimento como também o que quase todo mundo havia esquecido, a educação. Era preciso também um campeão da ideia de instituição para alcançar quanto a política cultural francesa se opôs, desde a sua invenção, a essa ideia. Mas, quanto ao fundo, mesmo se os anos 1980 provocaram a obra, por conta da irritação que trouxeram, não se pode esperar encontrar aí as chaves de uma compreensão das políticas introduzidas por Jack Lang. O Ministério parece evoluir continuamente de Malraux a Lang, segundo a mera exageração de uma perversão inicial, que 1968 havia apenas fixado mais à esquerda. Inversamente, *La comédie de la culture* pinta um quadro mais bem informado dos anos Lang. Isso se deve, está claro, à posição de Michel Schneider, alto funcionário, um tempo diretor da Música, e também ao lugar que dedica, conhecendo melhor o tema, a Maio de 68 e a seus efeitos. A digestão do "movimento de maio" é de fato o terreno fértil onde se impôs a ideia de um "haver" dos "criadores" sobre o Estado e onde foi relativizado o caráter imperativo da busca de público. É também ao "todo político" de 1968 que é preciso referirmos o "todo cultural" de 1981. Em contrapartida, Malraux e o nascimento do Ministério só aparecem tracejados, no livro de Michel Schneider, como a origem virtuosa de um ímpeto pervertido e de uma democratização traída.

São essas duas zonas de sombra, o período referido ao nome de André Malraux e o impacto de Maio de 68, que quisemos também, a nossa maneira, dissipar para melhor compreender o "ímpeto cultural" de 1981, de que o Ministério sai aturdido.

Conclusão

Lembremos as perguntas enunciadas no início desta obra. Em que consiste a singularidade do que é chamado, na França, de "política cultural"? Quando começa essa singularidade e como se forma? O que aconteceu com ela? Imaginamos ter agora preparado suficientemente as respostas a essas três perguntas.

1. Quaisquer que sejam os elementos precursores localizáveis antes da instauração da Quinta República, a criação do Ministério dos Assuntos Culturais em 1959 coincide com a invenção da "política cultural". A formação do ministério por Malraux tem valor de fundação porque instaurou repartições intelectuais, recortes administrativos e repertórios de ação que continuam em funcionamento. A maior parte dos ingredientes tem uma história pregressa, mas é a combinação que se mostra original. Associa uma ruptura administrativa e uma ruptura ideológica, ambas nutridas por uma tripla oposição à educação nacional, às belas-artes, e à educação popular, e pela constituição de um setor artístico profissional que se tornou a clientela exclusiva da administração.

2. Qual é a singularidade da "política cultural" inventada em 1959? Lembramos que três filosofias de ação intentaram sucessivamente fazer com que convergissem algumas ideias do papel que o Estado pode atribuir à arte relativamente à sociedade com a organização da ação do Ministério. Que têm em comum a "ação cultural" de Malraux, o "desenvolvimento cultural" de Duhamel e o "vitalismo cultural" de Jack Lang? Inscrevem, se não toda a ação do Ministério, pelo menos uma parte essencial, num movimento que é o do projeto enquanto se opõe à ideia de instituição. Essa postura, instaurada pela ideologia de Malraux e pelas circunstâncias de sua aplicação, esteve ainda recentemente inscrita nas modalidades de ação do atual ministério. Tem, no mínimo, três molas propulsoras. Primeiramente, ao fundar a missão do Ministério sobre a democratização e a rejeição das belas-artes, Malraux fez convergir pela primeira vez no seio de uma mesma administração, dois movimentos oriundos do fim do século XIX: a crítica implacável do sistema acadêmico e a reivindicação de um direito do povo à cultura. Sabe-se agora que a ideia de um sistema acadêmico poderoso o suficiente para impor seu conformismo às iniciativas do Estado é um lugar-comum, bastante mal fundamentado, datado do fim do século XIX.

A segunda mola é a concomitância da criação do Ministério com o renascimento da ideologia das vanguardas do início do século XX, iniciado a partir dos anos 1950 em várias disciplinas artísticas. Associada à imagem do sistema acadêmico capaz de impor seu conformismo, imagem ainda viva em 1960 e escorada por uma real fraqueza da administração das belas-artes, essa concomitância nutriu o cuidado em apoiar a missão da democratização nos representantes da modernidade estética. O domínio da ideologia modernista sobre o Ministério é mais progressivo e compósito do que o deixam perceber os críticos da institucionalização das vanguardas. Ela pode ser definida como a radicalização dos princípios da modernidade artística descritos por Robert Klein[1]: a importância da posição histórica das obras na apreciação do seu valor e a substituição, entre os artistas, da preocupação com a correção no respeito aos cânones pela preocupação com a prioridade na inovação. A ideologia modernista dá o salto da historicização – que situa as obras no tempo – ao historicismo, que faz da ideia de progresso a justificativa de reduzir o valor à novidade e à ruptura permanente. Vimos o parentesco como também a divergência das ideias de Malraux e de Picon a respeito: o primeiro possuía uma concepção mais baudelairiana da modernidade e o segundo uma concepção mais próxima das teorias vanguardistas, de que foi, certamente, um dos primeiros introdutores no seio da administração. De resto, os motivos de sua difusão e de sua influência crescente ao longo dos anos 1970 são múltiplos: principalmente no início, a ideologia modernista não passou por vezes de uma argumentação para consertar os esquecimentos do Estado ou contornar reticências; conseguiu conquistar as convicções por osmose com os meios artísticos; não se pode, finalmente, negligenciar o fato de que o critério da novidade oferecia a comodidade de poder substituir-se a um juízo estético mais substancial.

A terceira mola da oposição entre projeto e instituição é a associação no Ministério – via o Quarto Plano em que Malraux buscou uma alavanca financeira – dos temas e de alguns dos homens da elite modernizadora, então no seu apogeu. Por conta dessa associação, a política do Ministério e notadamente sua política de equipamento cultural integra-se a um movimento de antecipação do Estado sobre a sociedade.

Assim, a política cultural foi definida como projeto social, estético e reformador contra a ideia de instituição. A criação do Ministério esposava o combate da modernidade estética contra o espectro do conformismo acadêmico, o combate da elite administrativa modernizante contra a rigidez da

---

1 R. Klein, *La forme de l'intelligible. Écrits sur la Renaissance et l'Art Moderne*, Paris: Gallimard, 1970, p. 409.

sociedade francesa, o combate do progresso social contra a preservação dos privilégios. O Ministério foi carregado por esta tríplice polaridade e conservou, tal um reflexo, a identificação de sua ação a um projeto em oposição às instituições existentes. Esse padrão impregna, desde o seu nascimento até alguns grandes trabalhos devidos a Mitterrand, suas iniciativas mais estruturantes: quando pôde, o Ministério preferiu o projeto novo à reforma interna das instituições existentes.

3. Este modelo de "política cultural" encontra-se doravante caduco. Reativado em 1981 pela duplicação do orçamento do Ministério e por uma nova filosofia de ação formulada por Jack Lang, seus últimos limites foram explorados. Há sempre algum tipo de comprazimento em anunciar o fim de um período, e por vezes um pouco de deleite desconsolado, mas não basta anunciar o crepúsculo para galgar sem risco a ave de Minerva. Duas observações nutrem o diagnóstico de finalização. Primeiramente, ao cabo de quase quatro decênios, de políticas em políticas, a quantidade de equipamentos e de organismos aos quais se acrescentam doravante os grandes canteiros é tal que o Estado não terá mais os meios de acrescentar aos custos de funcionamento o de novas operações. O Ministério da Cultura é condenado a gerir o que já existe. Seu papel será, cada vez mais, o de um regulador do sistema desses organismos, quer complementares, quer rivais. O movimento constante da criação institucional, que paradoxalmente a oposição do projeto à exposição encorajava, encontra doravante um limite mecânico. A segunda observação é mais fundamental. O contexto da ação do Ministério e as profundas mutações ideológicas acontecendo há vários anos chacoalham as oposições conceituais sobre as quais se apoiava a ideologia e a ação do Ministério: cultura/educação, modernidade/tradição, cultura/entretenimento. Examinemos cada um dos pares de opostos.

Não se pode mais ignorar que a educação artística é o único vetor eficaz de uma democratização cultural, ao passo que, como vimos, a "cultura" da política cultural "à francesa" foi definida como Malraux contra a educação[2]. A partir de 1971, a filosofia do "desenvolvimento cultural" rompeu com o interdito da pedagogia. Por um decênio, os ministros sucessivos sublinham publicamente a importância da educação artística e anunciam novas medidas em seu favor, notadamente em colaboração com a Educação Nacional. Porém, embora não desprezíveis em si mesmas, essas ações

---

2 Pensamos aqui numa educação artística sem intenção profissional. Deixemos claro, para não encorajar ilusões, que não se pode esperar de uma ampliação significativa da educação artística um efeito sobre o resto das desigualdades sociais. Em virtude de que poder mágico poderia ir além do ensino geral?

executadas permaneceram marginais tendo em vista as massas orçamentárias consagradas às profissões e às instituições artísticas e considerando a tarefa a ser cumprida. A oposição da cultura à educação, pois, não é mais determinante. Mas os numerosos obstáculos – orçamentário, administrativo e público – a uma efetiva consideração quanto ao papel da educação artística levam a duvidar do crédito que se deve dar a uma missão de democratização à qual o Ministério não ousa, todavia, renunciar abertamente.

A ideologia modernista, tornando a novidade e a ruptura o signo da qualidade artística, foi o alvo principal das críticas. Tornou-se vítima do seu triunfo. Nutria-se do vigor dos seus adversários: pois não existem mais bichos-papões consistentes, o academismo e a mediocridade provincial não podem mais ser invocados como nos tempos de Malraux. A ideologia modernista era conquistadora: a institucionalização das vanguardas assinala sua morte. Alijada de um intento social crível e de um intento estético de modernidade, a ação do Ministério aparece claramente tal qual é: um sistema de alocação de recursos públicos para a vida artística profissional. Parece existir o temor de ter que reconhecer, em sua transparência, essa observação, como o indica a tentação permanente de invocar, contra qualquer bom senso, os efeitos benéficos da arte sobre o tecido social para justificar o apoio público. Se a política cultural não passa disso, pensa-se certamente, como justificar as despesas públicas e até mesmo a existência do Ministério? O problema nos parece muitas vezes mal colocado, porque se misturam duas questões. A primeira é a da contribuição financeira à coletividade: além do fato que muito dificilmente se poderá voltar atrás de alguma forma de Estado-providência cultural, numa sociedade em que perto de 50% da riqueza nacional é redistribuída pelo Estado, a sobrevida econômica das artes supõe o suporte dos poderes públicos. A segunda questão é a dos efeitos perversos da intervenção estatal: por ter querido lutar de maneira demasiadamente voluntarista contra o conformismo acadêmico, o Ministério acabou por alimentar um conformismo de vanguarda. O veredito tem seu fundamento, mas é por demais unilateral: é raro que uma política tenha efeitos apenas perversos. Por fim, e sobretudo, é possível conceber dispositivos institucionais que atenuem o laço maléfico entre alocação de recursos e reconhecimento da excelência artística.

A oposição cultura/entretenimento suscitou menos debates que as duas anteriores. Permanece, todavia, mais do que nunca no centro da ação do Ministério. O espírito republicano francês não podia se resolver a deixar a "cultura culta" às elites e o *entertainment* ao resto da sociedade. A política cultural de Malraux definiu-se contra os supostos efeitos de dessocialização do consumo de massa: o entretenimento foi pensado apenas como alienação.

CONCLUSÃO

A evolução do Ministério nesse ponto foi extremamente ambígua. Passou-se de uma rejeição da atitude consumidora no início dos anos 1960 a uma submissão mais ou menos explícita ao turismo de massa desde meados dos anos 1980. A conversão de uma para outra, com maior ou menor má consciência e argumentos reversíveis, advém de uma concepção simplista de entretenimento. Sua rejeição leva a uma tensão sobre a exigência de qualidade, depois, por temor ao elitismo ou por decepção, a um abandono dessa exigência tão excessiva quanto a condenação anterior do consumo "passivo". A pertinência da oposição cultura/entretenimento é ainda mais sujeita a questionamento em razão da intervenção do Estado em relação às indústrias culturais. Que os motivos sejam econômicos e/ou culturais (desta feita, no sentido antropológico, já que se invoca a identidade cultural francesa), o respaldo do Estado ao cinema e às indústrias audiovisuais de programas mescla indistintamente os termos da oposição.

Uma crítica e uma reavaliação dessas oposições, uma reflexão com vista a forjar novos instrumentos intelectuais dissipariam muitas confusões, facilitariam a compreensão dos objetivos do Ministério, mas suscitariam talvez o embaraço dos responsáveis políticos e administrativos tão estreita parece sua margem de manobra. O exercício parece de qualquer maneira útil se julgarmos desejável que, após a estética de Schiller e o tema da arte necessária à coesão das sociedades modernas, após os tempos áureos da vulgata nietzschiana da criatividade, a história ideológica do Ministério cesse de se confundir com uma variação sobre alguns avatares da filosofia idealista do século XIX. A cultura, a educação, o divertimento, a tradição e a modernidade: as noções e as oposições que escoravam as finalidades do Ministério da Cultura estão embaralhadas. Nada mais normal do que sentir a necessidade de deliberar sobre seus fins.

Agradecimentos

Empreendida de 1989 a 1993, a história da política das casas da cultura que está na origem deste livro beneficiou-se do apoio do Departamento de Estudos e de Prospectiva do Ministério da Cultura. O interesse que Augustin Girard e Geneviève Gentil, então chefiando sua diretoria, generosamente manifestaram por esse trabalho foi determinante. São eles que, novamente, desta vez na chefia do Comitê de História do Ministério da Cultura, tiveram a ideia do livro e acolheram sua primeira edição na coleção do comitê com a Documentação Francesa. Minha dívida com eles é imensa. Tenham a certeza do meu profundo reconhecimento.

Este livro recebeu estímulo intelectual e apoio de numerosas pessoas, dentre as quais devo citar em primeiro lugar: Raymonde Moulin e Pierre-Michel Menger, assim como Jean Leca e Marie-Ange Rauch. Foram também valiosas, em diversos momentos, as discussões com Werner Ackermann, Jean-Pierre Augustin, Mario Beaulac, Olivier Borraz, Vincent Dubois, Catherine Grémion, Gérard Grunberg, Nathalie Heinich, Jacques Ion, Patrick Le Galès, Marie-Annick Mazoyer, Christine Musselin, Pierre Muller, Philippe Poirrier, Mireille Pongy, Genièvève Poujol, René Rizzardo, Jean-Pierre Rioux, Jean-François Sirinelli, Guy Saez, Danièle Salomon, Françoise Têtard, Anne Topani e Martha Zuber.

Devo enfatizar minha dívida para com Barbara Jankowski, primeira leitora e corretora deste livro. Contei também com a ajuda de Dominique Jamet para ter acesso aos documentos e às testemunhas.

Este livro encerrou uma série de pesquisas sobre a intervenção cultural pública, e não me esqueço que essa aventura começou com a colaboração exemplar de Erhard Friedberg.

É com prazer que reforço minha gratidão a Pierre Grémion. Sua compreensão da sociedade francesa, em especial de sua história intelectual e política, e sua experiência da passagem da sociologia para a história foram-me extremamente preciosas. Devo muito à sua ajuda e ao seu exemplo.

Enfim, agradeço encarecidamente a Francis Manzoni, que teve a ideia desta edição brasileira.

Sobre o autor

Diretor de pesquisa no Centro Nacional da Pesquisa Científica (CNRS) e diretor de estudos na Escola de Altos Estudos em Ciências Sociais (EHESS), Philippe Urfalino é membro do Centro de Sociologia das Organizações (CSO), unidade de pesquisa ligada ao CNRS e à Fundação Nacional de Ciências Políticas (FNSP), e pesquisador associado ao Centro de Sociologia do Trabalho e das Artes (Cesta), grupo de pesquisa vinculado ao EHESS e ao CNRS. Seus trabalhos sobre as políticas da cultura são referência.

Fonte ITC Giovanni 10/15 pt
Papel alta alvura 90 g/m² (miolo)
Supremo Duo Design 250 g/m² (capa)
Impressão Cromosete Gráfica e Editora
Data dezembro de 2015